張佳瑋◎著

第三版

唯我獨尊

科比·布萊恩

五南圖書出版公司 印行

自序

科比·布萊恩擁有籃球歷史上，最極端的人生。

獨一無二。一言難盡。

他如此極端，簡直令人無法對他達成共識。籃球迷，愛他的人或恨他的人，都可以將理由陳述得無窮無盡。

他是美國黑人，但卻在義大利生長。他技藝如此純熟粹鍊，個性卻又桀驁不馴。他當過天使，也當過惡魔，很得意地自詡「黑曼巴蛇」。他的技藝華麗輕盈，作風卻狠辣兇惡。他的人生有過大幸和大不幸。他有過最好的搭檔，又經歷過眾叛親離。他經歷過最慘痛的失敗，又經歷過最輝煌的勝利。他是最年輕的巨星，卻又是最老的湖人。

每個人對科比的看法，至少會變一次。雖然他自己性格始終沒有變，二十年如一日，但他的命運曲折，很容易讓旁觀者對他的看法或成見產生動搖。觀看他人生起伏的曲線，勝過千言萬語的述說。

一個內心始終不變，而身形隨時代動盪，在聚光燈下生活了二十年的人，到底經歷了怎樣的命運？

他的籃球、性格與他的人生契合得如此完美。再也沒有這麼斑駁明麗、彷彿毒蛇般燦爛多變的球員了。

如本書中反覆所陳述的：

「如果不是這樣的執拗性格，也許他早就在巔峰期退役了；但同樣，如果不是這種執拗性格，也許他根本無法在NBA鏖戰這麼久。」

所以他現在的處境，他的光榮，他的低谷，他的輝煌與幽暗，甚至他的苦境，都是自己找來的。求仁得仁，如此而已。

一個人遵循他的性格執拗行事，可以製造出怎樣的奇蹟或悲劇，都在他的人生裡了。

二十年前的夏天，我初次在一本籃球雜誌上讀到這個名字：神戶·布萊恩（日本著名的城市「神戶」的英文就是「Kobe」），勞爾梅里恩高中的17歲少年。那時，因為麥可·喬丹和賴瑞·柏德，我的籃球概念已經成型。我當時自然想不到，之後的二十年，科比這個人會如何撼動世界。

2004年，禪師曾如是說：

「有時他將自己提升到球隊利益之上，但他也知道他有時得犧牲一點自我……，他知道自己在對抗籃球的基本規律，他知道……我得相信，事實是，他知道這一切。他想完成偉大紀錄和偉大數據，然後到要爭冠時，決定來打一點合理的籃球。」

某些時候，他獨力壓倒了現實，某些時候，他被時間埋沒。這就是執拗，是青春。他其實懂得一切。而科比·布萊恩的人生，其實也就是這樣：

他不相信憑自己的努力，對付不了時間和現實；他明白有些事情無可改變，但他總試圖去挑戰這一切。或者說，他在挑戰自己，看自己能夠在不可逆轉的一切之前，堅持到什麼地步。

這就是他的，獨一無二的人生。

張佳瑋

目　次

第一章　少年

01 費城、義大利，以及他唯一的朋友：籃球

1978年8月23日，效力於NBA（美國職業籃球聯賽）費城76人，結束了自己第三個NBA賽季的喬．華盛頓．布萊恩，獲得了他的第三個孩子——妻子潘蜜拉．科克斯．布萊恩，生過兩個女兒後，給了他一個兒子。

喬．布萊恩，綽號「Jelly Bean」（果凍豆），似乎天生在食物上格外在意。看著新生的孩子，他卻靈機一動，想起在餐廳常吃的名品「神戶牛排」。然後，他給孩子起名叫「KOBE」，日本神戶。中間名呢？Bean，豆子。

Kobe Bean Bryant，科比．賓．布萊恩。1978年8月23日生的這個孩子，名字就這麼定啦！

然後，喬．布萊恩，又得繼續考慮生計了。

他是道地費城人，出生在費城，高中在費城，大學在費城的拉薩勒，1975年他參加NBA選秀，繼續在費城打球。他身高206公分，是個左撇子前鋒，沒有過人的才華，好在有費城人民的愛。

20世紀70年代末，NBA正亂世紛擾。1976年，一向與NBA競爭市場的ABA剛與NBA合併，費城得到了每扣一個籃

都能讓全場球迷癡狂的大明星「J博士」朱利斯・歐文，喬・布萊恩也跟隨著J博士，一路到了1977年的總決賽：總決賽六場，喬打了8分鐘。這就算是他人生最輝煌的時刻，然後便是無盡的平淡。

那個時代，整個NBA都擾亂著。球員們忙於嗑藥、酗酒、給教練打電話揑造逃避訓練的藉口。20世紀80年代即將拯救NBA的兩位超級巨星——魔術強森與大鳥柏德，在1978年秋天都還只是大學生。喬・布萊恩，與如今大多數的NBA球員一樣，只是NBA這座金字塔的底層勞工。

他不是一個舉足輕重、坐在家裡便有百萬合約上門的明星。即便費城人民把他當本地一寶，他到底還只是籌碼、龍套，是老闆們簽合約時用來平衡交易的配角。

1979年，喬・布萊恩帶著沒滿1歲的科比離開費城，去了聖地牙哥快艇（洛杉磯快艇的前身）。

於是科比的天空，從費城的濕潤多雲，變成了南加州的明媚陽光。他看到了父親拍打籃球的模樣，聽到了籃球擊打地板的聲音。1982年，喬舉家去了休士頓，因爲喬又在休士頓火箭繼續糊口了。科比當時尚不理解職業籃球的殘忍，只能看到那些優雅的、經過剪裁的鏡頭。電視鏡頭中，20世紀70年代末燈光昏暗的NBA球場，飛速奔跑的球員，形形色色的鬍鬚與髮型，投籃時手指若撥弦般劃動。即便去到兇悍壯烈、熱血沸騰的德州，科比還是樂於追逐他在南加州的最初愛好：他愛洛杉磯湖人，愛魔術強森。奔放華麗、無所不能的球風，這是他的啓蒙與最初的愛。父親拍打籃球的聲音與他的心跳一起，成爲科比最初的旋律。有一種說法是，在1983年他5歲時，科比就說：

「我會去打NBA！」

也就在那年，他們的故鄉費城迎來了76人的最後一個NBA總冠軍，而喬・布萊恩無法爲之慶祝：他的NBA生涯結束了。

與大多數默默無名的NBA球員一樣。5歲的科比，已經輾轉走過了費城、聖地牙哥和休士頓，因此，他也不介意父親走得更遠。事實上，父親確實走得很遠：

喬・布萊恩帶著全家去了義大利的列蒂，一個人口不到5萬的小城，開始在這裡打籃球謀生。

科比從3歲開始打籃球。剛到義大利，無法靠語言交流的他，只好跟當地小孩玩籃球，學踢足球。多年之後，他會承認，論足球隊，他喜歡義大利的AC米蘭。他也學會了流利的義大利語。但在此之前的一段時間，他靠籃球說話，在費城，在南加州，到休士頓。他還是孩子，卻已經習慣離別，並到達、融入一種新的生活環境。他習慣了沒有朋友的生活。在義大利，他和兩個姊姊用英語對談，這是他們保存美國記憶的方式。6歲時，他的義大利語已經聽不出美國腔。只是，這一口義大利語並沒給他帶來多少朋友。

人在義大利，但他的心在美國。他的祖父會爲他寄去NBA錄影帶，他的愛好便是獨自看錄影，研究籃球。每年夏天，喬・布萊恩會帶科比回美國，參加各種的籃球夏令營。

於是他的童年略顯扭曲：暑假，義大利孩子們玩耍時，科比在美國；平時，科比在義大利，靠籃球說話。他唯一穩定的朋友便是籃球，以及祖父隔著大西洋寄來的錄影帶。他習慣於陪伴父親與姊姊。他不知道下次遷徙是什麼時候。他熱愛籃球。他在義大利，一個美國人稀少的國度。於是，他的生活像一塊夾心三明治：他被義大利和美國夾在中間，不屬於任何一端。美國黑人的血液，義大利的色彩，他自己在沉默中長大。維繫他與美國往昔的記憶，只剩下籃球。

他看自己父親的比賽，看義大利人的比賽。他喜歡看義大利米蘭奧林匹亞隊的8號邁克・丹東尼打球。那是個遠射犀利、動作輕盈的後衛，他也打過NBA。老布萊恩打的是前鋒，但科比自小喜愛的是後衛：魔術強森與丹東尼，都是華麗、輕盈、優美如舞蹈的後衛。

那時起，科比已知道了，父親在球場上的華麗表演並非出自熱愛。那只是一種有條件的演出，是謀生的方式。在NBA落落寡歡的父親在義大利成為了球星，於是，拍打籃球的「砰砰」聲，繼續擔當科比生命的背景音樂。

9歲時，科比開始和父親玩一對一，而且觀看各種錄影資料，聽父親教導如何在比賽中應付各種情況——喬・布萊恩從來不是個傑出的巨星，但他見識過NBA最頂級的舞臺和球員，他的閱歷，足夠做個好老師。

從10歲開始，科比又能夠時常回故鄉去了。夏季，飛機穿越雲層，降落在費城；他走下飛機，然後坐車去薩尼希爾籃球訓練營。和陌生的孩子們對打時，他帶義大利腔的英文有時會遭嘲笑。美國小孩對一切歐洲事物，都有種粗率的輕蔑。於是，科比索性不開口。每一次，他踏入訓練營，或微笑，或抿嘴。但大多數時候，他只用球技說話。

1989年，科比跟當時效力波士頓塞爾提克的後衛布萊恩・蕭單挑，還一本正經地覺得自己能打贏一個NBA球員。很多年後，蕭會成爲科比在NBA的隊友。回憶起這段時，蕭卻只覺得好笑，但蕭也注意到了一件事：

科比，11歲的科比，在認眞地到處找成年人籃球好手挑戰，打一對一，而且：「他眞覺得自己會贏。」

1991年，喬・布萊恩決定結束職業籃球生涯。13歲的科比隨父親回到美國。父親在義大利辛苦奮鬥到年近四旬，積下的財富足夠讓他衣錦還鄉，在費城富人區過上好日子，也支付得起科比在勞爾梅里恩中學的學費——那算本地的一所貴族高中。1992年，14歲的科比開始高中生涯，而不必如其他美國籃球少年那樣，經歷貧民街區、槍聲、大麻販子、騙子球探和員警。

在高中生活，科比算是異類：一個178公分高的14歲黑人，說起英文來帶義大利腔，一臉歐洲式的沉靜。義大利已成往事，美國對他而言卻更像夏令營。他早已習慣了沒有密友的日子。在他的遷移歲月裡，籃球是唯一不會背叛他的朋友。

02 高中

1992年，剛進高中，科比就代表校隊打球了，雖然還聽不懂隊友用美國俚語喊的一些口令。從9歲開始與父親一對一的經歷，可以讓科比無視絕大多數的對手。

於是，獨自帶球穿越球場得分，成了他最保險的手段。

他並不為此欣喜若狂，因為從幼年開始，他就習慣在籃球場上壓倒所有人。他有一個職業籃球員父親，比同年齡的任何少年都更早熟諳籃球的秘密：他學習的可是NBA級別的籃球啊！

他的球感、技巧、對技巧的運用、反應、運動能力，無不淩駕於同齡者之上。他親眼看過父親如何用個人技巧玩弄義大利的對手；他知道邁克・丹東尼如何找出投籃空間。他依然保有著最初看球時的記憶：魔術強森如何抓到防守籃板、獨自運球推進，然後用一記聲東擊西的傳球瓦解對手防守。

在找不到合適的隊友時，科比總是最相信自己。事實上，許多時候，他的對手就是自己：對手根本無足輕重，他在意的，不是幹掉對手，而是做出最完美的運球動作，完成最優美的投籃。

校隊教練葛列格・道納與他玩了一次一對一，輸掉了。令道納驚訝的，並非這個孩子已經擁有的技巧和天分，還在於他對籃球的態度：「他求勝的決心和訓練的刻苦，超出我的想像。他的生活只有籃球。」

當然，道納教練沒忘了補充一句：「也許由於成長環境不同，他和同學交往不多。」

科比有理由不去和周遭交往。當其他的天才選手還在為自己的天分和小技巧自滿時，他已早早被父親傳授了正確的、職業的訓練方法。科比堅持晨跑、跳繩、舉重，用殘忍無比的方式磨鍊自己的籃球技藝。相比於其他無非視籃球爲興趣的普通孩子，他最初的態度就截然不同。他視籃球爲生命。高中一年級，科比代表高中4勝20負。但之後三年，他開始統治賓州的高中籃球界。

1994年夏天，父親成了拉薩勒大學隊的助理教練。於是，科比每天早上騎一個小時自行車去到大學球館，從早上九點練到晚上九點，當所謂的「球場老鼠」。直接結果就是：1994年秋天開學時，道納教練對科比的進步感到「恐怖」。

這是此後他常年保持的習慣：在夏季瘋狂虐待自己，到秋天，變成一個截然不同的球員。1994年秋天，他代表勞爾梅里恩高中打州聯賽。26勝5負讓球隊拿下分區聯賽冠軍，然後在賓州高中聯賽季後賽，第一場76比70打敗六度蟬聯州冠軍的里德利中學。當晚，科比得了42分。

「我們不用採取任何特殊戰術，只是把球傳給科比。」道納教練如是說。

結果就是，第二場，勞爾梅里恩高中慘敗了27分。切斯特高中用兩個人防守科比，然後用慢節奏來控制科比颶風式的全場奔襲。科比全場37%的命中率射落31分，但他的投籃選擇有些問題：他強行出手，破壞了球隊的節奏。這是他籃球生涯以來首次大敗。

這兩場比賽——個人英雄的大勝，繼而敗北——簡直是之後他籃球人生的縮影。這場比賽，讓道納教練永遠記住了一個細節。多年之後，他看電視直播，看到科比開始咬牙切齒、憤怒地四顧時，都能立刻感覺到：

「科比憤怒了，他要開始殺戮了。」

那場比賽結束後，科比在更衣室裡跟隊友們告別，同時宣布：「我們的奪冠工作，從這時開始！」

他是認真的。對其他孩子而言，暑假來臨；對他而言，訓練開始了。1995年夏天，科比每天早上五點去訓練館，待到晚上七點才走人。這年夏天，已經長到196公分的科比，有了兩個重大收穫。

其一，此前在高中聯賽什麼位置都打的他，決定要打後衛了。「我的未來在NBA，我的身體條件是該打後衛的。」

其二，他跟比他大半歲的紐約街頭籃球好手高德・山姆高德一起打球，學了一招：妖異華麗的大幅度體前運球變向，如今這個動作——單手單側運球，非持球手忽然伸出外撥交叉變向——就叫作「山姆高德運球」。

多年後，山姆高德將到中國浙江打職業籃球，但那是另一個故事了。

1995-1996賽季高中聯賽，勞爾梅里恩高中開季的3勝4敗之後，是驚人的二十七連勝。那年，科比成了整個賓州的明星。控球後衛羅比・史沃茨如此總結：「我們出去比賽時，熱鬧得就像披頭四巡迴演出似的。」

科比領導球隊的方式呢？施加壓力。道納教練如是說：「科比給球隊的每個人，都施加著積極的壓力。」

當然，壓力積極與否，親身感受的當事人才能說了算。比如，某個星期二，科比會忽然要求，在訓練時加一個三打三，先到10分者勝。史沃茨某次上籃失手，導致本方輸球，然後呢？

「其他人就都算了，科比卻會在接下來20分鐘一直盯著我，好像我剛輸掉的不是訓練，而是州冠軍。」科比會不屈不饒，跟史沃茨要求：我們來場一對一，先到100分者贏。事實是，科比從頭到尾一絲不苟，經常打出80比0一類的分數。「我最好的成績也就是12比100吧，」史沃茨說，「他會專注地封阻我，一旦我得滿10分，他會暴怒！」

科比的態度感染了，或者說，震懾了隊友們。他們不想輸球：科比會殺了他們的。1996年5月28日，賓州總決賽，47比43，勞爾梅里恩高中打敗了埃里天主教中學隊，53年來首次奪得州冠軍。

當時的焦點，已經遠不是科比在州裡的地位問題了。勞爾梅里恩高中的啦啦隊還在爲冠軍獎盃歡呼時，科比已經被記者拉住，開始問另一個領域的問題。「你嚮往哪支NBA球隊？」費城知道，賓州知道，所有的人都知道，這個孩子的輝煌遠在未來。眼下的州冠軍獎盃，不過是一個小小的十字路口。

因爲在這場比賽，勞爾梅里恩高中曾經的24號、後來變成33號的科比・布萊恩，在最後一場高中聯賽中，將自己的得分固定在了2,883分。在此之前，賓州的得分紀錄是2,359分。那是40年前，偉大不朽的威爾特・張伯倫所創下的。科比在高中後三年帶隊拿到77勝13負，他打過球隊所有的位置。高中三年級他場均31.1分10.4籃板5.2助攻，成爲年度州最佳籃球運動員。他的高中籃球生涯已經完美了。

這就是他和費城的故事，當然有一個小小的註解。在他奪冠當晚，沒有幾位大學教練到場觀賞。因為，早在1996年4月29日，他就已經當著全費城一本正經地宣布了：

「經過長時間考慮，以及聽取了許多人的意見後，我決定將自己的才華……直接帶進NBA。」

這是科比・布萊恩的費城故事，真正的結局。他的父親終生都跟費城有緣，科比人生前十八年裡，除了義大利，這就是他待得最久的地方。但是，這都結束了。他的舞臺，在遙遠的加州。

03 NBA，高中生

高中的最後一個夏天，你在做什麼？

或者是打電動、讀書、看電影、旅遊、打籃球、游泳、曬得一身漆黑，衣服可以擰出一桶汗來。然後，繼續等錄取通知書。

然而有些人並非如此。

1974年，高中畢業的摩西・馬龍說：「媽媽，我不想你再操勞了。」然後他就登上了ABA聯盟的選秀舞台。1989年，尚恩・坎普認為：「既然我作弊都沒辦法通過大學入學考試，我乾脆直接去打NBA好了。」然後他被西雅圖超音速選中。1995年，灰狼隊的總經理凱文・麥克海爾看到一個和他一樣手長腳長的瘦高中生，於是就用第五順位簽下他：凱文・賈奈特。

在1996年之前，NBA的高中生籃球員，就這麼稀少。

在許多孩子剛結束了煉獄般的高中學業，等待進入下一級學府，並開始覺得自己的身材和聲音發育得像個男子漢的年紀，有好些人已經把自己放在了NBA的人肉磅秤上，等待著資本家們來剝削。選秀會從來都像是待價而沽的人肉訂購會，大群衣冠楚楚的大學畢業生裡，夾雜盤坐著幾位臉上稚氣未消的少年。一旦被選中，他們就此踏入成人世界。大衛・史騰總裁與你握手，微笑，擺個POSE，全世界記住你的臉：I LOVE THIS GAME。

但那其實是相當艱難的選擇。

就在科比宣布他參加選秀之後，立刻，波士頓塞爾提克副總裁詹寧斯在《運動畫刊》上說：「科比不讀大學是完全錯誤的決定。」當然，他的邏輯甚是古怪：「1995年的凱文・賈奈特是摩西・馬龍以來最好的高中生，但如果賈奈特去讀了大學，他在NBA會更成功。」（很無稽的推論）而科比呢？「他還無法和賈奈特相比。」與之應和的是專欄作家們。他們直接針對科比的父母：「他們在影響科比，他們想讓科比賺錢。」聲浪如此之烈，以至於喬・布萊恩主動去找媒體說：「我們並不缺錢。」

媒體所依據的，無非是以往的歷史。無論科比如何成熟，他終究是個高中生。摩西・馬龍這樣的高中生巨星，在20世紀70年代到80年代其實並不多見，當時著名的高中生球員如史班瑟・海伍德、達里爾・道金斯等，都沒有創出開天闢地的變化。在NBA歷屆總冠軍球隊裡，1995年之前，高中畢業生球員作為球隊主力的，只有1983年費城76人的馬龍。

在NBA，普遍趨勢是這樣的：

肯在大學讀到大四才進NBA的，除了少數如提姆·鄧肯、格蘭特·希爾等性格沉穩的，大多數都是以技術與意識見長、擁有大局觀和良好的比賽感覺，但身體素質卻並不突出的球員。而高中畢業生進入NBA的，從摩西·馬龍到坎普，從賈奈特到科比，再到之後的勒布朗·詹姆斯到德懷特·霍華德，個個都是天賦異稟、身體條件匪夷所思的怪物，能跑能跳，飛天遁地。NBA老闆們都不是傻子，看潛力，賭運氣。身體素質一般的球員，猶如凡石雕就的成品，再沒有下手打磨餘的地了。而這些稟賦非凡的孩子，譬如美玉，略加打磨，便能夠煥發光彩。良材美質，自然令人垂涎。縱然背上了揠苗助長的惡名，那也顧不得了，選！於是，一個個能飛善扣的高中畢業生被老闆們牽回了家，而那些在大學拼戰數年資質平凡的，也只好苦怨上天沒給個好天分。

但接下來，問題來了：

這些如狼似虎大力金剛似的高中畢業生好材料，在高中時個個都是隊裡王牌。拿了球一個人自幹那是家常便飯，至於角色球員所需要的那些——空檔投射、無球跑動、掩護、幹髒活累活，他們卻興趣不大，比起隊上那些陳年老球皮來相去甚遠。拿他們來幹藍領清道夫的工作吧，那是把人參當柴火燒。再加上，高中畢業生球員大多數成長在業餘籃球環境中。他們未曾經過NCAA那種準職業籃球的薰陶，而且孩子氣十足，待人接物，為人處世，都還是幼嫩。

於是，經過第一道考驗，一半高中生在被迫成爲配角的情況下萎靡了。而另一些僥倖成爲主角的，也往往因爲未經受大學籃球的薰陶和訓練，技術不全面而無法成爲登堂入室的巨星。

史上第一位成爲NBA巨星的高中畢業生球員摩西・馬龍，在單親家庭裡由母親帶大，此後爲了不讓媽媽窮困，成爲NBA最可怕的籃板怪獸之一，並且是NBA史上進攻籃板之王。但這個打法兇狠的老兵，卻一向沉默寡言。在NBA輾轉多支球隊，他都不算是一個合群的人。

摩西・馬龍只是一個縮影。能夠扣碎籃板的道金斯，「雨人」坎普，這些高中畢業生球員在技術成長、地位升高之後，其心智並沒有隨著年齡的增長而成熟。坎普身爲20世紀90年代身體素質最可怕的內線霹靂怪獸，卻在1998年NBA停擺期不思進取地懈怠，直接斷送自己本應繼續輝煌的NBA生涯。而今這一點已成爲諸位老闆訓誡球員時的經典反面教材。

這就是奇妙的悖論。綜合所有事例，我們能夠看到一條清晰的線。一個富有天才的高中畢業生球員，顯然不適合擔任配角，但他的成長需要時間。對那些天賦非凡的高中畢業生球員而言，要灌輸他們團隊精神和與隊友融洽相處的概念，又需要有良師與時間。遺憾的是，天賦條件的傑出使高中畢業生球員都能夠成爲了不起的個體，卻未必能夠成爲偉大的球隊團隊分子。而他們曾經的經歷也使他們成王敗寇，或者成爲領袖，或者默默無名。他們能夠成爲各自球隊最爲奪目的人物，但很難率領自己的球隊，成爲王者之師。

但對科比來說，情況多少有些不同。

他有別於馬龍單親家庭式的孤僻、坎普貧民區混混的不羈。他出身富裕家庭，享受良好教育，早早接受職業球員的訓練和觀念。他可以避免大多數高中畢業生球員的陋習——紀律散漫、場外生活雜亂、不穩定的生活習慣。他不去接受大學籃球的洗禮，卻有一個深明職業籃球規則的父親，等於擁有一個最合理的導師。

他自己簽了菲力浦·莫里斯公司作爲經紀公司，和愛迪達簽了份1000萬美元的廣告合約。從1996年5月開始，科比走遍美國，到每個球隊去試訓，展示他的天才。這一切都在告訴世界：這顆費城之星劃過了大學籃球張開的懷抱，如果關注他的劇情，請將眼光移到NBA。

整整二十一年後，他即將踏上與他父親一樣的道路。

他在費城最後的夏季，處理問題一絲不苟、老練成熟，但在此後的生涯中，我們時常可以發現，這裡體現著他的決絕：他的孤傲，他獨自與反對意見交戰的偏執，他一言不發的堅忍。這是科比在費城、義大利、南加州、休士頓到處流浪的少年時期所培養的性情。

他慣於沉默地擔當一切，殘忍地對待自己和隊友。

世界猶如那些不懂英語的義大利人。如果無法交流，那就用行動來征服。

據說，迫使科比最後下定決心參加選秀的，也是一個費城人。

1996年夏天，前一季的NBA選秀會探花、北卡大學的天才搖擺人，費城76人的史塔克豪斯，在球館裡看見科比獨自玩球，然後對他發起了邀請。

依靠經驗和技巧，他先聲奪人，但此後，他卻全然無法阻擋這個孩子快速絕倫的突破。科比以8比5取勝，打敗了這位在NBA首季便場均19.2分的天才。

一個高中生，擊敗了一個NBA球隊的王牌明星？

這大概是第一次，科比意識到自己有多麼可怕。

從那時起，這個費城的殺神便睜開了眼睛，開始丈量自己和NBA巔峰之間的距離。

第二章　成長

04 選秀

1996年春天，當科比宣布要跳過大學，參加NBA選秀大會時，世界各執一詞。一方抱怨他的父母：「科比還是個高中生，讓他過早進入職業籃球是不對的。」另一面則將他與當時NBA的兩位天才俊秀——1994年探花格蘭特·希爾、1993年探花「一分錢」安芬尼·哈德威——作比較，結論是科比才華卓越，不亞於那二人。

當你站在今天，回望1996年NBA選秀大會時，會望見如下偉大成就：4個例行賽MVP獎盃，6個得分王頭銜，5次年度防守球員，史上投進三分球最多的人——這些僅僅是他們之中，最傑出的6名選手的一部分成績。

參加1996年NBA選秀大會的人員包括：

喬治城大學183公分的艾倫·艾佛森，籃球史上最靈異的小個子球員之一，孤膽鐵血英雄，當時的大學第一球員。

馬薩諸塞州立大學211公分的巨人馬克斯·坎比，剛拿到1996年度的約翰·伍登獎，是當時NCAA（全國大學體育協會）除了提姆·鄧肯之外最好的長人。

喬治亞理工大學一年級後衛，從高中時代就縱橫紐約街頭籃球，大一場均19分4.5次助攻的史帝芬・馬布瑞。

康乃狄克大學的雷・艾倫，大學籃球界最好的遠射手、搖擺人，風度最優雅的青年。場均47%的三分球命中率，1995-1996年全美第一陣容。

加州大學的超級一年級生阿卜杜・拉希姆，1995年麥當勞全美高中陣容，大一場均21分8籃板，206公分，可以打兩個前鋒位置的天才。

肯塔基大學的安東尼・華克，身高206公分的大前鋒，卻號稱擁有打遍5個位置的能力和天分，1994年麥當勞全美高中陣容。

羅倫佐・懷特，曼菲斯大學的大前鋒，完美的NBA籃球身材，大學兩年平均16分10籃板，一致公認為1996年坎比之外最好的大個子。

凱利・基特爾斯，大三、大四連續兩年和雷・艾倫明爭暗鬥的攻擊型後衛，維蘭諾瓦大學的當家射手。

史帝夫・奈許，加拿大國家隊後衛、聖塔克拉拉大學的超級射手、天才控球後衛。

佩賈・史托亞柯維奇，19歲時就已經當了三年職業球員、在希臘聯賽縱橫無敵的南斯拉夫射手。

選秀前的一般看法是，科比是1996年得分後衛中的第三，次於雷・艾倫與基特爾斯。

球探傑森・弗利曼寫道：「科比很成熟，比許多NBA球員都成熟……極為聰明……視野寬廣……出色的終結者……了解籃球……在高中籃球界哪怕被3人夾擊，還是可以統治比賽……眞正的領袖……狂熱的好勝欲……高中時打遍五個位置……喜歡喬丹式的翻身後仰跳投……願意爲了籃球做一切。當然，他還不到18歲，如果打控球後衛則運球技術不夠，並沒有一個眞正擅長的位置……不應該低於第十二位。」

但有人不這麼想。

洛杉磯湖人的總經理、此前公認NBA史上第二得分後衛（僅次於麥可・喬丹）、NBA的LOGO（標誌）人物、睿智的湖人教父傑瑞・衛斯特，從科比身上看出了其他東西。

一次私下試訓中，衛斯特先看中了科比的彈跳，然後沉醉於科比一系列組合拳般的進攻招式。他讓科比與密西西比州大的明星東塔・瓊斯單挑，科比將瓊斯打得灰飛煙滅。根據傳說，科比在試訓中還幹掉了另兩個人：前湖人後衛賴瑞・德魯，以及麥可・庫珀。

——麥可・庫珀，NBA歷史上最好的外線防守者之一，1987年NBA年度防守球員。

衛斯特下定了決心。這個三十年前縱橫聯盟無敵手、將自己的身影刻上NBA標誌的後衛，也許是籃球史上，最懂得判斷一個後衛價値的人。他走到科比的經紀人特勒姆身旁，說：「我們……會找到辦法得到他的。」

特勒姆回過身時，衛斯特已經走開了幾步，再未多話。在特勒姆看來，這個湖人大當家，只是說了一句恭維話。那一季的湖人雖在第一輪遭火箭淘汰，但在得分後衛、小前鋒位置上人才濟濟：賽季中連續六場得滿25分的全明星塞巴羅斯，在與火箭之戰中嶄露頭角的艾迪・瓊斯。他們在復興的路上行得甚穩，沒有一個籌碼是多餘的。

1996年6月26日，紐澤西大陸航空球館，NBA選秀大會。NBA總裁大衛·史騰念出了那個名字：「擁有第一輪第一順位選秀權的費城76人選擇的是——喬治城大學的艾倫·艾佛森。」

艾倫·艾佛森身著灰色西裝上臺，戴上了76人的帽子。

坎比是第二順位。拉希姆第三。馬布瑞第四順位被明尼蘇達灰狼選走，雷·艾倫第五順位落到密爾瓦基公鹿。

湖人沒有動。

科比·布萊恩第十三順位，被夏洛特黃蜂選走。傑瑞·衛斯特則在第二十四順位，讓湖人選中了阿肯色大學185公分、性格剛毅的控球後衛戴瑞克·費雪。

根據夏洛特黃蜂首席球探比爾·布蘭奇的說法，湖人在選秀會前一天，已經與夏洛特黃蜂約好：「你們用第十三順位選秀權選個人，我們跟你們交易。」在選科比前五分鐘，湖人才通知黃蜂：

「請你們選擇科比·布萊恩。」

五天之後，傑瑞·衛斯特給黃蜂打了電話：

「弗拉德·狄瓦茨換科比·布萊恩……換嗎？」

弗拉德·狄瓦茨時年28歲，216公分的南斯拉夫巨人，已經打了七年NBA，場均12分9籃板3助攻的實用型幹才，NBA歷史上傳球最好的巨人之一……當然也是NBA歷史上屈指可數的假摔王。

黃蜂當時剛剛失去了他們的鋼鐵中鋒阿朗佐·莫寧，正為內線而苦惱呢。

如前所述，1996年，高中畢業生球員是未知純度的黃金，是賭博者手裡未揭開的牌。摩西・馬龍已臨退役，尙恩・坎普如日中天——但已經顯露出要敗壞西雅圖的端倪。凱文・賈奈特剛結束菜鳥球季，崔西・麥格雷迪還在準備下一年選秀，勒布朗・詹姆斯只有12歲。命運的臉色無人知曉，餵養一個高中畢業生巨星風險巨大。

夏洛特沒對科比這樣的天才高中畢業生存多大指望，於是，他們接受了狄瓦茨，送出了科比。之後的1996-1997年賽季依靠著狄瓦茨、安東尼・梅森，以及隊上全明星射手葛蘭・萊斯職業生涯至爲輝煌的一年，夏洛特民衆目睹黃蜂完成史上空前完美的一個賽季。

交換科比，對黃蜂是值得的，至少一開始是這樣。

狄瓦茨去了黃蜂，科比來到湖人。但衛斯特並沒白白失去狄瓦茨。利用巨人離去後的空白薪資，衛斯特以迅雷不及掩耳之勢，簽下了奧蘭多魔術的巨人「鯊魚」俠客・歐尼爾。

就這樣，一個星期內，湖人搞定了24歲的鯊魚、將要18歲的科比和將要22歲的費雪。

當時，他們顯然誰都不知道，這三位將來會圍繞湖人展開如何漫長的恩怨。當時，沒人討論費雪，偶爾有人討論科比，大家主要被鯊魚來到湖人這一事實給震驚了。

一種說法是，1996年夏天，科比下飛機踏上洛杉磯土地時，並沒多少人立刻認出他。曾有路人問起：

「你是打籃球的嗎？」

「是的，先生。」

「你從哪兒來？」

「我在費城的勞爾梅里恩高中……」他差點習慣性地念出他說了多年的回答，直到望見窗外的碧空，他才想起來，於是，科比笑了笑，「我想，我現在是洛杉磯湖人的球員了。」

05「鯊魚」

1996年夏天來到湖人時，鯊魚是個這樣的怪物：

1972年3月6日，俠克·歐尼爾生在紐澤西的紐華克。他從小性格開朗，喜歡誇飾自己的強大，喜歡大大咧咧地開玩笑，大手大腳地行動。1990年夏天，在路易斯安納讀大學時，他已經有恐怖的216公分身高，外加134公斤體重，同時擁有排山倒海的宏偉力量、奔走如風的速度以及匪夷所思的協調性。大學籃球界根據他的名字諧音，稱呼他「鯊魚」。

那年11月，路州大與澳大利亞來的紐卡斯爾打練習賽。鯊魚一記雷霆貫空的扣籃，路州大的馬拉維奇中心就像發生了地震：籃框支架移了13公分，籃框支撐杆斷裂。鯊魚爲此樂不可支。

他習慣地動山搖，喜歡天崩地裂。他熱愛炫目的、誇張的、表演性的、刺激視覺的、爆炸的、華麗的、璀璨的玩意兒。順便，他對自己有多強大瞭若指掌。他喜歡像個怪物一樣降臨人世。

「我喜歡看他們忙碌的樣子，然後告訴他們，別跟可愛的

『鯊魚』玩心眼兒。」

可他又像金剛、酷斯拉一樣天眞。他勾起右嘴角半邪惡半憨厚的笑成了他的招牌。他說：「我希望自己像『小飛俠』彼得・潘，永遠永遠不要長大。」

1992年，這個長不大的巨人，這條呼風喚雨的「鯊魚」，參加NBA選秀，被奧蘭多魔術選爲狀元。NBA第一年，他扣碎了兩塊籃板，81場比賽，場均37.9分鐘，23.4分聯盟第七，13.9籃板聯盟第二，3.5阻攻聯盟第二，外加1.9助攻和聯盟第四的56.2%命中率。第二年，他險些拿到NBA得分王，也就此奠定自己超級巨星的地位。

俠克・歐尼爾——以後人們都叫他「鯊魚」——讓全NBA知道了，他們之前對籃球運動的理解是狹窄的。技巧、意識、謀劃、算計、對抗，這一切建築在同一水平線的對決。如果羚羊之間可以用角相鬥，那麼當犀牛或大象出現時，一切規則便被打破。年輕的鯊魚沒有偉大籃球運動員所需的技巧——他壓根不需要這個。到NBA的第三年，他216公分，147公斤，可以大步流星地跑到前場騰空而起。他像史前時代出現的怪獸，讓人類面面相覷。即便他的罰球、他的跳投和防守腳步在1992年看來猶如笑話，但他笨拙的部分，反而是他龐大體魄的補充說明：他衝進了NBA，將既成的籃球規則與觀念轟得粉碎。

1994-1995年賽季，生涯第三年，鯊魚拿到了得分王，率領魔術隊殺入NBA總決賽；1996年夏天，鯊魚以24歲的年紀被評爲NBA史上50大偉大球員之一。

幸而面對時代的秩序，總有一些超凡的人物可以應對，魔術隊的鯊魚縱橫大海，卻像小說中身具神力、武技平凡的少年，解不開十面埋伏。1995年夏天，鯊魚拿到得分王，並且帶著天才後衛「一分錢」哈德威殺進NBA總決賽，卻被「大夢」歐拉朱旺的休士頓火箭4比0橫掃。第四年，鯊魚帶著魔術隊到東區決賽，被麥可．喬丹無敵的芝加哥公牛4比0橫掃。鯊魚兩次扮演了荒野蠻族的角色：咆哮捲地而來，然後，技巧勝於天賦，人民馴服野獸，只好棄甲而去。

1996年夏，魔術隊管理階層開始琢磨：他們擁有兩個天才——洪荒巨獸般的鯊魚和輕盈如落雪的天才後衛「一分錢」哈德威。鯊魚開始有發胖傾向，還想要份超大的合約，而一分錢才華錦繡，球風飄逸，相貌俊朗。

魔術隊的總管約翰．加布里德藉助媒體，傳達出了這樣的意思：

「俠克，我不能付給你多過『一分錢』的錢，我們不希望他不開心。」

實際上，鯊魚本來也不想待在奧蘭多了。

連續兩年敗給聯盟最巔峰人物後，媒體開始對鯊魚苛刻了。勝者為王，敗者遭落井下石，本是世之常態，何況連續兩年的戲碼都是如此：鯊魚是洪荒巨獸，NBA最強的怪物，但這兩年分別被大夢與喬丹幹掉後，「太粗糙」、「不成熟」，類似的言論排山倒海傾瀉而下。

1996年夏恰逢鯊魚要簽新合約了，奧蘭多魔術企圖壓價。鯊魚的確孩子脾氣，但他不笨，更不肯低頭做小。他是個大傢伙。他要大房子，要大舞臺。他不想在奧蘭多這小得遊不開的地方晃蕩。要成爲NBA乃至世界體育之王，用世界最大的池，才容得下這頭「鯊魚」。

於是鯊魚西遊了，簽下了NBA歷史上空前的7年1.21億美元合約，來到了洛杉磯湖人。這成了他的球隊。

06 所謂洛杉磯湖人

很久以前某年夏天，西班牙航海家經過美國西海岸一片地方，隨口宣布一聲，說那片海灣上的土地是西班牙的上帝之城。1781年，西班牙已成貴冑末裔，教士們依然把這片村莊叫作天使之城。1850年，在若干張地圖上被宰割多次之後，這城市終於歸爲美國領土，當時僅有1,600人居住，名字叫作洛杉磯。

最初，湖人不屬於這兒，而歸西北多湖泊的明尼阿波利斯所有。明尼阿波利斯湖人，依靠不朽的巨人喬治・麥肯，拿下五個總冠軍，創造了NBA史上第一個王朝，然後日益凋零。1959-1960賽季，即NBA歷史的第14個賽季結束後，明尼阿波利斯湖人遷移到了洛杉磯。在NBA歷史上，從未有過如此巨大的一次割捨：湖人放棄了在明尼阿波利斯輝煌的王朝，去一個全新的城市開拓新的時代。

在湖人最初的洛杉磯歲月，運氣實在不太好：九年中七次進入總決賽，卻均空手而歸，主要是輸給宿敵波士頓塞爾提克。最初，湖人將主場由明尼阿波利斯遷移到洛杉磯，更多是出於對市場效應的考慮。湖人老闆鮑勃·尚特，借鑒了美國職棒大聯盟道奇從布魯克林搬到洛杉磯後取得的巨大成功，放棄了地處西北的明尼阿波利斯，同時也放棄了之前苦寒艱澀的球隊形象。在西海岸風光怡人、地近好萊塢的洛杉磯，湖人成爲了另一支球隊：開放、犀利、進攻、酷愛大場面，這才是湖人。

1965年，鮑勃·尚特老闆將俱樂部轉賣給庫克，後者支付了500萬美元現金，繼承並發揚了尚特的經營思路，使湖人繼續著豪強姿態。1967年，湖人搬遷到新建的擁有17,500個坐席的大西部論壇球場。在1969年總決賽對陣塞爾提克之戰，前6場雙方戰平時，爲了迎接湖人在洛杉磯的第一個總冠軍，庫克在西部大論壇球場布置了數以千計的氣球和彩帶。雖然這一慶典最終被塞爾提克後衛老尼爾森的跳射扼殺，然而，湖人的作風豪華依舊。

大衛·史騰於1984年接管NBA，這個商人的推廣使NBA成爲全球知名度最高的體育聯盟之一。而湖人富於觀賞性的表演時刻「SHOW TIME」球風，使他們在20世紀80年代建立新王朝的同時，又成爲了NBA娛樂化的先鋒。到了21世紀，隨著體育界巨星地位的提高，NBA獲得了更多的花邊新聞。1999年，湖人由大西部論壇球場搬遷到了更爲奢華、壯闊的史坦波中心。這是他們豪門風格的延續。

相比於內陸的其他球隊，湖人的主場和形象可謂迥異。

湖人在這方面可謂近水樓臺先得月。毗鄰好萊塢，使得史坦波中心場邊大牌影星不斷。湯姆·漢克斯、梅格·萊恩、班・艾佛列克、珍妮佛・洛佩茲等巨星往來不絕。至於老牌影帝傑克・尼克遜幾乎就是湖人的固定場外教練，比起著名導演史派克・李對於紐約尼克的熱情亦不遑多讓。這種娛樂和體育的完美結合，使湖人的場內場外同樣引人注目。這種大都市一娛樂都會一體育球隊的完美結合，在NBA堪稱史無前例。相比較而言，美國東北的芝加哥公牛、紐約的尼克等，或受制於球隊經營，或受制於地脈因素，都無法達到如湖人一般令全球媒體火熱跟隨的地步。

湖人史上從來不乏明星。對球隊隊員的取捨，很大程度上體現出一個球隊的傾向。明尼阿波利斯湖人在20世紀40年代末，幸運地得到了喬治・麥肯，以及在某些傳說中可以罰球線扣籃的前鋒吉姆・波拉德。麥肯的存在使湖人統治了那個時代。這個208公分的巨人使NBA被迫爲之修改了三秒區域規則。儘管來隊上時，他一身老皮襖和厚眼鏡片讓湖人隊員在更衣室裡感慨：「這人眞的只有23歲嗎？」但他的確完全改變了中鋒的傳統概念，使中鋒的戰術作用、攻防理念等都發生了巨大的變化。在波拉德等人的輔助下，麥肯帶領湖人六年內五次奪冠，造就了NBA史上第一個王朝。

在1954年，NBA開始實行進攻24秒規則。而麥肯恰好於此時退役，沒有來得及讓人們利用這一規則擊敗他。湖人在經過一段時間的低迷後，開始轉換思路。1958年，湖人擁有了一個狀元選秀權。在當時聯盟還被比爾・羅素和鮑勃・佩蒂這些巨人統治的時期，湖人拿下了196公分高的全能前鋒埃爾金・貝勒，然後是1960年的榜眼，188公分的後衛傑瑞・衛斯特。

這是湖人一種新風格的體現：在24秒的時期，湖人選擇了速度和進攻。

以貝勒和衛斯特作爲核心組隊，是湖人迥異於時代潮流的選擇——那是一個216公分的張伯倫統治數據、208公分的羅素統治冠軍的時代。聯盟中布滿了不朽的大個子，張伯倫、羅素、瑟蒙德、貝拉米、佩蒂。20世紀60年代，湖人九年內七度西區稱王進入總決賽。他們每一次的對手幾乎都是波士頓塞爾提克。他們曾經有過多次和塞爾提克戰至第七場的比賽，那些戰役在多年以後成爲不朽的名戰。在隨後的幾年，湖人繼續依靠著貝勒和衛斯特進行著戰鬥，一次次悲壯地成爲敗者。在波士頓塞爾提克落馬的1967年，湖人卻意外地輸給勇士，失去了與張伯倫的費城爭奪總冠軍的機會。然而即便如此，湖人依然保持著西區最強大球隊的形象。

接手湖人的庫克老闆在1968年做了一個交易——這一交易在幾十年後成爲湖人的不朽傳統：洛杉磯湖人用三換一的大交易換來了當時聯盟最恐怖的怪獸，能夠在一整季場均得到50分，抓到接近28個籃板，甚至能夠一場得100分，能抓55個籃板球，能夠打出得分籃板助攻均20以上的「超級大三元」紀錄的「霸王槍」威爾特・張伯倫。一時間，張伯倫、貝勒和衛斯特，3個得分王級別的超級巨星雲集在一處。這也許是歷史上最爲奢華的陣容。這一陣容是湖人風格的終極寫照：超級巨星陣營，超級中鋒壓陣。

然而，塞爾提克依然是湖人的夢魘。1969年，塞爾提克依靠後來擔任小牛總教練的老尼爾森一個彈起數英尺最後入框的跳投，以108比106在第七場擊敗湖人，使衛斯特42分的大三元白忙一場，完成了13年11次奪冠。唯一的安慰是：傑瑞·衛斯特作爲失敗者，以其堅韌的努力，拿下了NBA歷史上第一個總決賽MVP。而在1970年，依靠強悍的防守和堅韌的精神，尤其是第七場帶傷步入球場的威利斯·里德，紐約尼克又在第七場使湖人敗北失去總冠軍。1971年，歷史上最強得分手之一的貝勒心灰意冷，以37歲高齡退役。然而，造化弄人。依靠著兩個188公分的後衛衛斯特和古瑞奇，以及已顯老邁的張伯倫的防守和籃板，湖人在1971-1972賽季完成了33連勝，並以69勝13負的空前勝率統治例行賽，終於拿下搬到洛杉磯後，隊史第一個總冠軍。

1973和1974年，張伯倫和衛斯特先後退役。前者留下了無數空前甚至完全可能絕後的紀錄，而後者創下了湖人的得分隊史紀錄。衛斯特在退役後從教練做起，並成爲湖人管理層的一員。1968年之後最偉大的一次交易隨即出現，1975年，當時統治聯盟的超級中鋒「天勾」賈霸轉隊至湖人。湖人在麥肯、張伯倫之後又一次擁有了偉大中鋒。而衛斯特擔任了湖人的總教練之後，使湖人重新回到強隊之列。然而，他們還是多次敗給了超音速和拓荒者。這使他們在1972年奪冠後一直遠離總冠軍。這一切發生改變，是在1979年。

1979年，庫克把球隊轉賣給了傑瑞·巴斯。傑瑞·衛斯特把總教練位置交給麥金尼斯，而湖人做了他們歷史上第三次偉大選秀——繼貝勒和衛斯特之後，湖人摘下了1979年春天率領密西根州大在一場創收視紀錄的決賽中拿下大學籃球冠軍的

「魔術強森」。麥金尼斯和之後接任的韋斯特德教練，做出了英明的抉擇——他們讓這個206公分的年輕人，擔任了球隊的控球後衛。依靠著他的助力，賈霸率領湖人在1979-1980賽季拿下61勝，自己則拿下聯盟至今紀錄的第六個例行賽MVP，並殺入了1980年總決賽。1980年總決賽中，湖人對壘擁有J博士的費城76人，賈霸於第五場中途受傷後第四節拿到14分全場40分。而在第六場開始時，韋斯特德通知魔術強森：他必須接替傷重的賈霸擔任中鋒。

這是史上最精彩的瞬間之一：20歲的魔術強森並不單是打了中鋒，他在場上擔任了所有位置。第六場獨得42分15個籃板及7次助攻，使湖人123比107力克76人，4比2，使湖人自1972年後再次奪得總冠軍獎盃。而魔術強森自己，則在菜鳥年，就拿下了NBA史上最年輕的總決賽MVP。

從此開始，湖人進入了魔術強森的時代：他意味著比賈霸更爲鮮活的部分——年輕、創造性、活力。

1981年，派特・萊里上任。這位號稱NBA史上最爲風度翩翩、髮型最酷的總教練代表了湖人80年代的形象：瀟灑、驕傲、意氣風發。

萊里與魔術強森互相成就了對方，湖人華麗的全場快攻球風及重視整體的發揮使20世紀80年代的大西部論壇球場成爲了夢劇場。在80年代，湖人與塞爾提克分庭抗禮，拿下了五個總冠軍。在1987年奪冠後，萊里更喊出了1988年一定會奪冠的諾言。

最終其諾言的兌現使湖人的80年代展示出傳奇色彩。當派特・萊里結束在湖人的教練生涯時，其超過70%的勝率也令人側目，其戰術大師的身分更是無人置疑。

20世紀80年代是湖人與塞爾提克對抗的新篇章，而依靠著魔術強森個人不朽的創造性，以及湖人於1982年選中的狀元渥錫，湖人再次重現了三個巨星的骨架。賈霸在80年代後期逐漸將主導權交給魔術強森，而渥錫則穩定地擔任著湖人的快攻箭頭，並在季後賽有不朽的發揮。湖人以其SHOW TIME的華麗球風成爲一代人的寵兒，這在大衛・史騰將NBA全球化推廣的過程中作用巨大。湖人在80年代拿下5次總冠軍，並在1991年的夏天進入總決賽。這更像一個儀式：舊一代的旗幟魔術強森親手把麥可・喬丹和他的公牛送上冠軍寶座，成就不朽的王朝。

然後就是令人哀傷的故事：湖人在20世紀90年代中前期的凋零。1991年扶喬丹登基，成爲公牛王朝的墊腳石後，魔術強森感染HIV退役，巨星墜落。在那令人難熬的歲月中，湖人一度在1995-1996年賽季成就了53勝，但在內亂、喧囂、魔術強森鬧劇般的復出和再度退隱中，湖人只得忍受著平庸，在喬丹、歐拉朱旺、巴克利等人宰割天下的時刻，做一旁的觀衆。

「湖人教父」傑瑞・衛斯特，顯然是最討厭看到這一現狀的人。

洛杉磯湖人喜歡巨星：1996年之前，湖人擁有過史上最偉大四名中鋒中的三位（麥肯、張伯倫、賈霸），擁有過史上場均得分第三和第四的外線天才（埃爾金・貝勒、傑瑞・衛斯特），擁有過史上首席控球後衛（魔術強森）。

湖人喜歡排場：他們的80年代擁有派特・萊里，NBA史上第一個成爲媒體公衆話題的教練。他上《瀟灑》（GQ）雜誌封面，他油光閃亮的背頭髮型被譽爲像艾爾・帕西諾，他戴著太陽眼鏡在洛杉磯媒體前揚聲高呼：「我保證，我們明年會蟬聯冠軍！」——發生在1987年夏天。這位NBA史上最風度翩翩的總教練，在80年代用NBA史上最偉大的控球後衛，導演了NBA史上最水銀瀉地、奔放華麗的進攻浪潮。

湖人需要最明亮燦爛的星辰，需要最具有表演性的球風，需要最大的噱頭、最有風頭的人物、最偉大的巨人。1996年，鯊魚將這一切需求集於他巨大的身軀中。一如他的經紀人阿馬托——此人是洛杉磯人——當年所說：「鯊魚太大了，他得要一個更大的舞臺。」

也只有洛杉磯這麼偉大的前朝巨人，這麼華麗的歷史，這麼紙醉金迷的城市，承載得起鯊魚。

所以，湖人與鯊魚是彼此需要的。

當然，1996年夏天，沒人猜得到，那個先鯊魚一步到來的高中畢業生，那個叫科比的孩子，會在洛杉磯留下怎樣的聲名。

07 新人

1996年夏季，洛杉磯民衆討論更多的或許不是科比的球技，而是他和流行歌手布蘭蒂的戀情。這是洛杉磯人的習性：浮華絢爛如煙花的事物，總能夠博得他們的關愛。

衛斯特深明這個萬花筒世界的奧妙，於是不免對科比多加注目，隨後，他放心了：科比沒有像其他年輕人一樣，沉醉於洛杉磯聲色犬馬的生活，他依然每天泡在球館裡自虐。

科比年少時所受的教育，他父親作爲職業球員的修養，完整地移植到了他身上。他比大多數年輕人都要更早適應NBA，適應清晨與夜晚的規律生活。他和隊友們打招呼，投入訓練，在比賽中不斷修改、強化自己的小技巧。父親所達成的經驗與未完成的遺憾，都在教導著科比：如何用正確的方式，當一個職業球員。

因爲湖人的32號球衣屬於魔術強森，33號球衣屬於不朽的「天勾」賈霸，於是，科比無法再穿他高中的33號；鯊魚也得放棄他在魔術隊時期的32號了。科比一度想要24號，但24號歸了老將喬治・麥克勞德。最後，鯊魚穿上了34號，科比選擇了8號球衣。

這或許是因爲遠在義大利的丹東尼，或許是因爲他在1995年愛迪達ABC訓練營所穿的143號——三個數字加起來是8。

科比入隊還不到一週，就爲湖人打了供年輕人試身手的夏季聯賽：跟同年的新秀戴瑞克・費雪一起。那類似於一個新人集體見面會，一個青年聯誼晚會。比賽淩亂錯雜，孩子們尚不知NBA爲何物，無非各自隨性發揮。在這場沒有音樂伴奏的自由舞會中，科比所向無敵。他的一對一技巧，讓大多數年長的對手啞口無言。夏季聯賽，科比場均25分，湖人進入決賽。只是，最後，他在決賽中雖然得了36分，還是輸給了76人的那群孩子。對手的王牌，是1996年狀元新秀，183公分的艾倫．艾佛森。

確切地說，也許那才是科比與艾佛森——多年後領銜聯盟的最強後衛攻擊手，費城的兩個兒子——第一次交手。

1996年10月14日，賽季開始前的新聞發表會，洛杉磯媒體愛上了科比：他年輕乖巧，談吐老到。他會微笑著聽完你的提問，然後給出「我是個學生，我只想多學點東西，給球隊提供幫助」之類四平八穩的話語。他一派積極上進、端正漂亮的形象，雖然不免有點程式化。

鯊魚側頭看著科比，也許那是鯊魚第一次眞正注意到身邊這個侃侃而談的小子。然後，他用了一種典型的、鯊魚式的誇張語氣，半眞半假嚷了一句：「嘿，你這個愛出風頭的小傢伙！」

那時狄瓦茨已經在夏洛特黃蜂開始了自己的新生活。那時的鯊魚和科比，一個是聯盟最貴、最龐大、最地動山搖的巨人，一個是新進的高中畢業生。他們誰都不知道，這一年對洛杉磯湖人，對整個NBA來說意味著什麼。

科比和費雪很快混熟了。很奇妙，他倆各方面都有天壤之別。科比198公分，高中畢業生，年少成名，才華橫溢；費雪185公分，大四畢業，大學裡學的是交流，剛毅持重。他倆作爲新秀，註定得並排坐板凳，聽鯊魚叨唸：「我小時候，從沒夢到過自己能爲湖人打球。因爲我小時候老是被人嘲笑啊……以前人家說：『嘿，你在高中打得不錯，但你去了麥當勞全明星賽就完蛋了。』然後是：『你在路州大是全美明星，可是進了NBA，你啥都不是。』現在是：『好吧，你電影、廣告和唱片都玩爽了吧？可是你一個冠軍都沒拿到。』」最後他總結，「這些事，讓我對變得強大充滿了饑餓感。」

1996-1997賽季，洛杉磯湖人開幕戰，主角是鯊魚：爲湖人出賽的第一戰，鯊魚快樂地10投8中加11罰7中，23分14籃板3助攻2阻攻，讓湖人完全壓垮太陽。費雪替補出場，20分鐘得了12分5助攻。

兩天後，鯊魚35分19籃板屠殺了明尼蘇達灰狼。而科比・布萊恩，職業生涯首次在NBA出場：出場6分鐘，1投0中得到0分1籃板1阻攻1失誤1犯規。

那天，科比當然不會知道，對面那個穿21號、大自己兩歲、同樣高中畢業進NBA的長手長腳大蜘蛛凱文・賈奈特，多年後會如何與他參差交織。

那年秋天，全聯盟已經被鯊魚肆虐夠了。大家都在談論鯊魚和湖人那些三分射手。1996年11月19日，金州勇士對湖人，全隊瘋狂包夾，鯊魚19投12中26分12籃板，但有7次助攻。直接受益者：湖人控球後衛范・艾克索16投11中三分4投3中27分，才華橫溢的搖擺人艾迪・瓊斯11投6中三分5投2中18分。

很簡單的過程：

湖人擁有了鯊魚之後，沒有球隊敢四散站開，目送他們可憐的中鋒驚慌地用足全力，去抵抗鯊魚這座大山壓向己方禁區了——因爲，這樣的結果通常是：守方中鋒眼前一黑，身不由己飛向籃架，看見球從籃圈中落下，扣完籃的鯊魚得意地落下地來，腦海裡的唯一念頭是：「可惡，老子又上十大好球了……」所以，對鯊魚的包夾隨時隨地，范・艾克索和瓊斯，自然會覺得眼前一片清朗明澈，投起三分球來也像訓練一樣愉快。

鯊魚很喜歡湖人以他爲中心的打法。他在魔術隊的基本戰術是：他在左側腰位背框持球，讓大前鋒切過身旁，然後自己單打。在湖人，他左腰位、右腰位、罰球線、左翼、右翼，都能接到球，射手們在周圍，等一旦有對手夾擊他，便乘機遠射。湖人主帥戴爾・哈里斯教練，允許鯊魚做任何事：秀傳球，表演胯下運球，隨便！

那時，一切都挺美好：湖人贏球，湖人打出華麗的比賽，扣籃，全場尖叫，好萊塢巨星觀眾帶頭鼓掌——傑克・尼克遜、金・凱瑞、辛蒂・克勞馥、丹佐・華盛頓、莎朗・史東、丹尼斯・米勒；然後，人群中還可以看見網球之神山普拉斯，看見拳王霍利菲爾德。洛杉磯重新成爲了NBA最璀璨的舞臺。這座夢劇場大馬戲團的主角，就是舞臺中心那個咧嘴大笑、龐大絕倫的巨人。他是一切歡樂的來源，是釋放紫金光芒的大太陽。

1997年1月，鯊魚嚷嚷：「戴爾・哈里斯教練讓我幹嘛，我就幹嘛！」

戴爾・哈里斯也沒忘了科比——微妙的是，當年哈里斯在休士頓當教練時，帶過科比的爸爸老布萊恩，故人之情，無時或忘。

湖人在肆意地發揮鯊魚的天才，對科比的使用則極謹愼。一半是因爲他年輕，一半是因爲湖人陣容鼎盛，不需要揠苗助長。他們有耐心等待科比成長。哈里斯教練老神在在，不會輕易冒險。他提醒所有媒體，這個剛滿18歲的孩子，代表著湖人的未來。在NBA，未來一向是幻影般的辭彙，「代表未來」的另一種表述法是——「他不屬於現在的陣容」。

無論如何，1996年11月，科比開始打職業籃球：在秋末時分，身披洛杉磯的紫金球衣出入訓練館，乘坐大巴，穿繞美國的各個都市，習慣於各球館的噓罵或掌聲，而且忍受寂寞。

畢竟大多數時間，他只是在板凳的盡頭揮毛巾。

1996年11月6日，在夏洛特對壘黃蜂，科比打了7分鐘。他或許第一次感覺到，在機會一閃即逝的NBA，謹愼者勢必平庸，偏執者才能生存？他依然沒有油滑到懂得去騙犯規、晃動或尋找空檔，但他至少展示了他的膽量：他投中了職業生涯的第一個球，一記三分遠射。在射中後，他跑回半場，甚至連耍酷和慶祝的動作都沒想起來。

那是他數以萬計的NBA投籃得分中的第一個。

那晚他得了5分，下一晚他得了10分，然後是2分、2分和6分。在涉及隊友和對手時，他還是有些像新人：突破路線、投籃選擇、防守時的判斷、位置感，這些需要經驗來加以消化，他還很生疏。但他的小技巧卻很早熟：他的一對一晃動、他的柔韌性、速度和爆發力，他偶爾的大步奔跑和飛翔，可以讓主場球迷感覺如含了一口蜜糖般甘甜。

職業生涯第一個月，科比便感受到了父親當年的切膚之痛。十多年前，父親爲一張合約而奔忙的緣由，他感受到了。

這是NBA的世界：現實殘酷得令人髮指。沒有人會把賓州第一高中生的天才少年當一回事，在NBA，每個人都有大把輝煌的過去。NBA在意的是你當下的表現，一切過往都如黑白舊照片，時光溜走迅速而無情。科比所投失的每個球，都會被放大苛責，唯一可以保護他的，是他18歲的年紀、值得期望的璀璨未來，以及傑瑞・衛斯特的期待。

1996年的冬天，12月始，每個週四，退役已22年的衛斯特，會到訓練館親自指導科比。身爲NBA史上最偉大射手之一，衛斯特所做的指導意味深長。他告訴科比如何選擇合適的出手時機——即，投籃之前所需要做好的一切——以及如何防守。這些單獨訓練的結果是，1997年1月3日，在對陣沙加緬度國王的比賽中，科比10投6中，10罰9中，得到了21分。1月底，艾迪・瓊斯受傷。1月28日，科比，18歲半，爲湖人先發上場。他創了NBA史上先發球員的最年輕紀錄。

戴爾・哈里斯教練十二年後回憶說，那時，科比會走到他身前，說：

「教練，你給我球，讓大家拉開，我可以單挑幹掉聯盟裡的任何球員。」

「教練，我可以背框單挑任何人，你只要給我機會。」

哈里斯教練都無奈地笑了：「科比，我知道你可以，但我不能把鯊魚轟開，把禁區讓給你去單打啊！」哈里斯說，當時科比雖然點了頭，但並沒眞的接受這意見。他不甘居人之下的野心，從這時就萌芽了。

他是從那時就希望鯊魚把一切都讓給他嗎？我們無從得

知。

1997年2月的全明星賽，有別於以往的嘉年華盛會。NBA 50大球員被評選出並雲集一堂，麥可・喬丹成爲首位獲得200萬票以上的入選者，NBA 50周年，諸如此類。科比尙無入選全明星的資格，但他自有他的舞臺：被選入西區新秀明星隊，做全明星賽的暖場演出。

1997年2月8日，在克里夫蘭，科比和身在東區新秀明星隊的艾倫・艾佛森，又一次碰面。

雖然20世紀60年代末70年代初玩弄NBA的兩個老陰謀家「紅衣主教」奧爾巴赫與雷德・霍爾茲曼各自成爲東西區新秀隊的主帥，但幼駒横行，老人家無非走走過場做象徵性的演出。當晚的少年人大戰，東區隊上半場便遙遙領先。下半場，西區一盤散沙，科比開始獨力行動：在周遭一群同樣偏瘦的年輕人環繞下，他彷彿又回到了高中。持球，奔襲，直闖禁區。他自由發揮，得到全場最高的31分。當然，艾佛森還是帶領東區新秀隊奪冠，拿了MVP。

屬於科比的時刻，是在第二天的灌籃大賽上。經歷20世紀80年代喬丹與威金斯的壯麗演出後，90年代灌籃大賽衆星凋零，所依靠的無非是蒙眼灌籃、雙手灌籃之類噱頭把戲。當晚的科比並沒有像多年前的喬丹或J博士一樣留下教科書般的傳奇灌籃。只是，在50大巨星的眼皮底下，他還是做了一個足以讓老人家們動容的灌籃：

決賽，科比禁區右側起跳，左手將籃球從胯下轉到右手，上升，球在劃過一道圓弧後，迅速扣向籃框，轟的一聲，他的身體依然前傾，滑翔，落地。費城前輩J博士帶頭鼓掌，科比這一灌籃，滿分50分中獲得49分。冠軍。

關於他和麥可·喬丹的最初對比，也許是從這一天開始的。故然在1996年，世界為尋找喬丹的接班人奔忙不已，而且已經將格蘭特·希爾與「一分錢」哈德威放到了王座之前，但喬丹並未將權杖交給任何一個人；而那兩個天才青年也各自卓然成一家，和喬丹的風格並不類似……在這一晚後，科比的灌籃、身型和微笑都讓人多少想起，20世紀80年代那個戴著金項鏈的芝加哥少年。雖然這兩個身影還遠未到重合的時刻，但隱隱約約地，他們的確有許多類似之處。

一種說法是，看到科比完成那記灌籃時，喬丹與老搭檔史考提·皮朋互問：

「我們年輕的時候，能跳那麼高嗎？」

1997年全明星後，科比上場時間漸長，但洛杉磯的話題焦點，還是鯊魚：鯊魚受傷了、鯊魚拍電影了、鯊魚又復出了……1997年4月，湖人1996-1997賽季結束，56勝26負，魔術強森退役以來的最佳戰績。搖擺人艾迪·瓊斯成為全明星球員，被贊為有皮朋般的身手；范·艾克索的三分球驚天動地。前灌籃王塞巴洛斯被換走，得來了前鋒羅伯特·歐瑞。幾乎所有主將，從大前鋒埃爾登·坎貝爾到後場瓊斯和范·艾克索，人人的數據都有了提升。

主要原因當然是鯊魚：出賽只有51場，但場均26.2分12.5籃板3.1助攻2.9阻攻，57%的命中率。湖人上一次有人繳出這樣的得分成績，是1980-1981賽季的賈霸；上一次有人如此統治籃板，是1978-1979賽季的賈霸。他讓湖人的中鋒之夢復甦了。他讓整個城市復活了。他一手遮天充當了個超大心臟，讓整個湖人元氣充沛、血液奔騰。現在，這裡是他的城市了，雖然只有一個賽季，雖然他只打了51場。

回過頭來，在新秀賽季，科比場均只有15.5分鐘的時間，得到7.6分。

1997年季後賽第一場，鯊魚刷新了湖人生涯分數新高：湖人對波特蘭拓荒者，鯊魚得到46分，湖人95比77拿下第一場勝利。對面「世界屋脊」沙波尼斯、拉希德·華勒斯和克里斯·杜德利三位內線，合計14次犯規。他最得意的事，是自己的18罰12中：67%的罰球率不算高，可是對面拓荒者全隊才26罰14中。

科比打了他第一場季後賽，1分鐘，得了2分。

隨後的首輪一帆風順。鯊魚第二場30分，第三場29分12籃板，第四場27分。湖人輸了第三場，但還是輕鬆地以3比1擊敗拓荒者晉級。拓荒者受了巨大刺激：聯盟防守第七，場均丟95分，籃板卓越的球隊，硬生生被鯊魚給屠殺了？也就從1997年夏天開始，拓荒者著力於囤積內線群：品質不夠數量湊，人多勢眾七手八腳張網圍捕鯊魚。

科比在對拓荒者第三場，27分鐘內得到22分，一鳴驚人，可惜並沒贏球。

第二輪，湖人遇到麻煩了：他們遇到了64勝18負的西區例行賽冠軍猶他爵士。

那是猶他爵士史上最鼎盛的一季：約翰·史塔克頓空前

絕後地包攬九屆助攻王後終於失去了這一冠冕，但那是因爲他已經培養了合格替補，不必再事必躬親；他的黃金搭檔卡爾・馬龍在33歲高齡終於從喬丹手中搶到了一個例行賽MVP。傑夫・何納塞克成爲了爵士的第三支箭頭。除此而外，布萊恩・拉索、奧斯特塔格、安東尼・卡爾、福斯特：爵士的板凳極盡全面。

爵士與湖人，是風格的兩極。湖人永遠奔放華麗，依賴聯盟最卓越的個人能力。觀眾注意湖人啦啦隊女郎的內衣透明度，喜愛直播時變幻不定的宣傳字幕，隨著入場音樂高歌，被絢麗燈光迷醉。而爵士和鹽湖城的西北霜風一樣：冷峻、強悍。他們的籃球充滿不知疲倦的跑位、UCLA式進攻、永遠不停的掩護、伸縮進攻。他們的防守和進攻一樣強悍、狠辣而老練。

最後，NBA歷史助攻王約翰・史塔克頓和NBA歷史得分第二卡爾・馬龍，二十年如一日策劃著籃球史上最偉大的擋拆進攻。

湖人對爵士第一場，鯊魚16投6中，只得17分。爵士拼著讓范・艾克索與瓊斯在三分線外15投7中，也要對付他：218公分、126公斤的白胖子奧斯特塔格撐在鯊魚身後，不讓他接近籃框；一等鯊魚接球，NBA史上第一抄截王史塔克頓或NBA第一肌肉王卡爾・馬龍的包夾就如影隨形地到來。鯊魚被鉗，湖人全場命中率僅34%，77比93敗北。湖人明白爵士的策略了。第二場，鯊魚25投10中25分，但湖人外線開火：史考特三分球5投3中，歐瑞更是匪夷所思地7投7中。湖人三分線外18投

11中。可是，爵士很穩，他們繼續擋住鯊魚這柄紫金錘當頭劈落，任湖人的三分箭矢紮身。「郵差」馬龍31分11籃板，何納塞克21分，史塔克頓16分7助攻。爵士103比101險勝，2比0。

回到主場的湖人以104比84血洗爵士，將分數扳到1比2。但是第四場，郵差18罰18中42分，拉索29分，史塔克頓11分11助攻。鯊魚得到了34分，但湖人完全守不住爵士迅疾的進攻。爵士3比1領先。

本來，系列賽第三場，鯊魚已經聰明起來，讀懂了爵士對他的包夾，可是已經晚了。第五場，郵差32分20籃板，史塔克頓24分10助攻。兩個NBA 50大的老英雄穩準狠地撲滅了湖人的反擊，沒給鯊魚反擊的機會。

本場末尾，科比成了主角。比賽還剩1分46秒時，鯊魚對郵差犯規，犯滿退場，湖人領先，然而軍中無大將，全隊都緊張得不敢投籃。於是：雙方89平，科比在亂軍之中撿到球，終止了爵士的進攻。還剩11秒。比賽最後時刻雙方打平。哈里斯決定了：「科比，你投這個球！」

18歲的新人科比・布萊恩，運球過半場，面對爵士的拉索，原地運球，右手持球順步突破，加速，急停，晃開了拉索——但他重心收的幅度太大，起跳投籃時已經掌握不住，球出手，太低了。投了個麵包。

48分鐘比賽結束，雙方進入延長。哈里斯教練抿了抿嘴，拍了拍手。延長賽一開始，科比左翼三分球出手，又是麵包。3分鐘後，科比右翼華麗地大幅變向，突破籃下，拋射打板得分，湖人93比94落後1分。比賽剩40秒，湖人93比96，科比再次三分球──又是麵包。又一次三分不中後，爵士98比93取勝，就此4比1淘汰湖人。

這是第一次，科比在鯊魚倒下後企圖接管比賽，當一回英雄，但卻失敗了。

雖然如此，哈里斯教練給了科比足夠的信任，鯊魚也對科比的勇氣很是讚許：

「那段時間，科比是唯一有膽子站出來投籃的傢伙！」

這就是他的新秀賽季：例行賽場均7.6分的替補球員，有亮點，也有陰暗。但至少，他熬過來了。他有野心，他有擔當，在關鍵時刻，想當英雄；失敗了，但還是敢接著投。輸掉比賽後，科比在板凳上抿著嘴，眼神灼灼，生自己的氣。

放遠了看，他之後的職業生涯，在這一晚，全都被預示了。

08 喬丹？科比？

1997年夏，湖人從老冤家塞爾提克挖來了201公分，有遠射、善抄截的小前鋒瑞克・福克斯。一到湖人，他就永遠告別了聯盟前五抄截手的地位，因爲在這裡，你只需站穩外線位置，不必冒險下手。因爲鯊魚可以搞定一切。

先發後衛范・艾克索、艾迪・瓊斯，先發前鋒福克斯、歐瑞，內線鯊魚。替補則由科比、費雪領銜後場，坎貝爾補上內線。若說1996-1997賽季，湖人還只是把鯊魚倉促丟進鍋裡熬湯，下料不當的話，1997-1998賽季，湖人聰明從容得多了：

鯊魚這塊經得起千熬萬煉的大肥肉，不配些好菜，還對不起他呢。

賽季前，哈里斯教練定案了：科比擔當第六人。

鯊魚龍體有恙，所以錯過了1997-1998賽季開幕戰。幸而湖人很爭氣：擊敗了史塔克頓缺陣的爵士，剿滅了沙加緬度國王。第六人科比在第一場就得到23分。當然，他還是不算穩定：第二場，科比10投2中，只得4分。幸而，瓊斯、歐瑞等人發揮穩定。第三場對紐約，鯊魚歸來：27分鐘12投7中，17分8籃板4助攻，終場前還6犯下場。首席替補科比只有9投1中。對面的尤英抖擻精神，得了29分14籃板。然而，湖人贏了：歐瑞、福克斯、瓊斯、坎貝爾諸將得力，湖人六人得分兩位數。

鯊魚賽後，並沒因爲個人數據輸給老冤家尤英而悶悶不樂。洛杉磯媒體看到了烏雲的金邊：

「鯊魚不上場，鯊魚只得了17分，諸如此類的情況，湖人依然能贏球！打敗的還是紐約！這比鯊魚得40分贏球更棒！」

隨後，鯊魚復活了。29分鐘內27分19籃板，屠殺了勇士內線。科比替補出場24分鐘內18投11中25分。湖人132比97血洗。接著，鯊魚37分12籃板帶領湖人攻陷了達拉斯。兩天後，在聖安東尼奧，湖人和馬刺48分鐘內拼到96平。延長賽，湖人一鼓作氣打出高潮，109比100取勝。鯊魚34分15籃板4阻攻。

當然，這一晚有些不同處：湖人的籃板球輸給了馬刺。大衛·羅賓森27分14籃板6助攻的表現不亞於鯊魚；而更讓鯊魚頭疼的，是馬刺的21號：一個根本不像新秀的新秀。這一晚，那個新秀19分13籃板4助攻3阻攻，他和羅賓森聯手張起的大網，讓鯊魚重新回憶起了職業生涯初期面對包夾網時的不舒服。

這個21歲的7尺巨人大前鋒，是1997年的選秀狀元，叫作提姆・鄧肯。

這是科比、鯊魚和鄧肯這三個糾纏了日後十幾年風雲的傢伙，第一次在球場上相遇。

截至1997年11月19日，湖人開局已經十一連勝。他們還不知道失敗爲何物。他們在聖安東尼奧、休士頓、猶他這三個艱難的客場贏了球，他們血洗灰狼、小牛、勇士時吃人不吐骨頭。他們這個陣容一路狂飆下去，還能連勝多少場？沒人知道了：11月19日擊敗灰狼後，湖人得到消息：鯊魚又受傷了。於是，在一貫送上勝利的同城對手快艇身上得到第十二連勝後，湖人輸給了邁阿密。

但問題並不大：鯊魚受傷時，湖人11戰全勝領先聯盟；他歸來時，湖人24勝7負，依然是西區首席。這一個半月，瓊斯、范・艾克索、坎貝爾、歐瑞、福克斯等，就像1995-1996賽季初的魔術隊似的，窮人的孩子早當家，自種自收，也算逍遙，各自打出身價。當然，星光最爛漫的，是另一個人：

科比・布萊恩。

這是他的第二個賽季。留起毛茸茸頭髮的他，成爲湖人的第六人，成了實際上的球隊一對一執行者。在福克斯、瓊斯疲憊之時，科比見縫插針，上場奪分。他抄截、跳投、突破，以及——一如既往地——灌籃。

鯊魚受傷後，科比對快艇拿下了24分5籃板4助攻4抄截。在隨後整個12月，他場均19.5分，完全不像是替補的樣子。對火箭，他27分；對小牛，他30分。他這一系列表現，將科比推上了全聯盟最被炒爛的熱門話題：

科比是下一個喬丹接班人嗎？

在此之前幾年和今後的十幾年，NBA任何一個身長198公分左右、技術全面、飛揚飄逸的搖擺人，都得被放到天平上當作「喬丹接班人」審閱一番，這幾乎成了NBA最變態的情節。平心而論，比起當時已經出現的喬丹接班人——全面而又理智的格蘭特・希爾、輕盈飄逸的「一分錢」哈德威——科比的確更像喬丹一點點：

身型、彈跳、速度、柔韌性、爆發力，偏執的好勝；能夠透過一連串動作，爲球迷提供爆炸般的視覺衝擊力；對比賽狂熱的投入程度——許多人都說，喬丹每一個回合，都像是這輩子最後一次打籃球似地不遺餘力，科比亦然。

1997年12月17日，疲憊不堪的芝加哥公牛，遇到了沒有鯊魚的湖人。麥可・喬丹依然不可阻擋：他持續上演著那些匪夷所思的動作——右翼大幅度晃動後遠射三分，低位背靠後接後仰跳投，晃動後切入左手上籃。

賽後接受採訪時，喬丹笑容滿面——不是因爲他拿下36分帶領公牛取勝，而是因爲，這個夜晚他終於不寂寞了。

全世界都知道，不要去招惹喬丹，他好鬥如狂，酷愛淩虐任何挑戰他的人。但這一晚，偏有一個小子要跟他鬥。

當艾迪．瓊斯示意要與科比夾擊喬丹時，科比．布萊恩，這個19歲零4個月的小子，擺了擺手拒絕了，繼續緊張地放低腰胯：科比決定一個人對付喬丹。一個還在為球隊打替補的二年級生，獨自對抗世界籃球之神。在進攻端，科比在左翼接球閃電般出手投中，科比可以在空切後閃過喬丹蛛網般的大手，接傳球後扣籃。在一對一應對喬丹時，他也被喬丹華美的低位步伐，晃得像孩子一樣亂跳，目送喬丹上罰球線；可是在另一端，他會大膽到近乎莽撞地投出三分球，或是模仿喬丹的背靠、晃動、後仰跳投。

這個夜晚，34歲的喬丹似乎遇到了另一個自己：他每在一端做出一個使全場驚歎的動作，另一個自己便在另一端又一次點燃觀眾。

科比沒有能夠帶湖人取勝，可是對面喬丹得到36分之餘，科比自己射下了33分：這是一次無與倫比的模仿秀，是喬丹和自己年少的影子對局，左右互搏。

這場比賽後，科比成了「喬丹接班人」最新一季的不二人選：一個大城市球隊的少年，有奔放絢麗的球隊傳統，他的身材酷似喬丹。當然，喬丹更扎實，但科比有喬丹少年時的協調性，起跳時都能讓人產生飛翔的幻覺，而且招式繁複無盡。與那個時代所有孩子一樣，科比的技術細節以喬丹為榜樣，洛杉磯的狗仔隊捉不到他的負面新聞，在新聞發表會他並不提供如珠妙語，但談吐健康而合理——這一切再加上他19歲的年紀，於是世界被傾倒：

一個新的、成長中的喬丹。

鯊魚的傷病起了塞翁失馬的效果。他養傷期間，瓊斯、范・艾克索與科比的發揮，獲得了聯盟注目。於是，1998年全明星名單公布，這三人加上鯊魚一起入選。科比，還沒爬上湖人先發的第六人，卻被球迷投票，成了全明星先發。

世界對他的期許之大，可想而知。

1998年初，洛杉磯湖人回到了20世紀80年代末的聲勢：他們是全明星之隊，他們的第六人都會被球迷追捧選進全明星先發，他們是全聯盟頂級的熱點中心，哪怕還沒超越芝加哥，但在西區，沒有球隊可以奪走他們的榮光了。

1998年2月，鯊魚與科比第一次在全明星賽連袂出場。鯊魚中規中矩地得了12分4籃板，然後休息去了。這一晚，亮點和爭議，全歸科比。

他踏上賽場時還感到緊張。他是新人，巨星們不會屈身俯就，去對一個新人說甜言蜜語。他習慣了一個人，也不會去和老人家們攀談。這顆驟然暴亮的新星內心衷曲，也許只有早一年入行的凱文・賈奈特知曉。多年以後，科比如是回憶：

「在上場前，賈奈特拍了拍我的肩，說：『跟著我跑，我會給你傳球的。』」

的確如此。當賈奈特給科比傳出一記空中接力扣籃後，科比才眞正進入全明星賽的節奏。在比賽的前兩節，他甚至又回到了1997年12月的狀態：他執意和喬丹一對一。當卡爾・馬龍來爲他掩護時，他甚至喝令上季例行賽MVP：「走開！」

那晚他得了18分，而且在比賽的前兩節，他和喬丹分庭抗禮。但是，和一年前的新秀全明星賽一樣，他依靠個人才華縱貫全場，卻極少傳球。他彷彿刻意要和喬丹分個勝負，這份鋒芒畢露的氣息，讓西區明星隊總教練喬治．卡爾只得將他放回板凳上。最後，喬丹全場23分，得到了全明星賽MVP。

但在比賽結束後，預備接受採訪前，喬丹跟科比聊了聊。喬丹，以他一貫的風格，勸勉科比：

「最重要的是要保持侵略性，要狠！」

這一晚之後，全世界都發現了——科比．布萊恩，就是這麼傲氣。當被問到他是否預備好成爲下一個喬丹時，科比如是說：「我不在乎。我本來就期待自己變得那麼好。」

當然有爭議。比如，前一年的例行賽MVP、比科比大15歲的老鐵漢卡爾．馬龍，依然對全明星賽上被科比喊走開心存不滿：「年輕人居然要我讓開。這運動眞是不需要我們這種球員了。」科比解釋了：「我都不記得了，我可能確實說過那種話，但沒問題啊，我只是嘗試打得有侵略性。」

出名的代價是：1998年2月10日開始的24場比賽，科比打得一般——場均12分，命中率37%。科比自己都承認，有隊友覺得他自私了。哈里斯教練說：「科比得學學團隊比賽。他沒進過大學，沒認眞學過團隊作戰。他得減少比賽時間，直到他適應爲止。」

湖人開始爲科比煩惱了。他的創造性和天才，他的獨斷，讓球隊不知道如何對他人盡其才。科比並不偷懶，他只是依然故我，執著提高自己。

「我從『大夢』歐拉朱旺的影片裡學會了後撤步跳投；底

線投籃，則是從奧斯卡・羅伯森（一般公認爲NBA史上第二偉大的控球後衛）那裡學來；從『珍珠』門羅（NBA 50大的得分後衛）那裡我學會了假動作晃動……」以及，從魔術強森身上呢？——「我學到了眞誠熱情地打比賽。」

在世界批評科比不肯傳球的聲音中，魔術強森站出來支持科比。「人們會忘記科比的低迷。他能調整過來。跟一般球員不同的是，他有足夠的基本功。」魔術強森說，「而且他確實像喬丹……他像喬丹一樣能跳，他和喬丹一樣能突破，能單挑，他還可以跟喬丹似的，在空中調整後投籃，彷彿長了翅膀似的！」科比的訓練師約翰・卡本補充說：「科比有時連說話都像喬丹……他每天都在琢磨喬丹的錄影。」是的，雖然只有二年級，但科比有一個私人訓練師。他打算每天訓練5個小時，一半在重訓房裡，一半在球場上。這一點，他像極了喬丹：他們都相信訓練可以解決一切問題。當然，還有科比從喬丹那裡聽來的訓誡：要狠。

鯊魚也算支持科比：「NBA總冠軍球隊，大多數都是有兩個巨星的雙巨頭。我需要科比跟我組成雙巨頭。」因爲，雖然只有二年級，但大家已經公認，科比是湖人最好的一對一選手。沒人質疑他的技巧，關鍵在於，科比如何利用他匪夷所思的一對一能力。

1998年4月，科比在他那俯瞰太平洋的海景房裡看球賽影片。他在看自己的影片，琢磨自己如何輪轉補位，如何尋找到空檔隊友。

他的每一點成就總伴隨著相應的爭議，每次蛻變總會留下舊殼供昆蟲蠶食。但時代確實在改變了。

1998年2月，查爾斯・巴克利35歲，離開鳳凰城一年半，似乎已快要忘記他初到休士頓時「我要拿籃板王」的宣言。在鳳凰城時時困擾他的背傷一同來到了休士頓，深冬來臨便不時折磨他。1996-1997賽季是他最後一個全明星賽季。1998年，他眞的開始老了。

1998年2月，「大夢」歐拉朱旺35歲。前一年夏天，他最後一次成爲了聯盟第一隊中鋒，但在1998年2月，鯊魚已經早早預訂了那個位置。這一季的前七場，曾經可以用假動作騙過全世界的封鎖，隨心所欲的他，有四場沒超過10分。在奠定了20世紀90年代第一中鋒的寶座後，他也終於像所有中鋒巨星一樣，在35歲的生死線老去。

1998年2月，崔斯勒36歲。這季開始前，他已經約略提及退役的事。他想回休士頓大學當總教練，在各種場合他都暗示，如果不是1983年波特蘭選走了他，他本打算老死休士頓。有人質疑他的去意，但當他向大夢諮詢，打算從奈及利亞拐騙幾個少年天才過來時，人們就知道「滑翔機」不會再飛了。

1998年2月，大衛・羅賓森32歲，正逐漸讓出他的領袖位置。他很喜歡身邊新來的鄧肯：這個年輕人可以代替他擔負起他不喜歡的低位強攻、對位防守敵方名將、控制防守籃板這一系列的工作。這是他最後一個場均「20-10」的賽季，他也不會在1998年就料想到，鄧肯將背負著馬刺，在下一個夏天就奪下總冠軍，然後開始漫長的十九年霸業。

1998年2月，史塔克頓和馬龍這對鹽湖城之王，合計快70歲了。

1998年2月，派翠克・尤英35歲。1997年聖誕節前一週，他受傷了。去年此時還是全明星先發的他，只得身披西裝，左手托腮做個觀衆。即便十年以來，他一共只缺席過20場例行賽，紐約人依然不依不饒，對他大加非難。1998年，他再未上場比賽。這是他職業生涯第一次大傷，也是他下滑的開始。和大夢一樣，他再也沒回到1994年統治聯盟的地位。

1998年2月，丹尼斯・羅德曼36歲，正在持續關心他的新書《我行我素》銷量，關心他身披婚紗出席簽售活動的迴響，關心他泳裝照片引來了多少人的斥責，順便對著媒體調侃卡爾・馬龍。

1998年2月，史考提・皮朋32歲。他在看臺上度過了1997年的冬天，然後在1998年爲球隊出戰。這次傷病使1997年的全明星賽成了他的絕響，但他並不在乎：因爲失去了他，公牛在賽季的前兩個月掙扎於東區列強中。他需要讓管理階層看到他的價値，看到他拿400萬年薪是多麼荒誕。1998年1月10日，他開始爲球隊出戰，然後公牛恢復了往昔的神采。但是，他再也沒能回到全明星水準。

1998年2月，麥可・喬丹滿了35歲。這一季的他比以往任何時刻都要艱難：他的腿開始感受到歲月艱辛，重新拉遠的三分線讓他沒有了過去兩季的神射手感。這是他進入90年代以來最艱難的一季，他必須像30歲前那樣，極力地突破以博得罰球，盡量逼近籃框背框單打以保持命中率，而且，自26歲以來第一次全季打到3181分鐘。這個2月，公牛追上了溜馬，並且開始領先東區。他完全依賴著自己的心臟、記憶、精神、偏執和好勝在繼續統治聯盟了。

1983-1985年進入NBA的那一代天之驕子們，至此慢慢老去了。他們多年的統治開始鬆動，NBA環繞世界尋找喬丹接班人就是此事的象徵：下一個接位的天子該是誰？

1998年春天，湖人打出震驚聯盟的16勝2負。1998年4月，鯊魚場均33.8分，喬丹場均32.3分。鯊魚以對籃網的50分開始了4月，然後是穩穩的30分上下。喬丹則在4月初連續41分和40分，隨後是對魔術的37分。4月17日，鯊魚對小牛得到43分，次日喬丹以一個44分擊滅紐約尼克。賽季終了，鯊魚出賽60場，場均28.3分；喬丹82場全勤，28.7分拿到第十度得分王。

但沒關係，湖人例行賽61勝21負。鯊魚進了全聯盟年度第一隊。科比在他的第二年，打了79場比賽，場均15.4分，年度第六人票選中排行第二。1998年季後賽第一輪，湖人3比1淘汰了拓荒者。鯊魚如此評價：「只要我們打的聰明點兒，沒人能打敗我們。」第二輪，鯊魚摧毀了西雅圖超音速。4比1，湖人晉級西區決賽。哈里斯教練又高瞻遠矚起來了：「鯊魚已經有太多次在家看著別人奪冠的經歷了。這種經驗愈多，愈會激勵他往前去。」

鯊魚自己也這麼認爲：

「喬丹告訴你，學習成功之前，你先得學習怎麼失敗。這是我的第六季，我想我學到了。我已經準備好成功了。」

超音速主帥喬治・卡爾則乾脆地說：

「鯊魚是現在NBA最強的人。我想，他比現役任何人都更強力，更有統治性。喬丹也許打得更漂亮更迅速，但從教練的角度講，我覺得鯊魚可能是最難對付的傢伙。在禁區裡的威脅，這星球上沒人能和他比。」

然而兩週之後，西區決賽結束了：與前一年相同，湖人輸給老冤家爵士，0比4。湖人替補前鋒寇里・布朗特覺得自己在做夢：「橫掃？我不是沒動過橫掃的念頭，可我總是琢磨橫掃爵士，將來還要橫掃公牛……可是，被橫掃的是我們！」

哈里斯教練虛弱無力地說：「我們需要透過失敗來學習。」但鯊魚已經經歷過太多這類故事了。和1995年總決賽一樣：他的表現不下於系列賽任何一人，但他遭受包夾後，隊友沒人站出來。科比在對爵士的前兩場，合計24投7中：季後賽對他而言，依然太艱澀了。

到此爲止，鯊魚經歷的橫掃，最後都能歸結於一個過程。無論是1994、1995、1996年的魔術，還是1998年的湖人，都是這樣：龐大、華麗、天分洋溢、才氣縱橫，用怒扣和三分球居高臨下；他們的對手總是老辣、硬朗、沉穩、冷靜觀察局勢，聰明分配球、大心臟遠射，一擊必中，精確；最後，總會演變成壯闊巨人和精幹智者的對決。每一次，鯊魚的球隊，都會因爲「只有『鯊魚』一個人」，而輸給那些更老辣幹練陰險聰明的對手。

09 先發

1998年NBA諸事紛擾。喬丹摘下第六座冠軍戒指後，結束其波瀾壯闊的職業生涯，終究沒有讓追趕者們觸及他不朽的背影。NBA球員工會和老闆們開始曠日費時的勞資談判，以便能夠爲自己多劃一些利益的蛋糕。

這是一整個時代的更迭。麥可・喬丹占據已久的王座，終於空了出來。NBA提前挖空心思定點培養的喬丹接班人們，終於迎來了太子們爭穿龍袍的時刻。隨著喬丹巨大背影的離去，屬於他的時代的那些配角也開始黯然退場——彷彿他們當初的星光璀璨僅是爲了映襯喬丹的偉大而存在一樣。查爾斯・巴克利因爲背傷而夕陽西下，「滑翔機」崔斯勒隨喬丹一起退役，歐拉朱旺開始老去，米奇・李奇蒙離開了他興風作浪的沙加緬度，大衛・羅賓森把他馬刺王牌的角色讓給了剛打完第一年的提姆・鄧肯，喬・杜馬斯看到格蘭特・希爾已經成長便放心地將活塞交託給他，派翠克・尤英在鐵漢了十年之後終於受傷倒下，羅德曼和皮朋隨喬丹的離去而遠離了公牛這土崩瓦解的王朝，鋼鐵一般的約翰・史塔克頓和卡爾・馬龍似乎在1997、1998年兩度戰火紛飛的總決賽中耗力太多，終於也顯出一點疲憊來。

1999年，漫長的勞資糾紛。工資帽、奢侈稅、轉會規定進一步細節化，效果不亞於1995年足球界的博斯曼法案。這一輪勞資糾紛使休賽期無限制地延長。1998年夏天到了，之後是秋天，隨後是冬天。時光踏入1999年，1998年的「休賽期之夏」依然在繼續。

這過於漫長的夏天，彷彿在暗示所有人：耐心點等候吧，這個夏季是那麼的與眾不同——時代更迭的黎明到了。

漫長的夏季足以讓文．貝克染上酗酒的毛病變成酒鬼，足以讓尚恩．坎普從史上首席野獸派暴力美學大前鋒變成肥豬。鯊魚沒這麼頹靡，但也多少發胖了一點。

1999年春，新賽季開始。冬眠已久的NBA像生鏽鐵輪，慢騰騰前進。湖人開局很糟糕：前12場6勝6負。湖人不打算再給戴爾．哈里斯教練所謂「我們從失敗中學習」的機會了。助理教練科特．蘭比斯上臺擔任主帥。

教練動盪完了，繼之以球員。首先，湖人膽大包天地招來了丹尼斯．羅德曼。混世魔王為湖人打了23場，讓湖人起伏不定，只好裁掉。然後，為了給鯊魚鬆綁，艾迪．瓊斯和坎貝爾被交易走了，來的是黃蜂隊射手葛蘭．萊斯。

這意思是：湖人是鯊魚與科比的球隊了。

1998-1999賽季，科比終於成為了湖人正式的先發。他的技巧有了巨大進步，甚至改換了自己的投籃姿勢。20歲的他不只忙於完善自己的進攻，還開始專注於修練防守。他成了鯊魚之外的湖人首席王牌。例行賽，科比場均19.9分也許只算優秀，令人驚豔的表現則在防守端：他場均1個阻攻1.4抄截，在後衛中鶴立雞群。

雖然他的跳投仍不穩定，雖然在關鍵時刻，他還不太懂得如何應付不同的節奏。

洛杉磯的媒體開始談論鯊魚和科比的不和：據說鯊魚嫉妒科比。在訓練中，他們倆也的確有過口角和爭執。科比並不像艾迪・瓊斯那樣好脾氣，逆來順受；而鯊魚在發怒時則像一個大孩子。成爲巨星的條件之一是血性和偏執，恰好，這兩個人都是如此。

但矛盾並不算猛烈。許多時候，失敗會引發抱怨和口角，但經過一兩場勝利，烏雲一掃，自然晴空萬里。

「矛盾？沒有。」傑瑞・衛斯特如是說。球隊的兩個王牌，並不是死黨或朋友，但他們的組合開始讓聯盟各隊頭疼：並非所有球隊都那麼幸運，能擁有兩個無法防守的天才。

1998-1999賽季匆匆忙忙的例行賽結束了。湖人31勝19負，其中蘭比斯帶領著球隊打了24勝13負。他們的進攻聯盟前二，可是防守效率只有聯盟第23。鯊魚出賽49場，場均26.3分聯盟第二僅次於艾倫・艾佛森，命中率57.6%依然漂亮，但他場均10.7籃板和1.7阻攻則是職業生涯新低。科比50場全部先發，場均38分鐘內得到19.9分5.3籃板3.8助攻，以及嚇人的1.4抄截和1阻攻——大家都說，他像駕著跑車在打比賽似的。

季後賽第一輪，鯊魚對面，老冤家濟濟一堂：1995年橫掃了魔術的火箭，36歲的歐拉朱旺；以及新到火箭的、1996年隨公牛橫掃了魔術的皮朋。

火箭的老先生們在第一場嚇了全洛杉磯一跳。巴克利25分10籃板，大夢13投10中22分8籃板，皮朋14分10籃板8助攻。鯊魚被包夾，23投只有11中，27分11籃板4助攻4阻攻。幸而葛蘭・萊斯17投12中，科比追加了17分5籃板5助攻，費雪20

分6助攻。湖人101比100險勝。老火箭的冷刀子劃破了湖人的脖子，但離大動脈差了一點兒。

就這一點兒，夠湖人活過來了。

第二場，鯊魚和科比醒了過來。科比15投8中19分9籃板5助攻3抄截，封到皮朋7投0中。鯊魚21投12中28分9籃板5阻攻，防到大夢10投3中。最重要的是他的7次助攻：他的傳球，讓湖人的三分球18投10中。湖人110比98擊敗火箭，2比0。科比在一開場便接獲鯊魚傳球一記扣籃，稍後便是右手突破後的拋射。第一節末尾，科比一記後轉身跳投，讓湖人31比12領先。第二節，科比施展了變向運球，在皮朋面前投中中距離——他的節奏比其他人快一個檔次。

皮朋在第三場27投12中37分13籃板4助攻，加上巴克利窮兇惡極的30分23籃板，火箭102比88贏回一場。第四場，鯊魚37分11籃板，防到大夢19投8中。科比則24分，上半場連續展示他新練就的右肩翻身跳投。湖人98比88取勝，3比1晉級。

比賽最後，鯊魚和大夢像1995年總決賽後一樣握手了。四年之後，鯊魚終於邁過了大夢，將這個破滅他總決賽夢想、統治整個90年代的偉大中鋒甩在了身後。公牛消逝了，火箭倒下了，喬丹和大夢這兩個90年代最偉大的英雄都過去了。

接下來的時代，該屬於鯊魚和科比了嗎？

西區準決賽，聯盟進攻第二的湖人，遇到了聯盟防守第一的聖安東尼奧馬刺。

又撞上老冤家大衛・羅賓森了嗎？鯊魚回過頭，看到了一個面無表情的青年。那是前一季和他一起榮登聯盟第一隊的傢伙，本季第一陣容大前鋒，23歲的提姆・鄧肯。

1989年，即鯊魚踏進路易斯安納州大學的那年，13歲的提姆・鄧肯，站在美屬維京群島的潮汐水線上，呆呆地看著蔚藍的海水。在此之前，他的理想是成爲奧運會400公尺自由式冠軍。可是這年，颶風突襲海島，游泳池崩壞。鄧肯的姐姐崔西亞建議他「去海裡游泳」，鄧肯搖頭：「我不喜歡鯊魚。」

於是他開始打籃球了。

八年之後的1997年，他從威克森林大學畢業，在選秀大會上成爲狀元。一年後，身爲新秀的他場均21.1分11.9籃板，入選了1997-1998賽季第一隊——上次有新秀入選聯盟第一隊，還是1980年的賴瑞・柏德。鯊魚自己，是打到第六季才進入第一隊。1998-1999賽季，鄧肯場均21.7分11.4籃板。而且，第二年的他，23歲，已代替大衛・羅賓森，成了馬刺之王。

鯊魚在鏡頭前習慣大鬧大笑、大喜大悲。鄧肯是他的極致反面。他的大學教練戴夫・歐登初見他時，只覺他嘴唇緊抿，雙目圓睜，既不像是生氣，又不像是高興。

他看待歐登的表情中，唯一能夠辨析的是好奇——一隻小狗初次看到螳螂的那種表情。

他的打球風格亦如是：沒有鯊魚那剛猛迅疾的扣籃，而是每一步都合轍押韻、端穩中正的球風。他追求穩妥、安全和現實。籃球在他手下，是這樣一種按部就班、理所當然的運動。

系列賽第一場，聖安東尼奧。湖人開局很順利：科比不斷地突破伊里亞德，分球找到隊友；與此同時，馬刺只是呆板地讓鄧肯在左腰背框要位，接球，單打對方的J. R. 里德或羅伯特・歐瑞。湖人一度24比17領先，但之後，馬刺慢慢醒了過來。因爲湖人發現：他們給鯊魚傳球阻力重重。馬刺利用「雙塔」夾擊鯊魚，讓他無從措手；第二節，鄧肯的進攻點移到了右側，同時，艾弗瑞・強森和威爾・普度開始更積極的空切移動，接應鄧肯的傳球。下半場，馬刺更直接切斷了湖人的傳球路線，放任科比自己進攻。於是，湖人始終沒能找回自己的節奏。

馬刺87比81拿下了第一場，鯊魚被防到19投6中，雖然有14次罰球和15個籃板，但進攻狀態低迷；科比21分6次助攻，但失誤多達7次。羅賓森因爲防鯊魚導致28分鐘內就5次犯規，但高效地拿到15分；而鄧肯得到25分，外加6個阻攻——羅賓森負責扛住鯊魚的下盤，他就負責從頭頂招呼鯊魚。洛杉磯媒體抱怨湖人對鄧肯的夾擊太慢了，尤其是當鄧肯開始從右翼主攻後。湖人主帥科特・蘭比斯念叨著：

「第二場，我們的夾擊會更有侵略性的！」

第二場，湖人果斷改變戰略，讓科比主攻。全場比賽鯊魚出手11次，科比則25投12中，得到28分，同時，鄧肯被夾擊，命中率確實下降了。但鄧肯的傳球，讓馬刺穩穩地控制著局勢。比賽餘下8.9秒時湖人還以76比75領先，可他們讓馬刺完成了一個冷靜的戰術——此前18投7中的鄧肯來執行了：

鄧肯接過艾利的傳球，一個螺旋轉身，繞過湖人的里德，然後，一個柔和的勾射入框，讓聖安東尼奧主場33,293名球迷陷入瘋狂。馬刺2比0領先。這一記制勝球成了整個系列賽的縮影。衛斯特經理感歎：「我也知道，光靠天分不會總是贏家。可是我還是希望關鍵時刻，我們能看到球隊打聰明點兒。」

湖人在第三場下定了決心：他們不想再讓馬刺全隊開火了。他們鎖死馬刺外線，拒絕夾擊鄧肯，要看鄧肯一個人能把馬刺打到哪裡去？鄧肯：「我喜歡收集瑞士軍刀、日本刀、大馬士革刀……總之，一切鋒利的東西。」

他的鋒芒出鞘了：對湖人第三戰，他安靜地射落了37分。馬刺103比91取勝。

然後是第四場，洛杉磯西部大論壇。鯊魚在籃下大汗淋漓，咆哮，憤怒，指責裁判。四場比賽，他61次罰球罰丟了32次。鄧肯不再給他機會繼續罰球了：馬刺118比107擊敗湖人。4比0，馬刺晉級。馬刺的主帥葛列格・波波維奇滿臉冷淡，豪不驚訝：

「鄧肯一整個賽季都在做這種事。你們還沒習慣嗎？」

負責防守他的羅伯特・歐瑞，NBA歷史上最冷血的射手，跟著大夢拿過1994和1995兩個總冠軍的天生贏家，知道鄧肯的分量：「他不是鯊魚或科比，可以衝開人群來個扣籃。他只是有許多無聲的武器。太多了……我討厭他那雙長臂！」

聯盟進攻第二、華麗繽紛的湖人，敗給了聯盟防守第一、沉靜幹練的馬刺。沉默的、安靜的、銀白與黑色交織的鄧肯，就這樣淘汰了愛笑的、喧嚷的、紫色與金色斑斕的鯊魚。這是鄧肯、鯊魚和科比漫長職業生涯裡第一次生死較量。這也是鯊魚、科比和鄧肯漫長恩怨的開始。他們將在多年之後，成爲那一代最偉大的三個球員，但這會兒，他們只能彼此對視而已。

1998-1999賽季對科比而言是苦澀的，但賽季過後還是有好事發生了。他錄了一片嘻哈音樂CD，但沒發售。在錄CD時，他認識了一位美女舞者：凡妮莎・萊娜。

命運的齒輪，開始轉動了。

1999年，凡妮莎還是個普通的洛杉磯高中女生，和大多數容貌俏麗的18歲姑娘一樣，偶爾做做模特兒。11月，她給一個MV做拍攝工作時，被科比望見了。然後故事開始。

她有拉丁血統，說西班牙語。如果放在德州，也許她還會是萬人爭愛的墨西哥式巧克力甜心呢。很遺憾，科比的父母對她並不滿意，接著就是旗幟鮮明地反對。

這一次，科比沒有順從父母的意見。

也許他只是一貫的叛逆情緒發作，或者，想擺脫作爲一個不成熟少年的姿態。他急於證明自己的獨立和成熟，想證明：自己不再是孩子了。

第三章　「OK」連線

10「禪師」來了

有時候你會懷疑，科比有預知能力。1996年被湖人選中時，科比跟老爸喬說：「有一天，我會為菲爾·傑克森教練打球。」老爸覺得詫異：那會兒，傑克森正在芝加哥公牛，與喬丹攜手創造歷史呢。1999年2月，科比打電話給溫特教練，請教三角進攻怎麼打。四個月後，溫特教練跟著傑克森一起去到湖人，真正開始傳授湖人三角進攻了。

1999年夏天，湖人開除了科特·蘭比斯，請來了「禪師」菲爾·傑克森。他算是鯊魚的老冤家：1995年，魔術淘汰了他執教的公牛；1996年，他執教的公牛橫掃了魔術。時間在往前看，他和湖人也著實有怨：1991年，魔術強森最後一次率湖人進總決賽，被他統轄的公牛擊敗，白白為喬丹的王朝開啓做了墊腳石。再遠溯到1973年，禪師做球員時，跟隨紐約尼克拿了自己第一枚戒指，擊敗的對手正是湖人，隊上主將正是此時湖人當家教父傑瑞·衛斯特。

新仇舊恨，到此都擱下了。1999年，湖人只有一個念頭：禪師有1991-1993年、1996-1998年兩個三連霸合計六枚總冠軍戒指在手。普天之下，屈指算來，無人比他更適合統帥湖人了。

等等，禪師是個什麼樣的人呢？

1945年9月，二戰結束的秋天。歐洲固然是一片廢墟，美國卻樂得恢復日常生活的秩序。父母們不知道這一年所生的孩子將離開自己，經歷垮掉的60年代，為膚色高歌，而後成批前往越南作戰。查理斯和伊莉莎白夫婦在這年秋天有了個叫作菲爾的兒子，以繼承傑克森的姓氏。在蒙大拿，恪守教義至今仍是美德，何況這對夫婦在福音教會任職，父親甚至是一個教會監督員。

菲爾・傑克森與他的兩個兄弟以及妹妹一起，在嚴謹的父母身邊、不斷默誦的教義、嚴格準時的祈禱聲中長大。

父母深知聲色犬馬的壞處，生怕孩子們與二戰歸來、身心疲憊的大兵們同流合汙，於是嚴格控制著一切。蒙大拿多雲的天色下，菲爾・傑克森度過了自己的童年——猶如中世紀宗教畫一樣晦暗的色調，沒有電影、沒有電視、沒有舞會。少年的生活比寡婦更沉悶。於是，當他去北達科他州的威利斯頓高中讀書時，這個毛髮旺盛、雙臂奇長的青年才第一次在聲光變幻的影院中看到電影，第一次——羞澀地——參加了舞會。在此之前，和所有教會家庭的孩子一樣，閱讀占據了他生活的大部分時光。

20世紀60年代的美國人窮極無聊，隨著貓王的曲子搖擺臀部，鮑勃・狄倫的口琴四處飄搖。《阿甘正傳》已經描述過，孔武有力的人或者站街宣傳種族理論、駕車橫穿美國喝杜松子酒，或者去踢美式足球、打籃球。菲爾・傑克森高中時骨瘦如柴，然而和所有慾壞了的美國年輕人一樣，多餘精力無處發洩，棒球場、田徑場、籃球場到處鑽。入了北達科他大學後，運氣頗佳，遇上了比爾・費奇——此人在20世紀80年代和賴瑞・柏德一起爲塞爾提克攬下過幾個冠軍——於是受到了些好調教。年到二十，菲爾長了203公分身高，胳膊長如猿猴。靠著這點天賦，在大學裡很是風光。離開了父母，青年叛逆情緒一犯，就開始跟隨潮流：留起大鬍子，學騎重型機車，裝模作樣地找小酒吧喝酒抽菸。幸好對於1967年的NBA而言，這些都不算什麼。費奇對菲爾鍾愛有加，到處跑腿向球探介紹菲爾。介紹方式如下：他指揮菲爾坐在1950年產的別克轎車後座，兩手向兩邊伸展，同時開車門——「看！他胳膊就這麼長。」

1967年大學畢業，菲爾被紐約尼克選中。紐約的老大雷德・霍爾茲曼，60年代除了「紅衣主教」和「禿鷲」漢納姆外首屈一指的人物，論起獨斷專橫來不遜色於前兩位，在球隊理念上又格外偏執。霍爾茲曼崇奉防守立隊的方針，早在萊里把尼克鍛造成鋼筋水泥隊之前二十年，他就招來一群鐵匠，把麥迪遜花園廣場熔成一座堅城。菲爾是白人，擁有白人所有的缺點：速度、彈跳、投射技巧上都相當糟糕。但他有長臂，有在那個時代不算差的身高，還有一身橫練筋骨，不怕死的勁頭。霍爾茲曼熱愛這種氣質：他重用的人物是嘴裡垃圾話不停、蓋瑞・裴頓的前世華特・弗雷澤，是瘸著腿上陣打總決賽的威利斯・瑞德，是NBA歷史上最不屈的硬漢德布歇。菲爾・傑克森愣頭愣腦，舞胳膊如莽漢弄棒，正合紐約風格。於是，他在紐約站住了腳，身披18號，在板凳上觀看比賽，一旦召喚便生龍活虎蹦上場去，與數條比他壯碩的大漢互相推擠。這種不要命的精神爲他謀得了飯碗，但也早早損害了他的健康。1969-1970賽季，25歲的他躺在病床接受脊柱手術，眼睜睜看著尼克打出隊史最偉大的一季，擊倒湖人摘下總冠軍——當然，他也沒閒著。這一年養傷時光他編制了一本尼克奪冠圖集，記錄下了奪冠的歷程——從他之後的故事來看，這些圖片編輯成書籍的勾當，只是牛刀小試。

重返尼克後，他繼續不遺餘力地爲紐約觀衆提供具有視覺衝擊力的場景：飛身魚躍救球、衝撞、蹦跳、貼身防守、兇猛的犯規。每場比賽前，他飛駕自行車或重型機車氣勢洶洶殺入球館，與弗雷澤一起留蓬勃的大鬍子，嗑藥喝酒，離經叛道地信奉禪宗，不亦樂乎。他趕著時代潮流，成了一個道地嬉皮。這一切的叛逆行爲似乎是爲了彌補在那沉重的宗教氣氛中度過的少年時期。1973年，他隨著紐約拿到了一枚總冠軍戒指。身著18號的他熱情地跟防每個湖人隊員，從比他矮半個頭的17號派特・萊里——當時顯然沒多少人能料到，這兩個毛髮茸茸的傢伙會在日後成爲所處時代最偉大的兩名總教練——到比他高半頭的威爾特・張伯倫。

懷揣著這寶貴的戒指，他退役了，那是1980年。他跑去做了一年球評，但那顯然不合乎他的個性——這個宗教家庭出來的小子身體裡有無窮無盡的過剩精力。1982年，他去CBA聯盟當了總教練，如此玩了五年，略有小成。芝加哥公牛召喚了他，他去了。給道格・柯林斯做助教。那是芝加哥公牛建隊二十一年的時候，隊上已經有了偉大的麥可・喬丹，以及1987年選來的史考提・皮朋——但當時，那還不過是一支企圖進入季後賽的隊伍。芝加哥的一切都年輕而新鮮，對於新來的這位嗑藥高手大鬍子助教——1975年菲爾的首本自傳《MAVERICK》（也就是達拉斯小牛的名字，不服從者）裡，他提到了自己玩迷幻藥的歷史，公牛並沒有表示反感。

道格・柯林斯資質平庸，在其執教公牛的20世紀80年代與21世紀初執掌華盛頓時都已畢露無遺，庸人多躁。1988年12月17日，公牛被公鹿甩離14分，柯林斯暴跳如雷，被判退場請上看臺。菲爾・傑克森接過了指揮權。他在場邊大聲向隊員們指出了防守時的問題，鼓勵隊員們放手攻擊。這是此後十九年時間，不斷出現的菲爾式訓練。賀瑞斯・格蘭特後來談及此場比賽時說：「他解除了一個困擾大家已久的牢籠，我們不再感到緊張。」然後公牛贏下了這場比賽。

道格・柯林斯的任期沒有就此結束，他又苟延殘喘了半年，直到夏天。1989年夏，菲爾・傑克森成為了公牛總教練。然後，我們所熟悉的一切隨之到來。

在他執教的第一季，變化立竿見影。喬丹與皮朋的角色逐漸有所轉化。1988-1989賽季一度打控球後衛拿大三元成癮的喬丹開始更專注於得分，而皮朋則成為了球隊的組織軸心。公牛自1972年以來首次達到55勝，東區決賽與活塞鏖戰到第七戰方敗下陣來。這只是開始，1990-1991賽季，公牛隊史最高的61勝，所向披靡地殺潰所有對手。總決賽對上統治80年代的湖人，首戰被柏金斯的一個遠射擊敗——按照通俗的劇本，這應該是1995年魔術被火箭橫掃、2007年騎士被馬刺擊滅的同樣開場。但菲爾・傑克森沒讓麥克・鄧利維得意。公牛連掃四局，奪下了隊史第一個總冠軍。喬丹點燃了雪茄菸，像個孩子一樣緊抱著總冠軍獎盃17分鐘之久。

對於菲爾・傑克森來說，這是一個黃金般的開始。他似乎天生擁有點石成金的能力，在第二季時便點開了纏困公牛多年的魔障。對他勝利哲學的研究從此而始，而他也樂得宣揚他的那套東西：他的助理教練老溫特的著名戰略，三角戰術。

1990到1992年的兩季，喬丹的場均得分在不斷下滑——相應地，公牛摘下了61勝和67勝。史考提・皮朋在26歲時已成爲繼喬丹之後、NBA最頂級的搖擺人，他的全面技術使他已經可以操持球隊最多的球權，並運用自如。1992年總決賽，公牛與瑞克・艾德曼率領的拓荒者交手。70年代，拓荒者隊長艾德曼與尼克痞棍菲爾・傑克森也曾短兵相接，二十年後再見，各自已是銀髮灰鬢。這一次，70年代的嬉皮依然占了上風：第六場第四節，拓荒者一度領先15分。菲爾・傑克森換下王牌們，改讓一群替補上場，使人以爲他試圖放棄比賽；然後，謙謙君子艾德曼方寸大亂，拓荒者忽然崩盤。公牛反敗爲勝，取下第二冠。

到1993年擊敗太陽完成第三冠後，公牛建立了王朝。菲爾・傑克森站在喬丹身邊目睹他踏上王座，而他自己則在48歲時，完成了恩師霍爾茲曼都沒有完成的偉業。喬丹如是說：「在公牛隊裡，我們最該感激的是菲爾。要不是他，我不知道公牛會成爲一支什麼樣的球隊。菲爾每天都和我們相處在一塊兒，為我們制訂了一致的目標，他自始至終都了解我們每個人的優勢、弱點和思想狀態，他是公牛唯一了解我們的人。」

關於對菲爾·傑克森的評價，至1995-1996賽季又提高了一層。他帶領著公牛連續兩年徒勞無功，沒有人會怪責他——因為他們失去了喬丹。而在喬丹歸來之後，隊上卻多了丹尼斯·羅德曼。這傢伙在前一季剛剛毀滅了自己效力的馬刺，聽任羅賓森被大夢羞辱，皮朋的下巴還留著與他對撞時留下的疤痕，每一個芝加哥球迷都記得這傢伙以前怎麼對喬丹拳腳相向。

可是，菲爾·傑克森處理好了這一切。

1996年4月，當公牛擊敗公鹿拿下例行賽第70勝時，喬丹、皮朋與羅德曼沉靜地互相擁抱在一起。菲爾·傑克森遠遠站著，身旁是東尼·庫科奇——僅僅一年前，他和皮朋還水火不容。公牛的更衣室裡發生過什麼，永遠沒有確切的答案，但在那個初夏之夜，菲爾·傑克森超越了NBA五十年歷史上的所有逝者與偉人。1972年，比爾·沙曼的湖人69勝，1967年，漢納姆的76人68勝，以及塞爾提克的67勝，這一切都被甩在了身後。公牛在那一晚披上帝王的金袍，高踞於所有歷史偉績之上。冠軍順理成章，人們接受了王朝復辟的事實，世界對菲爾的巫術習以為常。從1996年開始，你必須開始認真考慮一個嚴肅的話題：

菲爾·傑克森距離NBA史上最偉大的教練還有多遠？

這個曾經的嬉皮在年過五旬之後依然騎著重型機車出入，一臉大鬍子有少年時的風采。很可惜，他偏得不到傑瑞·

克勞斯——公牛有人管這個胖子總經理叫吸血鬼——的青睞。隨著公牛的偉大末日漸次逼近，克勞斯不太願意功勞盡被所有人占盡——因爲當他暗地會談東尼・庫科奇，談論由他成爲公牛新領袖時，遭到了球迷的質疑。

1997年，克勞斯的繼女結婚時，公牛所有助理教練攜家帶眷出席，而傑克森連邀請都沒接到。1998年，情況惡化。克勞斯公開描繪了傑克森的許多陰謀，把這個大鬍子描述成一個邪惡的陰謀家。當這個胖子惡狠狠地吼出「我可不在乎他明年是不是會82勝0負，反正你就是得走人」時，一切開始歸入倒數計時。

這就是結局：1998年夏，公牛第二次三連霸達成之際，世界對王朝頂禮膜拜。而菲爾・傑克森，收拾起了行囊。喬丹宣布退役，皮朋遠走休士頓。傑克森離開了芝加哥，關上了門：所有的流言蜚語留在了身後，一個王朝結束。從這一點而言，他與比爾・拉索一樣聰明。拉索在1969年摘下自己第11枚總冠軍戒指後退役，沒有給人打敗他的機會。菲爾也不會賴在輝煌的功碑上做他人的墊腳石。他狡猾地逃走，發誓永遠不做教練。當然，和嬉皮講信用不那麼可靠。一年之後，這個誓言就破了。

他自己承認，催促他當教練的是紐約的老教練雷德・霍爾茲曼——20世紀70年代爲尼克拿下隊史僅有的兩枚戒指那位。霍爾茲曼的觀念直抵根本：「籃球有啥麻煩的，又不是火箭科技。進攻時找空檔隊友，防守時盯著球，可以了。」霍爾茲曼的專長在於人：調動人。

禪師的招數，最核心的部分便是：駕馭人心。

禪師明白如何控制思想，也懂得駕馭人心。他很少主動干預，總愛玩高深莫測。他做教練喜歡跟球員保持距離，送點書讓球員自己琢磨，許多時候拒絕透露自己的眞實想法，比賽中長時間不暫停，大多如此：讓隊員覺得琢磨不透，讓他們自己去思考解決問題。

1993年喬丹退役後，公牛上下人心起伏，不知道未來何往。某場會戰尼克前，禪師忽然不動聲色地宣布取消訓練。球員們登上了去紐約的旅途，沒來得及高興。半路，禪師忽然停車，喝令車上唯一的女性，一位隨隊工作相當多年的球隊助理下車：「你被解雇了。」不解釋，無理由，突如其來，全隊瞠目結舌。這件事情的原委至今未明。用當時公牛一個球員的話：

「我們剛開始習慣某種生活，他就會逼迫我們做些變動。總而言之，他就是希望我們人人都提心吊膽，不知道他的所作所爲是什麼意思，最後只好一切聽命於他。」

爲了方便駕馭球員，禪師特別不喜歡球隊工作人員和球員過從甚密。最理想狀況，莫過於大家不通聲氣，如此才好任他擺弄。因此，禪師可以不惜做點小挑撥離間，讓球員間互不信任，雲山霧罩，最後拒絕反抗，懶得思考，覺得只要唯他馬首是瞻就好了。也因此，禪師的話從來虛虛實實，如今已到了無人當眞的地步。但他無所謂：如今他說一句話，送一本書，大家都在絞盡腦汁，算他的話外之音，這就是他目的所在了。

在NBA，駕馭好巨星，意味著總冠軍。湖人有巨星，可是他們總是輸給更老辣的對手。因此，需要這麼一個心理教師，來解決一切問題。

對禪師自己來說：1999年，他手握六枚總冠軍戒指，可還在遭受質疑。每一次公牛奪冠，世界都要照例嘲諷一遍。討厭他的人認爲他是投機者：「他因爲身邊有喬丹才奪冠！」

所以，他選擇在湖人重新開始，更像是一次自我挑戰。雖然湖人和公牛類似——擁有聯盟最頂尖巨星所在的隊伍，已經有了優秀的底子，只待一個大師來略加點撥，但至少，禪師希望證明：沒有喬丹，他也可以奪冠的。

他來到了洛杉磯。又一次，在喬丹與皮朋之後，他再次得以執教一對超級巨星。

11 三角進攻

1999-2000賽季前，湖人的陣容做了小小的調整：32歲的葛蘭・萊斯依然是第三王牌。因爲沒錢招攬大前鋒查理斯・奧卡利，他們只好把36歲的80年代湖人奪冠老臣A. C. 格林請了回來。禪師還把公牛後三連霸的老後衛朗・哈潑給招來了。雖然他老人家35歲了，但禪師喜歡高後衛。198公分的哈潑、198公分的科比、201公分的瑞克・福克斯——嗯，這和公牛哈潑、喬丹、皮朋的後衛隱約相似了。因爲禪師希望複製公牛的外圍防守：

「防守上，我們要重視對球施壓。我們得讓對手犯錯。」

最後，還有鯊魚和科比共同的老朋友：當年身披魔術球衣，一起打過總決賽的布萊恩・蕭。此時距離當年科比首次遇見他，堅持要跟他打一對一，已經過去十年了。

禪師到來之後的第一堂訓練課。他走到球場中心，揮手召集球員。大家打量他，默不作聲。禪師說：「知道你們自己的問題嗎？」全場沉默。

「你以65英里（1英里＝1.609344公里）時速開車，聽音樂，手機在響，你在吃麥當勞漢堡，你在清理襯衣上的番茄醬。你抬頭，發現眼前是紅燈，你闖過去了。就這樣：你們生命裡的事太多太複雜了。」

這就是禪師的開場白。禪師自己後來承認：「對這支球隊，我最初沒什麼構想。他們以前有過不少教練，但始終沒融成一個體系。不過，我大概不會讓他們打華麗的表演籃球了。」鯊魚的地位呢？「鯊魚會是球隊的第一選擇。但因爲他的罰球，他不會是唯一的選擇。關鍵時刻，我們需要一個人來接管比賽。」衆所周知，湖人可以接管比賽的，除了鯊魚，就是科比了。禪師開始兜售他經典的「三角戰術」。

早在1990年，禪師就在公牛推行了三角戰術。其實這招數1962年就由特克斯・溫特老爺子整理出版成書，但被禪師一兜售，倒成了他行走江湖的金字招牌。1990年開始推行時，新到公牛的李文斯頓說這玩意「複雜透頂」，主力控衛派克森跟芝加哥記者解釋了半天後說：「算了，我也說不好，你還是看溫特的書去吧。」禪師自己承認：「喬丹不需要這套進攻戰術，毫無疑問這東西限制了他。但我們得搞這戰術讓別的球員得到進攻機會。」1994年，禪師忽然炒掉了他的助理教練強尼・巴赫，理由之一：巴赫私下鼓勵喬丹「有時可以別太按照三角進攻行事」。

三角進攻的法則說來很簡單——單邊三位球員每人拉開一定間距，圍繞低位禁區攻擊手展開三角，弱側二人接應。說來說去，重視的是：拉開空間、強弱側轉移、避免對方夾擊。

這套進攻的要求是：每個球員，都要根據當下情況，隨機應變；有全面的傳、跑、投的能力；當然，重要的是一個王牌攻擊手。在公牛的三角體系裡，沒有正統的組織後衛（皮朋作爲小前鋒負責持球發動），沒有正統的低位得分手（喬丹作爲得分後衛成爲低位背打王牌）。大家都不能黏球。

1996年，克萊門斯教練曾在小牛教導過三角進攻，失敗了。「他們人人都想當老大，多持球。」而三角進攻最忌諱單一持球。說白了，三角進攻，更像是禪師的手段：從巨星手中將球權拿出來。

因此，禪師讓他的球員學習三角進攻，與其說學習一種招數，更像是學習一種打球態度。

禪師的老助理教練溫特爺爺說：

「很久以前，禪師就經常做夢，幻想鯊魚在他手下打球。他總對我說，鯊魚太適合三角進攻了，他很想執教一下鯊魚。三角進攻需要一個統治級中鋒。鯊魚是進攻的第一點。他接到翼側啓動進攻的一傳，然後可以一對一單打，或傳給空切者。」

事實上，按照溫特的看法：1967年張伯倫在費城、20世紀70年代初張伯倫在湖人、1971年賈霸在公鹿，都打過一點三角進攻。鯊魚在這套體系下會成爲第一接球點。與以往魔術或湖人的「鯊魚接球，其他射手圍觀」不同，三角進攻下，鯊魚有更多的機會或單打或傳給空切者，或弱側配合。溫特教練擔心的，是科比：「他足夠敏捷，投籃、運球都很好。但就跟喬丹一樣，他個人進攻能力太出色，反而會不太願意做平衡三角進攻需要的傳球。」

1999年秋天，鯊魚不那麼高興。先是禪師認爲，鯊魚153公斤的體重太重了。鯊魚回了嘴：「我練舉重練得自己肌肉多了唄！不管我體重多重，任何大個子我都不放在眼裡。」禪師平心靜氣，回了段話：

「我當然知道，鯊魚是聯盟中被侵犯最多的球員，所以他想體格再大點也無可厚非。可是他兩年前的膝傷讓我擔心，還是體重輕一點好了。」

然後是洛杉磯媒體追問：「鯊魚，你和科比的關係如何了？」

鯊魚一咧嘴：「這事很稀鬆平常。我肯定魔術強森和天勾以前打球時也有吵過。我知道巴克利以前和J博士也拌過嘴。我們在一起打球愈久，愈能夠彼此學習。如果我跟他有隔閡，我就會說出來——我又不是藏著心事的人！」

此前，1999年8月，鯊魚出現在科比的生日派對上。全洛杉磯都鬆了口氣：至少他倆冷戰的傳說刻意消停一陣了。但進入新賽季呢？

科比在1999年季前熱身賽對華盛頓時傷了手腕，休息了六個星期。等他歸來時，發現湖人狀態好得令他吃驚。

1999年11月2日開幕戰，鯊魚23分13籃板2阻攻，讓湖人在鹽湖城開門紅；次日在溫哥華，他28分10籃板4助攻3阻攻打敗了灰熊。在波特蘭輸了一場後，他對小牛30分20籃板出了口氣。進入11月下半段，鯊魚開始爆發：在鳳凰城，34分18籃板8阻攻；對公牛，41分17籃板7阻攻，對暴龍，37分19籃板3阻攻。再戰爵士，39分18籃板。對勇士，28分23籃板。12月1日，湖人打完1999-2000賽季第16戰，12勝4負。

讓聯盟更恐慌的是：科比歸來了。

12月8日，湖人在國王身上輸了一場，然後是浩浩蕩蕩的連勝。1999年12月11日到2000年1月12日，湖人16連勝，成績達到恐怖的31勝5負。「這些沒啥了不起的，寶貝兒！」鯊魚說，「都只是數據罷了！」打完前36場，鯊魚場均27.8分聯盟第二，57.6%聯盟第二，14.5籃板聯盟第一。費城76人主帥、鯊魚的老冤家拉瑞・布朗已經做出預測：

「他們會奪冠的。科比打得很棒，萊斯打得很棒。鯊魚？他根本打得像非人類。」

鯊魚確實已經無人能敵。曾經的對手們——大夢、尤英、羅賓森——紛紛老去。如今的世界流行以大前鋒充當中鋒。對陣活塞，他興味索然地幹掉了206公分高、93公斤重的傑羅姆・威廉姆斯，在他頭頂吃了22分24籃板。活塞主帥金特利如此辯解：

「不公平。鯊魚午餐吃的東西都比傑羅姆重！」

2000年1月4日和5日，1998年狀元中鋒歐拉瓦坎迪連續兩天撞上鯊魚，結果他和替補221公分100公斤的克羅斯，連續兩晚合計被鯊魚吃了78分34籃板。鯊魚放倒他們，就像犀牛撞翻兩把小凳子似的。三角進攻給了他足夠的活力，讓他不必擔心包夾，肆無忌憚地虐待全聯盟的大個子們。

這就是禪師帶來的一切：他給鯊魚帶來了三角進攻，他讓鯊魚減了體重，讓鯊魚的封蓋和防守更敏捷。他讓湖人這群少爺們緊張起來。2000年1月4日對快艇，湖人上半場丟了61分，禪師中場只說了一句話：「我在找哪幾個球員對防守還有興趣的。」下半場，湖人把快艇凍得只得37分。最後，他始終沒讓鯊魚得意。瑞克．福克斯說：「禪師一直告訴我們，季後賽才是檢驗我們表現的時刻。」

2000年1月14日，湖人的16連勝斷在了印第安納。第二天，鯊魚在明尼蘇達26分19籃板7助攻5阻攻地發了脾氣，然後在西雅圖又折騰了一陣。1月14日到2月1日，湖人3勝6負。

鯊魚生氣了。2000年2月4日，鯊魚29分鐘內25分5阻攻屠滅了爵士。三天後，35分13籃板8助攻擊敗了金塊。隨後是對灰狼的37分16籃板，全明星賽來了。

這大概是他玩得最開心的一次全明星賽：22分9籃板3阻攻，一條龍快攻，撂起大腿秀胯下運球，全場笑到人仰馬翻。末了，他和鄧肯分享了當晚的全明星MVP獎盃。這是他個人的第一個全明星MVP。同時，這也是NBA歷史上第二次由兩人分享全明星賽MVP，像極一個意味深長的伏筆——21世紀開始的春天，是這樣兩個將統治未來七年NBA的巨人，分享了「明星中的明星」、「王中之王」的頭銜。

全明星賽後，湖人迎來了連續六場客場。在芝加哥，鯊魚29分20籃板；在夏洛特，他18分14籃板。然後是對奧蘭多的39分16籃板，對費城22分16籃板和誇張的9次助攻，在紐澤西35分13籃板。湖人繼續著連勝步伐。2000年3月6日，爲了慶祝他的28歲生日，鯊魚在對快艇的比賽中將他的霸王之勇發揮到了極致。

45分鐘內，他抓了23個籃板。35投24中，22罰13中，職業生涯最高的61分。賽後，快艇的克羅斯被問及如何評價鯊魚，克羅斯只剩下了搖頭。最後，他代表全聯盟發出了心聲：

「對這傢伙，我們能說什麼呢？」

與此同時，科比在生涯第四年，眞正成長起來了。

1996年入行之後，科比習慣了接近於自虐的訓練。第一年灌籃王，第二年在例行賽與全明星賽和喬丹單挑，第三年成長爲明星得分後衛。1999年夏天，他又度過了一個瘋狂的夏季。而且，他還是維持本色：不跟隊友多接觸，賽後看錄影，或和高中時的朋友們打電話。2000年1月，31勝5負的湖人遭遇了一波2勝2負。禪師組織了一次會議。當天，福克斯、費雪、布萊恩・蕭、鯊魚和哈潑坐在第一排，科比坐在最後一排。禪師先說了段「如果你自私，三角進攻就無法運轉」之類的話，然後讓球員自由發言。無人說話。當禪師預備結束會議時，鯊魚說話了：「我覺得科比太自私了。這對我們贏球造成了障礙。」滿房間的人都在點頭。福克斯補了一句：「這情況，我們經歷過多少次了？」禪師看著科比。整個房間裡沒有人支持他。最後，科比平靜地回應了。他說，他關心球隊裡的每個人，他只想爲贏球貢獻力量。

禪師對這次會議並不滿意。他知道，矛盾已經暴露了，但並沒解決。此後一週，湖人1勝4負。禪師去跟鯊魚與科比分別談了。對鯊魚，他要求鯊魚擔當領袖：「領袖應當激勵全隊，而不是拆散球隊。」

對科比，他直來直往：「你得融入團隊。」禪師當完黑臉，老哈潑就會過來溫和地勸勉科比——作爲跟喬丹拿過三連霸的老將，他的話，科比聽得下去。

2000年2月，湖人的情況開始好轉。福克斯如此說科比：

「他不再把比賽當成個人單打秀了。」

與此同時，科比的防守，開始讓全聯盟刮目相看，老學究教練賴瑞·布朗都嘖嘖稱讚：「科比是年輕一代的榜樣。每年他都在學習穩定，如今他不單是個花式扣籃手了，他是個扎實的NBA球員。」

這是科比的奇怪之處。他不同於其他基本功差、腦子不靈光的球員。他聰明、扎實、聰慧，很懂得怎樣的籃球才是合理的。但他偏執好勝的性格，讓他時常偏離軌道。

微妙的是，科比在球場外也變得低調了。鯊魚已經鎖定了例行賽MVP，世界在稱讚禪師的手段，很少有人眞正意識到科比的成長。世界在讚美多倫多暴龍新進的明星、大科比一歲的扣籃之王文斯·卡特，在討論費城那奔走靈動的艾倫·艾佛森。

當科比被媒體問到，自己是否在意「被鯊魚和卡特的陰影覆蓋」時，科比回答得很完美：「很好啊！我可以好好閱讀比賽，沒人會重點研究我。大家怎麼會覺得我在嫉妒呢？我嫉妒鯊魚嗎？鯊魚嫉妒我嗎？我在嫉妒卡特嗎？我才不在乎呢。鯊魚打得匪夷所思，我是最希望他打得順心如意的球員。卡特？他打得好，我非常非常高興。我愛他的打球風格。」

科比在各個角落悄然伸展著自己的意志，不只是球場上。1999年他續簽了6年7,100萬美元合約，跟愛迪達、雪碧都繼續合作，然後買下了米蘭奧林匹亞籃球隊的一半股份。2000年3月，他代言了ARMANI，上了《富比士》雜誌的封面。21歲，他已經是個成功的少年了。

他不想討論未來。「我不喜歡討論十年之後。有些目標，你願意去分享；有些最好還是藏起來。我現在的目標是奪冠，當然，其他目標，我還是不說出來的好——人們會驚訝的。」他的野心藏得很好。福克斯認爲，科比眞正開始融入球隊了。「他似乎意識到，在聯盟揚名立萬之前，他得儘量融入球隊。」但科比當然拒絕承認自己在刻意融入球隊：「我前幾年也一直這麼做，只是今年大家的反應不太一樣！」

他在努力修復和鯊魚的關係。強調自己並不自私。他認爲自己和鯊魚合不來，似乎因爲他們太相似了。「我們都是進攻者。我們都想得40分。我覺得我現在想到辦法處理這件事了。」

鯊魚也就大大咧咧道：「我和科比沒事！我們了解彼此，我們在三角進攻中各有各的職責。科比認爲，以前的球隊進攻是，鯊魚在禁區，其他人看情況。那樣的進攻太容易被對方看破，很難奏效。」

科比說他最喜歡的書是《好奇猴喬治》，因爲：「他總是在尋求新的探險，一如我似的。」科比總是想試圖嘗試新東西。但實際上，他開始嘗試變得殘忍。2000年3月9日，金州勇士的賴瑞·休斯在科比面前得了41分。十三天後，科比再次遇到休斯，首節就蓋了他兩個火鍋，讓休斯前7投只有1中，科比自己第一節就得到18分。最後因爲湖人大勝，科比早早地休息了，賽後還對禪師抱怨：

「我希望分差能接近點，我好留在場上，多折磨休斯一會兒。」

他的野心無比龐大，雖然他擁有一個21歲少年可以擁有的一切，但是：

「大家都說我成功了，可是我根本沒接近自己理想中的境界。」

但他終於，還是露出了一點兒野心：

「如果鯊魚跑來告訴我：『科比，我不想一個人每晚獨撐比賽，你會幫我嗎？』我會說我準備好了。如果鯊魚不這麼說？嘿，我才21歲。當我28歲時，鯊魚多大了？呃，40歲？」

然後，科比大笑了幾聲，遮蓋了剛才這個不太好笑的笑話。

「我想，屬於我的時光會到來的。」

鯊魚一定知道，身邊有這樣一個野心勃勃的天才是多危險——當初，一分錢在他身邊崛起，終於取代了他魔術王牌的地位。但他也知道湖人史上偉大中鋒喬治·麥肯的例子。他知道很久之前，吉姆·波拉德和麥肯不合，但他們倆場下吵鬧，場上合作，爲湖人建立起了第一個王朝。

鯊魚知道科比在等「屬於我的時光」，但他自己28歲了，需要一個總冠軍。

所以，就彼此打趣著，各取所需吧。

1999-2000賽季落幕，湖人取下了驚人的67勝15負，聯盟第一。如果不是賽季最後兩場全敗，湖人本可以追平1971-1972賽季張伯倫、衛斯特等人創下的69勝隊史紀錄。無所謂了，這是屬於鯊魚的一季：

出賽79場，場均40分鐘聯盟第四。57.4%的命中率聯盟第一，投中956球聯盟第一，全季336個進攻籃板、742個防守籃板和總計1,078個籃板球聯盟第二，場均3次阻攻聯盟第三。最後，29.7分，職業生涯第二度得分王。

鯊魚第三次入選聯盟第一隊，毫無意外。第一次入選聯盟防守第二隊，卻是匪夷所思：以往的他，一貫被認爲防守懶散、防不了擋拆、對付不了快節奏。28歲，他的防守也終於得到了肯定。

科比出賽66場，場均22.5分6.3籃板4.9助攻。年度第二隊，年度防守第一隊——這是第一次，他兇猛的防守得到了肯定。

最後，鯊魚成爲了1999-2000賽季NBA例行賽MVP。121張第一選票中，他獲得了120張。這是空前絕後的壟斷（編註：2015-2016賽季，金州勇士的史帝芬·柯瑞獲得了全票MVP）。從未有一個例行賽MVP達到過如此眾望所歸的境地——得分王，籃板第二，阻攻第三，67勝，全明星賽MVP，61分。2000年，所有的榮耀都歸於他。這是他人生最完美的一個春天。

科比在一旁，看著這一切。

2000年季後賽第一輪，鯊魚嚇了一跳。

對手沙加緬度國王，有一些老熟人：1993年狀元、曾經差點和鯊魚搭檔的大前鋒克里斯・韋伯，1996年與科比交換去了夏洛特黃蜂的大鬍子中鋒狄瓦茨。瑞克・艾德曼教練將這對雙子塔改造成了指揮航向的燈塔，組成了史上最華麗的高位策應體系。國王的球風一如他們的球衣色彩：暗紫色的清澈線條，白色的明朗背景，清新明快。他們的籃球幾乎是零身體接觸，用傳、切和投來作爲刀刃，遊刃有餘地劃開對手的骨骼。

鯊魚在第一場33投21中46分17籃板5阻攻轟垮了狄瓦茨，證明了湖人新人換舊人的成功。湖人取勝。第二場，他23分19籃板6助攻，再次率領湖人擊敗國王。2比0。可是國王並非泛泛之輩：雖然只是西區第八，他們在例行賽卻擁有場均105分的聯盟第一進攻。

在沙加緬度的兩戰，湖人全敗，科比分別得到32分和35分，但無濟於事：比分瞬間回到2比2。湖人外圍擋不住國王的快速傳切和奔襲，韋伯更靠他靈敏如蛇的意識，咬住湖人大前鋒好大一塊肥肉不放：36歲的A. C. 格林，208公分卻只有106公斤的歐瑞，一個老一個瘦。

但是國王的球風優雅之餘，失之剛硬。季後賽又太考驗經驗。回到洛杉磯，禪師看著鯊魚和科比：

「今天你們得爲了勝利而打球，不能想著避免輸球。」

鯊魚阻止了奇蹟。32分18籃板4助攻3阻攻，狄瓦茨的拈花妙傳終究被他的剛猛打破，科比得到17分。第五場湖人大勝國王27分，3比2晉級。「這樣挺好。」鯊魚冷哼著，「我們不想創造丟人的歷史！」

好消息是：去年橫掃湖人的馬刺，沒能越過首輪。鄧肯受傷，馬刺遲鈍，敗給了太陽。

然後，西區準決賽，湖人輕鬆地3比0領先太陽。第三戰結束，鯊魚重提第一輪，言談間霸氣流溢：「其實對手並不重要。如果我們輸球，那就是我們自己阻擋了自己。」這一晚，他37分17籃板。第一場他37分14籃板，第二場他38分20籃板。簡而言之，他完全摧毀了太陽內線。第四場湖人敗北，萊斯承認：「我們琢磨波特蘭拓荒者太多，忘了還得繼續對付太陽了。嗯，看了國王和太陽對我們的比賽，我能想像拓荒者會怎麼對付我們。」

第四場上半場，湖人丟了71分。中場休息，禪師任湖人諸將彼此抱怨，然後走進更衣室，將一罐飲料砸上了牆。粉碎之聲嚇到了全體球員。賽後，禪師表達了憤怒：「我知道，漫長的賽季，你們已經厭倦了團結作戰。但爲了冠軍，你們必須想辦法凝聚起來！」

湖人在第五場擊潰太陽晉級。西區決賽，他們將對陣波特蘭拓荒者。

兩年之前，波特蘭拓荒者被湖人淘汰。那時他們便知道：想稱霸西區，必須過湖人這一關。1999年夏天，拓荒者殺進西區決賽，被馬刺橫掃，於是他們繼續招兵買馬，來對付鯊魚和鄧肯這兩位西區的魁首。他們找來皮朋，招到20世紀90年代最傑出得分後衛之一史帝夫・史密斯，以及史上首位德國全明星施萊姆夫。於是他們的先發是：1996年度新人「太空飛鼠」史陶德邁爾、史密斯、皮朋，拉希德・華勒斯和偉大的沙波尼斯。而他們的板凳則是施萊姆夫、邦奇・威爾斯、布萊恩・格蘭特和小歐尼爾。

除了史陶德邁爾和沙波尼斯，每個人都可以兼打兩到三個位置；做一個排列組合題，他們陣容的可能性多到令人髮指。1999-2000賽季例行賽，拓荒者59勝，場均打滿18分鐘的球員多達九人。他們擁有可怕的車輪戰法，有大批鋒線球員。

湖人的大前鋒不夠強勢，而且怕快攻。拓荒者則有「太空飛鼠」的速度，有皮朋和拉希德・華勒斯這樣的運動健將。對付鯊魚？他們有歐洲史上第一中鋒、221公分130公斤的「世界屋脊」沙波尼斯——雖然沙波尼斯已經跳不動了，他們還有拉希德・華勒斯這種聯盟頂級的內線單防者來站台。而這兩位還都是擋拆大師，都能拉到三分線跳投，讓鯊魚鞭長莫及。加上格蘭特、施萊姆夫、小歐尼爾等，拓荒者大可以拼著犯規來和鯊魚鏖戰。

鯊魚在第一場縱橫無敵：25投14中，27罰13中，41分11籃板7助攻5阻攻0失誤，湖人1比0。但這場之後，皮朋找到了感覺。

說到對三角進攻的了解之熟，這世上也許再沒人勝過皮朋了——他曾經作爲公牛的三角進攻啓動者，拿了六枚戒指。第二場，他一個人就破壞了湖人的三角進攻運行。他的表現，一如1992年查克・戴利描述的一樣：「完美的填空者」。球到內線，他未卜先知地出現在鯊魚身旁張臂包夾，讓湖人的進攻展不開；當鯊魚把球傳回外線，皮朋又準時補位回三分線。禪師不由感歎：

「我總以爲，防守者一次性只能防一個人，也許一個半。可是皮朋的防守啊，到處都是他。」

拓荒者以29分大破湖人，拿下第二場。至此，湖人危險了：他們的兩個主場一勝一負，主場優勢已失；他們要去波特蘭打兩個客場；他們在季後賽前兩輪的四個客場，戰績是一勝三負。

禪師幹了什麼呢？

「練瑜伽。」禪師說。

歐瑞百思難得其解：「練瑜伽？伸展和呼吸？我這輩子每天都在幹這個！」

這就是禪師。他始終不動聲色，讓球員和對手都猜不透他，只覺得既然他如此鎮定，一定胸有成竹吧？四年級後衛費雪認爲：「若去年我們落到這田地，一定緊張死了。可是看看禪師，他這麼放鬆自信，我們就想，看來沒什麼好憂慮的啦！」

禪師去找到了科比，給了他一個任務：「你開始防守皮朋。」

第三場，鯊魚打滿48分鐘，17投10中26分12籃板3助攻3阻攻。科比則用禪師所謂「讓我想起了我執教過的另一個得分後衛（很明顯，指的是喬丹）」的後仰跳投，射落25分。但當晚的主角是36歲的朗・哈潑。下半場，拓荒者天才洋溢但性情剛烈的前鋒拉希德・華勒斯，蓋了哈潑一記火鍋，然後咧開大嘴，肆意嘲弄。哈潑回嘴不得，只好微微一笑——他有點兒口吃。

「我五歲起就開始聽這類話了。他說什麼，我都不會生氣。」哈潑說。

比賽還有不到30秒時，雙方戰至91平。科比走完三角進攻，一記傳球切到哈潑手中。哈潑毫不猶豫起手：底線，離框19英尺（1英尺＝0.3048公尺），跳投出手，命中，制勝球。湖人93比91贏下第三戰。哈潑對華勒斯笑了笑。

「打到我這種年紀的人，自然能投中這樣的球。我總是那種被遺忘的人。這跟在芝加哥時一樣。我只是繼續追求第四枚戒指而已。」

湖人2比1領先，禪師大獲全勝：他的鎮定，他找來的球員，他的三角戰術，讓湖人贏下了這關鍵一戰。順便，拓荒者的問題暴露出來了一點：他們人多勢衆，足以來場車輪大戰。可是關鍵時刻決生死之時，該用哪套招數？哪一個王牌呢？第三場哈潑射中球讓湖人領先時，拓荒者還有最後一擊的機會，但戰術運作失敗了——科比抄下了球。

第四場，湖人半場落後5分。第三節開始，萊斯突破上籃進算加罰追分。雙方在第三節僵持，忽然之間風雲逆轉——皮朋和史密斯失去了進攻節奏，二年級替補後衛邦奇・威爾斯氣勢洶洶企圖接管比賽，未遂。拓荒者自己內亂。萊斯趁亂出手，單節射落12分。湖人本來的3分優勢瞬間達到10分。哈潑一笑：

「隊員得知道自己的角色，不是每個人都能當巨星。」

湖人的巨星依然有巨星樣子：第四場鯊魚照樣被七手八腳包圍，但他自有辦法。妙處不在於他25分11籃板3助攻，而是他9罰9中。「哇哈哈哈！我覺得我今天就像皮特・馬拉威奇似的！」他指的是聯盟歷史上技巧最華麗、最閒雅的大師「手槍」。

湖人連破拓荒者兩個主場，3比1領先。

可是拓荒者下了狠心。

他們人多勢衆，沒有核心，但每個人都不怯場。將每個球員的天才發揮到極限，其後勢依然可觀。

第五場，鯊魚31分21籃板，但是每次接球都遭遇拓荒者兩人甚至三人包夾。拓荒者每個人都在效法皮朋，在禁區和三分線間川流不息。萊斯只有8投1中，哈潑也熄火了，A. C. 格林則被拉希德・華勒斯迎頭痛擊。湖人敗北。3比2。然後是第六場：鯊魚打滿48分鐘，助攻5次，但在拓荒者的三人控制下，17投只有7中，10罰只有3中。而且，由於華勒斯等人的勇猛衝刺，湖人防守籃板也失守了。湖人再敗，3比3。科比獨得33分，但無濟於事。

福克斯再次憤怒了。「我們又要習慣性崩潰了嗎？」他在更衣室怒吼。禪師在門外聽著，對溫特教練說：「總得有人說出這段話的。」

於是被迫要打第七場。

論到湖人的實際優勢，只有鯊魚和科比這兩大王牌。哈潑第三場的絕殺、萊斯第四場的遠射，偶爾可以做調劑，但畢竟只是角色球員。他們的長處，還有禪師的調度：第三、四場，是他帶給湖人冷靜，讓湖人等到拓荒者自己暴露缺陷。但是純論天賦？拓荒者實在有太多武器了。

萊斯在第七場顯出他的不穩定：助攻哈潑跳投得分，自己射中一記三分球。這兩球後，他就熄火了：此後17分鐘，他一無所獲。這場比賽後，溫特教練如此論述：「他以前習慣持球在手，靠隊友掩護他投籃，而如今他需要更多的無球移動。所以，他著實不習慣。」

於是，又只能靠鯊魚和科比兩個人了。鯊魚被三人圍夾，無法脫身。禪師描述拓荒者：「他們對鯊魚所做的防守，沒有其他球隊可與之媲美」。科比斷斷續續地跳投。湖人以落後15分進入第四節。

這是最後關頭，無路可退了。

禪師叫暫停，要全隊放棄給鯊魚餵球。「鯊魚身邊圍了四個人。別勉強了。你們自己攻擊吧！」

他看了看科比。他知道，科比按捺已久的野心，一直在等這句話。科比領銜後衛開始攻擊：他們看準了拓荒者對鯊魚的瘋狂包夾留出的空間，他們知道拓荒者不會允許鯊魚在籃下接球，因此只能從外部擊破之。科比在此時，初顯他後來的巨星資質：金鼓齊鳴、磨牙吮血的時刻，常人汗出如漿，奔避不迭，而巨星卻愈挫愈勇。第四節開始，史帝夫・史密斯投籃，科比飛起，左手將球蓋下。另一端，蕭射中遠射：還差10分。

懸崖邊上，湖人一點一點追了回來。他們自己最清楚：每逆轉一分，拓荒者的信心就會凋零一寸——他們沒有鯊魚或科比這樣的王牌。

科比弧頂接球，投籃假動作，越過皮朋，急停中投，72比75，落後3分。魔術的老夥計布萊恩・蕭在左翼射出一記跳投，得手。雙方打平。15分的分差抹盡。拓荒者已經接近混亂。他們不知道該對付外圍的科比，還是繼續遏止內線的鯊魚。腹背受敵，軍心渙散。科比左翼運球，繞掩護，突破中路，胯下運球晃動，跳投命中，83比79，湖人領先4分。下一回合，科比面對史上最偉大的防守者之一皮朋，低身運球，右手，胯下換到左手，忽然變向突破，踏進內線第一步。所有眼睛都在盯著他，等著他進攻。然而，科比沒有單挑：他將球高高拋起。拓荒者諸將愕然轉身，看見一個烏金交加的大怪物騰空而起，霹靂一聲，將球按進了籃框。那是鯊魚。科比在關鍵時刻，傳球給了鯊魚，裡應外合的一球，85比79。勝局鎖定。全場金色的球迷尖叫起立，拓荒者隊員互遞著「你覺得我們還有機會嗎」的眼神。鯊魚圓睜雙目張開大口，朝科比狂奔而去，而科比伸手附耳，享受全場歡呼。

那是鯊魚職業生涯經歷過最危險的一刻，但他和科比聯手，贏了這個回合。湖人89比84擊敗了拓荒者，鯊魚全場18分9籃板，科比25分11籃板7助攻。湖人4比3淘汰拓荒者，抵達總決賽。鯊魚的第二次總決賽。科比的第一次總決賽。

12 第一個戒指

鯊魚很熟悉2000年總決賽的對手：印第安納溜馬，雷吉・米勒的印第安納溜馬。1994年橫掃過魔術，1995年被魔術4比3擊敗的印第安納溜馬——他的老對手。自1994年首次橫掃魔術以來的七季，溜馬5次打進東區決賽，3次以3比4敗北，一次是2比4，這一次，2000年，他們終於進了總決賽。對科比而言，這一切則很陌生——他第一次踏上總決賽的舞臺呢。鏖戰多年之後，印第安納溜馬很老了。他們的領袖、截至當時的歷史最偉大三分射手雷吉・米勒，已有34歲了。自20世紀90年代以來便一起拼殺的戰士們，終於有人撐不下去，特拉維斯・貝斯特和傑倫・羅斯這兩張新面孔鑽進了先發陣容。這是他們遲暮時光最後一次衝擊總冠軍的機會。

可是他們的心依然沒老。東區準決賽，雷吉・米勒被隊友馬克・傑克森激將了一句「你還是別穿超人T恤，以免侮辱超人」，於是對費城第一戰就射落40分。

米勒是站在鯊魚對面的那個人。雖然這兩個人的對比鮮明——聯盟最瘦削vs聯盟最壯碩，聯盟最好的遠射手與罰球手vs聯盟最差的罰球手，但他們都愛貼身穿超人T恤，都是鐵一樣的戰士，是各自球隊的靈魂。鯊魚的巨大軀體轟開對手陣營、地動山搖地怒扣，米勒那推開防守者，繞掩護跑動，接球遠射，各自堪稱歷史上最招牌式的進攻手段。

這也是科比和傑倫・羅斯的對決。前者是鯊魚的羽翼，後者是溜馬的例行賽頭號得分手：米勒34歲了，需要一個自信的射手來為他分擔任務。但溜馬後衛馬克・傑克森卻認為，真正的對決，是萊斯和戴爾・戴維斯。

溜馬沒有拓荒者那麼華麗的內線群，但他們也有施密茨、戴維斯、山姆・柏金斯和克羅希爾。他們打算像當年似的，用224公分的巨人施密茨對付鯊魚。

總決賽第一場，44分鐘，鯊魚31投21中轟下了43分19籃板3阻攻。他和科比聯手製造了一波16比6的高潮，直接拉開比分。他把整個溜馬的內線吞吃殆盡。這是慣常的鯊魚式統治能力表演。湖人拿下第一場，1比0。科比在他的第一場總決賽裡，14分。

在第二場，鯊魚扮演的角色稍微有一點不同。

鯊魚跟媒體說話時歡歡鬧鬧隨處扯淡，但他在隊內說話時，卻很像他繼父的軍人口吻。比如說，他會對湖人管理階層說：「我要個射手。」看到布萊恩・蕭來了湖人，他會說：「這是我以前的部下。」他不像喬丹那樣是個嚴厲的君王，也不像魔術強森似的擅長演講鼓舞士氣。A. C. 格林總結：

「重大時刻，他要說點什麼，就是簡短直接。當他說話時，我們都聽著，因為他並不常說話。」

他的領袖地位，早在他1996年駕臨湖人時就已確定。費雪說：「領袖地位分兩種，一種是以表現爭得的，一種是大家給予的。1996年他就被給予了領袖地位，但今年，我們都自覺服從他——因為他確實當得起領袖。」

總決賽第二場，鯊魚像個領袖。第二節，科比踝部扭傷下場，湖人暫停。鯊魚環視隊友，用軍官的口氣說：「等會兒，他們一定會用黑幫似的防守來包圍我。我把球傳給你們時，兄弟們，爲我投中幾個三分球吧。」全場比賽，湖人三分球15投7中，其中萊斯一人6投5中。第四節，湖人領先8分。湖人暫停，還沒休息過一分鐘的鯊魚把隊友聚在一起：「兄弟們，我要休息一下下。看你們的了，明白嗎？」

他只休息了兩分鐘，他必須休息。因爲溜馬正在用前無古人後無來者的方式對付他。第一場鯊魚31投21中但6罰1中的成績，讓溜馬總教練大鳥柏德心生一計。所以第二場，溜馬一等湖人發球就抱住鯊魚，以便讓他罰球。全場比賽，鯊魚罰了創歷史紀錄的39個球——只舉一例：1962年3月2日張伯倫單場100分之夜，出手63次，罰球32次。而這一夜，鯊魚出手18次，罰球卻是39次。

雖然他39罰只有18中，布萊恩・蕭卻明白其中的難處。「我們都在一邊，看著溜馬對他拳打腳踢，而他必須克制煩躁和憤怒，一次次地罰球。他能夠忍耐這一切，是因爲他太想贏了。」福克斯的說法：「鯊魚有過失敗的經歷。是失敗將他一直帶到了這裡。」

第二場，鯊魚40分24籃板4助攻3阻攻，幾乎獨自將湖人撐到111比104的勝利。湖人2比0。

總決賽第三戰，溜馬回到主場。科比因傷不能出戰，布萊恩・蕭代替了他，10投只有3中。萊斯、哈潑、格林這三大先發合計25投10中。科比不在，戴爾・戴維斯可以肆意干擾鯊魚，盡量不讓他接球。沉寂兩場的米勒也醒了，和羅斯並肩合取54分。最後，鯊魚13罰只有3中。

儘管情勢如此偏倒，鯊魚依然逆風劈浪而行。全場他休息了一分鐘，24投15中轟下33分13籃板。他帶領湖人硬生生將一度落後18分的危局，拉到了第四節只落後4分。但溜馬仍然贏了第三場，大比分1比2。但是用福克斯的話說：

「我們才剛攬到一點信心，現在，看他們怎麼回應我們了。」

13罰3中的鯊魚賽後被問：「爲什麼你無法搞定罰球呢？」鯊魚回答：「我想每件事都有理由。我比賽風格就是這樣。如果我罰球有80%，那就太可怕了。這至少讓我顯得挺合群。如果我罰球跟米勒一樣準，你們就都沒問題可問我了吧？」

那麼，萊斯的太太克莉絲蒂娜批評禪師，嫌禪師不給萊斯出場時間，鯊魚怎麼看？鯊魚可樂了：「萊斯（Rice）的姓不是米飯的意思嗎？但是現在落在我手裡了。」「是呀！我昨天吃了點米飯（萊斯）配雞塊。我也想配點肉湯，但肉湯讓人發胖，我在減肥呢！」

溜馬聽在耳裡。鯊魚很輕鬆？那就給他點壓力吧。第四場，溜馬的進攻光芒四射：命中率50%，三分球19投10中。而科比帶著二級腳踝傷，只休養了五天就出陣，上半場只得了6分。但是下半場，科比的精神超越了傷病的束縛：帶著4次犯規，他刀尖舞蹈似地拼滿了第三節。湖人隊醫維蒂看呆了：「正常人帶著這種傷，根本連打球都不能！」第四節，鯊魚咆哮著在印第安納的捕鯊隊環繞之下，硬劈下14分，把比賽拖入延長。然後在延長賽還剩2分33秒時，36分21籃板的鯊魚第6次犯規，被罰退場了。那時，如果給康塞科球館（譯註：溜馬的主場館名稱，2011年改名爲班克斯人壽球館）有讀心儀，全場兩萬球迷的心裡大概都這麼想：「幹掉湖人！接下來我們還有一個主場，3比2，然後回洛杉磯靠米勒的三分球偷一場，我們就冠軍啦！」接下來發生的事，每個洛杉磯電視媒體從業人員都能倒背如流。禪師取消了三角進攻，讓湖人全體拉開。球給科比。

科比罰進兩球，在米勒頭頂一記急停跳投，被施密茨蓋掉，布萊恩・蕭一個跳投彈框而出，科比用受傷的腳踝發力躍起……搶到進攻籃板，施展那著名的、魔術強森所謂的「喬丹式的滯空」，反手將球舔進了籃框。科比全場第28分。

湖人120比118贏球，3比1領先。

36分21籃板的鯊魚承認了：

「科比是今晚的英雄。他是我高大的小兄弟！」

很多年後，禪師承認：那一晚，帶著腳踝傷奮戰的科比，讓他想起了麥可・喬丹。疼痛、傷病可能加劇的恐懼，反而讓他興奮了起來。他熱愛挑戰，然後征服。三年前，鯊魚犯滿下場時，科比對爵士投出了三個麵包球；這一晚，他的血氣沒有變，只是他的能力，讓他足以勝任這一切了。

「如果鯊魚跑來告訴我：『科比，我不想一個人每晚獨撐比賽，你會幫我嗎？』我會說，我準備好了。」

「我想，屬於我的時光會到來的。」

這是他的一小部分野心，在這一晚實現了。

雖然只有一小部分。

溜馬贏回了第五戰：120比87的血洗。米勒32分領銜全隊，溜馬全隊命中率57%，三分球20投10中。鯊魚的35分11籃板徒勞無功。禪師很熟悉這戲碼：1993年總決賽，3比1領先的公牛第五場輸給了太陽；1996年總決賽，3比0領先的公牛被超音速連追兩城。1998年，3比1領先的公牛第五場也輸給了爵士。但是，禪師還是發了話：

「我難以想像。擁有冠軍之心的球隊，怎麼可能輸33分？」

「冠軍之心」這詞，鯊魚聽著刺耳。1995年，他的魔術就是火箭「冠軍之心」的祭品。2000年了，他不想再重複這故事。他也知道：雷吉・米勒是隻不死鳥。一旦給他機會，他什麼都做得出來。

在魔術，在湖人，他的隊伍都已錯過太多機會了。他不想再等了。

2000年6月19日，總決賽第六場。禪師決定做出調整。老哈潑對付雷吉・米勒，科比則對付對方的控球後衛馬克・傑克森。老將A. C. 格林則去防守高自己20公分的施密茨。此舉立竿見影：科比的防守效果，尤其出人意料。198公分的他，身高與速度都在老傑克森之上，當然，老傑克森經驗豐富，百寶箱裡招式衆多，但科比用狂熱的鬥志牽制著他，鉗制了溜馬的進攻源頭。

第四節，科比連續給鯊魚傳球，福克斯和歐瑞紛紛射中關鍵三分球。萊斯射中系列賽最好的16分。科比最後兩場47投只

12中，但比賽最後2.5秒，他的罰球鎖定了勝局。116比111，湖人取勝，4比2擊敗了印第安納溜馬，拿下2000年總冠軍。鯊魚在第六場只有12罰3中，但32投19中，41分12籃板4阻攻，獨自扛起了一切。

總決賽六戰，鯊魚場均38分16.7籃板，毫無懸念的總決賽MVP。至此，1999-2000賽季，他包攬了全明星、例行賽、總決賽MVP，在此之前，只有1970年的威利斯．瑞德、1996年的麥可．喬丹做到過如此的大滿貫。如果加上得分王，那更是只有1996年的喬丹，才有過如此的壟斷。

終場鐘聲響起時，鯊魚和科比擁抱在了一起。1994年被溜馬橫掃、1995年被火箭橫掃、1996年被公牛橫掃、1997年被爵士4比1淘汰、1998年被爵士橫掃、1999年被馬刺橫掃……在這些慘敗之後，終於有了一個極端的、統治的、完美的勝利。鯊魚熱淚迸發：

「我控制著這感情長達十一年——三年大學，八年NBA。現在，它終於可以出來了！」

冠軍，天頂，巔峰。和喬丹一樣，28歲時，他終於達到了這一步。

他從咆哮的猛獸變成了隱海的巨鯊。2000年夏，當他在總決賽的巔峰舞臺上以摧枯拉朽之力橫掃天下時，全世界都不寒而慄。當一個跳脫邏輯的怪物眞的懂得戰鬥的眞理時，你如何去限制他？一串串的七英尺大漢像臘腸一樣掛在他的身上，然後被他閃過、撞開，速度與體魄完全在另一個級別。NBA所有捕鯊網在2000年夏天宣布破滅，鯊魚舉起了總冠軍獎盃。

他奪得冠軍的方式，也如同他打球的風格：聰明地利用了他的巨大軀體，他的巨大心臟和人格。鯊魚是史前怪獸一般的巨獸之王，一樣的逆天而行。

2000年，他是NBA眞正的霸王了。

而科比呢？因爲第二場的受傷和第三場的缺席，對他而言，總決賽不算盡如人意，但第四場，他神奇的發揮，爲湖人挽回了一切。奪冠之夜，他比畫著自己的左手無名指，又舉起右手食指。禪師後來說，他如此解讀：

「那意思是，科比覺得，這只是他衆多總冠軍中的第一個而已。」

他的野心，一個總冠軍是塡不滿的。

他想挑戰世界巓峰。

於是，當世界被鯊魚征服時，科比卻在想如何挑戰鯊魚了。

13 野心

2000年夏，葛蘭・萊斯離去，湖人找來了老前鋒賀瑞斯・格蘭特——禪師1991-1993賽季三連霸的老夥伴，鯊魚1994-1996賽季期間魔術的老搭檔，了解三角進攻，又熟鯊魚，順便還能解決大前鋒孱弱的問題。故人相逢，如一碗溫潤的湯。

但以撒・萊德的到來，就像是一口甜辣交並的烈酒了。這傢伙是個混世魔王。在灰狼，在拓荒者，在老鷹，他總是在到達球隊的第一年上演卓越表現，第二年達於巔峰——然後開始在警察局瞎耗日子，然後是急轉直下的第三年，最後被掃地出門。

湖人指望他成爲鯊魚和科比之外，湖人的第三點。但是，這傢伙實在不穩定。

鯊魚穩坐霸王寶座。2000年夏天，他終於可以去享受人生巔峰的快樂了。湖人多續了一份3年8,800萬美元的合約，讓他可以在湖人留到2005年。他跑回學校去讀書，以完成媽媽露西爾1992年的念叨：「我知道外面有好多美元在等他，可是，拿了學位，我們就有依靠了，他總能找份工作了吧……。」他去讀完了學分。他去迪士尼錄了個廣告，在幾個音樂錄影帶裡露了他的大嘴笑臉。最後，他對媒體許諾：

「贏一座冠軍就像有輛勞斯萊斯。可是，一輛可不夠啊！」

與此同時，科比將婚期推遲了，他沒時間。他22歲了。對別人而言，這個年紀，一切才剛開始；但對他而言，他等不及了。

這年夏天，科比瘋狂地訓練，每天投進2000個15英尺以外跳投。他的野心在增長。2000年夏天的鯊魚是古往今來最恐怖的怪物之一，可是經歷2000年總決賽第四場的科比，很明白自己想要的是什麼。

2000年總決賽的另一個問題浮現了：鯊魚在第二場罰球39次。這是全NBA的共同想法：用大量的犯規來進行「駭客戰術」。鑒於這個非人力所能阻擋的怪物有其脆弱的弱點——

罰球，所以送他上罰球線好了，總比任他肆虐禁區要好。當鯊魚大量罰球時，湖人需要一個外線終結者。科比知道，鯊魚離不開他。

2000年之前，科比的定位是：全能的搖擺人；彈跳速度俱佳；得分後衛中頂尖的運球突破能力；步伐細密，重心控制好；極擅長靠華麗的大幅度變向或急停急走擺脫對手；防守端則得到了全聯盟認可。只是，他的跳投不算穩定。

高中時期，科比的投籃出手點高，雙臂張開幅度大，弧度偏平。2000年春天，科比投籃出手頗快，但出手點靠前，還有身體前傾。所以他的長距離投籃，一直不算穩定。

2000年夏天之後，一切都變了。

科比練出了一個新的投籃姿勢：起跳高，身體挺直，高出手點，較以往更靠後；肘與手腕保持直角，哪怕在運動中急停出手，投籃姿勢依然優美而穩定。這是他辛苦雕琢而得的，可以無視對手的防守，在任何地方強行出手。

2000-2001賽季開始。11月，科比場均出手21.5次，12月，他每場出手到了25次。12月6日，在金州，他35投18中射落51分。12月12日，湖人105比109輸給了公鹿。賽前，科比與對手的後衛、自己的同屆生雷．艾倫鬥了嘴。彷彿賭氣似地，科比當晚出手多達31次，8次命中得25分。

鯊魚賽後，表示不高興了：「像我們這樣的球隊，應該盡量讓每個人都融入進攻，至少我會這麼做的。」

因爲那晚，他這樣的霸主。只出手了21次。

賽季前兩個月，湖人戰績尋常，前26戰17勝9負，西區第四。科比場均29.3分聯盟第一，命中率46%，可是場均投籃，多達23.2次。鯊魚身體不算太好：左踝不舒服，左腳跟發酸，場均25.6分，命中率55.5%，但場均只有19.5次投籃。

1999年的爭端，隱約又出現了。鯊魚的立場很明白：「你得明白，把球交給我才是對的。我有60%命中率。我能吸引包夾。然後我傳到外圍，讓外圍輕鬆投籃！」

科比回應了鯊魚的質疑：「許多人希望我和上季一樣打球，但那樣就不是我了。你看，我有兩種方式：一種是如大衆所說，打簡單籃球，每場20分7助攻。或者，我可以展現侵略性，直達我的極限。」

科比認爲，質疑他的人，都是在針對他：「爲什麼文斯·卡特和艾倫·艾佛森包攬進攻時受人讚揚，我卻要被苛責？就因爲我是高中畢業生？我得做雙倍於他人的活兒才能獲得認同。」

當全世界都屈服於鯊魚的霸王之姿時，科比卻執意去挑戰。紐約媒體幸災樂禍地認爲：「本來，洛杉磯湖人以爲他們找到科比，是爲鯊魚找到了一個皮朋。事實證明，科比想當的是喬丹。」

瑞克·福克斯旁觀者清，明白這一切：「科比會一直攻擊你，直到生吞你爲止。」

科比和喬丹在這一點上，極爲相似。他們偏執地好勝，狂熱地想擊倒對手，擊倒還不夠，一定要將對手撕碎，開膛剖肚，掏出對手的心臟，讓對手看個清楚，不留餘地。

但他倆有一點不同。福克斯說，喬丹喜歡在一切事情上壓倒其他人，而科比則專注於征服自己。他會擊倒其他競爭者，是因爲那些人，恰好和他處在同一個軌道而已。

2000年的那個冠軍，奠定了鯊魚的雄威，卻也點燃了科比的野心。那年夏天，傑瑞・衛斯特離開了湖人，米歇爾・庫普切克接任總管。沒有衛斯特的神機妙算，湖人沒人可以束縛這兩個怪物了。

鯊魚在2000年12月對陣太陽一戰得到18分，當晚科比38分。賽後，鯊魚半開玩笑地對禪師說：「我希望球隊交易我。」

鯊魚說話，一向半眞半假。科比給了回應。他透過ESPN，聊到這些問題，他認爲：「只要鯊魚罰球率達到70%，那就沒問題了！」

禪師又裝起糊塗來。他沒去調停王牌們的爭執，只是指責湖人的防守。上季，湖人場均失92.3分，本季前1/3卻要丟到97.5分？防守只排聯盟第24？這是不可原諒的。他偶爾也指責科比，但不是指責他出手過多，而是：「科比沒有很好地引導萊德學習三角進攻。」

科比並未稍讓：「我又不是他的保姆！如果要我給別人創造機會，我能；如果要指責我沒照管好一個球員，我責任太重了吧！」

禪師知道，他很難馴服科比：「他是個22歲的孩子。他有時會把『我』提到『我們』之上。所以我只好慢慢告訴他，什麼才是重要的。」

全聯盟在隔山觀虎鬥，他們爲鯊魚的窘境而竊喜。賴瑞・布朗老爺子說：「科比無疑是聯盟前五的球員，但鯊魚？他是史上最有統治力的球員之一。」湖人總管庫普切克卻認爲，不妨讓科比抖擻他全部的天賦看看。「80年代，湖人的得分王換過好幾個。80年代初是天勾，1987年是魔術強森，1988年是史考特——那又怎麼樣？重要的是他們奪冠了。」

問題是，若是鯊魚作爲二當家，湖人還能蟬聯冠軍嗎？「等著瞧吧。」鯊魚說，「我只知道一件事：你要讓一條大狗去守大院子，你得給那大狗一點大骨頭吃。你得餵飽他們。你不能讓他們乾坐著，屁事不幹。」

2000-2001賽季就這樣在你來我往的爭執中流逝著。科比偶爾31投8中，偶爾26投20中，上演著聯盟頂尖得分手的演出。對於質疑之聲，他只簡單地回答：「我想爲球隊取得勝利。」

很多年後，禪師回憶這一年時，說他做了個決定：科比和鯊魚吵？

嗯，很好，那就任他倆自行其是吧。

禪師了解鯊魚和科比：雖然一個大大咧咧，一個好勝如狂，但骨子裡，他倆都抵觸他人的干預，叛逆心理強得彷彿青春期少年。所以不必去勸，就任他們彼此折騰。久而久之，他倆都不是笨蛋，會自己得出結論，知道怎麼相處的。

2001年春天，經歷過無數爭吵和反思後，多多少少，科比的桀驁之氣漸漸消減。他和鯊魚，似乎慢慢形成了一種認知：他們不喜歡彼此，但他們也知道，要奪取冠軍，他們誰都離不開對方。

2001年初春，《運動畫刊》雜誌的球探報告如是說：

「鯊魚屁股一坐回板凳，科比就不在意其他球員了。他立刻就接管了比賽，儼然湖人是他的球隊。但鯊魚在場上時，科比還是經常傳球給鯊魚的。好像他們已經達成了一種默契：如果有配合，他們就完成。但如果有另一個方案——比如，鯊魚沒必要傳給科比，或科比沒必要傳給鯊魚，他們就會選那個更自私的方案。」

這個報告的結尾：「我很懷疑，爲什麼湖人不多用『鯊魚＋科比』的二人轉換。他們一起在強側拉開二打二時，根本無人可擋。」

2001年春，鯊魚的腳趾、踝、膝等的酸痛又開始折磨他。他錯過了2001年全明星賽。同時，科比在3月也被零星傷病折磨。湖人的戰績一低迷，他倆都明白過來：要奪冠，實在不是鬥氣的時候。

2001年春天，控球後衛費雪回來了。因爲腳傷，他缺席了賽季前62場。他歸來時，湖人41勝21負。兩個月後，歐瑞如是評價：「那隻貓回來了，一切都正常了。」

費雪只是一個185公分的五年級控球後衛。他靠積極性和騙進攻犯規彌補防守能力不足，他遠射時很大膽。然而，他和科比是同屆生，一起經歷過漫長的板凳期。科比信賴他，鯊魚喜歡他。有費雪負責調配球，鯊魚和科比都覺得可以接受。

費雪歸來後，湖人7勝5負。然後從4月1日開始，湖人發力，八連勝結束賽季。或許是因爲前途略顯坎坷，鯊魚和科比略帶孩子氣的爭吵暫告平息。56勝26負，這就是湖人2000-

2001賽季的結尾。這個賽季的有趣結尾：鯊魚場均投籃19次，28.7分；科比22次，28.5分。

鯊魚打了74場比賽（缺席8場中有1場是為了回母校領學位「從此我有學位了，可以找個正經工作啦！」）。57.2%的命中率聯盟第一，場均12.7籃板、3.7助攻和2.8阻攻。聯盟第一隊中鋒，例行賽MVP選票第三。科比打了68場，場均28.5分5.5籃板5助攻，年度第二隊。

戰績上，湖人比前一年的67勝差了許多。但2001年4月1日之後的全勝紀錄，卻足以讓聯盟震動。那是風雲變色、席捲西區的前奏。

在季後賽開始前，科比做了件事：

他兩年前認識的那個叫凡妮莎的姑娘，那個有拉丁血統、說西班牙語、如果放在德州準會成為當地巧克力甜心的美女，始終沒得到科比父母的好感。但科比決定自作主張。

2001年4月19日，科比結了婚，沒有邀請隊友，沒穿結婚禮服。有媒體認為，這次婚姻猶如兒戲，不負責任。喬・布萊恩夫婦同樣沒有出席這一婚禮，他們採取了一種最為極端的方式來反對這件事：他們和科比分居，搬回了費城老家。

即便是他的婚姻都有著他的個人色彩。突兀，隨性，在喧嚷的爭議聲中自行其是。22歲，科比有了自己的家庭，彷彿是迫不及待證明他的獨立人格。他和妻子在洛杉磯逛街，為妻子買下1,350萬美元的豪宅。他想成為一個獨立成熟的男人。

14 所向無敵

季後賽首輪，湖人遇到去年大戰七場的冤家拓荒者。湖人挾著4月全勝的風雷之速，毫不遲疑地碾過拓荒者，不留餘地。3比0。第一場湖人106比93輕取。第二場湖人106比88血洗。湖人甚至派鯊魚去投技術犯規罰球——何等的輕蔑，何等的嘲弄？第三場湖人99比86晉級之夜，科比滑冰般溜過拓荒者板凳：「那，你們被開除了！」

拓荒者自己狀況不佳——全明星賽後15勝17負，皮朋在跟球隊鬧彆扭。這讓湖人應對起來實在是遊刃有餘。系列賽結束，科比說皮朋依然是他心目中的英雄，但他卻以場均25分對13.7分壓倒了皮朋。鯊魚則公開地說：「沒人可以阻擋我。」他3場一共得到81分，抓到47個籃板，34罰21中。鯊魚又開懷了：

「我是個籃球手，可我也是橄欖球手。我還是個冰球手，除了我不溜冰！」

鯊魚和科比怎麼忽然從左右互搏變成了史上最可怕組合拳？費雪搖了搖頭：

「贏球解決所有問題，就是這樣。」

很奇妙的是，科比和鯊魚都很期待季後賽到來。對他人而言，緊張慘烈的季後賽卻能給他們內心的平靜。

他們終於可以暫時拋棄各類恩怨，不再爲例行賽的雞毛蒜皮爭鬧，專心爲勝利而戰了。

他們不是不懂如何配合，他們了解勝利的法則。只是，他們一個年少氣盛不願久居人下，一個方爲霸王最恨被忽視。他們的爭強好勝，一小半出於各自對勝利的渴望。因此，當他們需要勝利時，其他一切都可以放在一邊。湖人擊敗拓荒者後，已經是從4月開始的第十一連勝。拓荒者主帥鄧利維悲觀地預言：

「我想不出哪支球隊能擊敗他們。」

2001年5月，鯊魚和科比好像定完協議了。鯊魚負責統治主場，科比在客場上演魔術。當然，大多數時候，是他倆聯手統治比賽。「如果鯊魚跑來告訴我：『科比，我不想一個人每晚獨撐比賽，你會幫我嗎？』我會說，我準備好了。」

科比眞的準備好了。

西區準決賽，對手是例行賽55勝的國王。那是克里斯·韋伯職業生涯的巔峰期，是史上最才華洋溢的隊伍之一。第四場，湖人119比113擊敗了國王。4比0，湖人連續第二輪橫掃。前一年，湖人咬掉國王用了五場，擊敗拓荒者用了七場。2001年，全部是橫掃。

第一場，在洛杉磯觀衆面前，鯊魚讓在這裡打了7年球的狄瓦茨顏面掃地：他拿了44分21籃板，科比29分；第二場，鯊魚43分20籃板。NBA史上第一位連續兩場季後賽40分20籃板以上的球員。他沒能阻止狄瓦茨的中距離跳投和妙傳策應，但他雄霸內線，讓國王球員每次走到籃下都心口發悶眼前發黑。科比27分。

湖人挾2比0優勢去到沙加緬度後，狄瓦茨領著兄弟們圍剿鯊魚，可是外圍門戶洞開。科比華麗轉身侵襲籃框，讓人眼花撩亂的一對一擺脫後投籃，第三場，湖人103比81血洗國王，科比36分。

鯊魚當然已經無人可敵。他在第三場宣稱，即便是史上第一防守者、十一枚戒指在手的比爾·拉索來防他也不行。「他入行時才100公斤出頭？太輕了！」他龐大的身軀如紫金錘，劈開狄瓦茨、波拉德、韋伯等人的包夾。狄瓦茨朝媒體和裁判抱怨過：「鯊魚經常三秒違例！」「鯊魚經常用手肘傷人！」但無濟於事。前太陽後衛安吉指出：「你不能只是包夾鯊魚，你是要兇惡地包夾他，你需要勇氣，你知道會挨幾下拐子——事實上，沒人願意去防守鯊魚。」狄瓦茨的親身感受：「他用手肘稍微捅一下你，裁判眼裡看來動作很小，你就受不了。他太壯了，輕輕一下就能讓你失去平衡。沒人可以守住他。沒人。」

第四場，國王終於限制了鯊魚。第四節鯊魚犯滿退場時只得了25分10籃板，國王剛喘了一口氣，科比卻打出了職業生涯季後賽最華麗的比賽之一。

1997年對爵士，2000年對溜馬，每次鯊魚犯滿退場時，科比都試圖接管。

——但這一晚，屬於科比。

華麗的弧頂變向突破，拋射不中後高高跳起，進攻籃板補中。助攻弱側費雪投中三分。抓到防守籃板後一條龍突破，翻身跳投得分。弱側神出鬼沒地抄球，翻身跳投得分——科比齜牙咧嘴，露出了殺氣。弧頂連續用變向晃動閃開國王防守幹將克利斯蒂，在狄瓦茨頭頂扣籃——就是五年前，那個與自己交換的狄瓦茨。

鯊魚默認了：在客場，主動權屬於科比。他可以在反擊中自主支配球，他可以獨自單挑。科比甚至去嘲諷了國王的王牌克里斯·韋伯，在一次被犯規後去和216公分的狄瓦茨對視。他喜歡對手的怒火。

每次得分後，科比都用力地咀嚼口香糖，惡狠狠地搖頭微笑：「你們太爛了！」單是擊敗對手，沒辦法讓他過癮。他必須挑起對手的怒火，看對手朝他惡狠狠地衝來，他才有繼續凌虐對手的動力。

第二節，科比一個華麗的變向晃開克利斯蒂，面對國王兩大內線拋射得分，追加罰球。鯊魚在板凳上開始為他叫好：「上啊，哥兒們！」第三節，鯊魚內線接球後，等著科比走位，回傳，科比用一個妖異的高手位拋射得分。似乎被這個球激勵了，科比明白了：鯊魚允許他自行發揮。

比賽最後時刻，科比運球穿越國王的雙人夾擊，在底線施展一個匪夷所思的後轉身，橫向滯空，右手送出球打板得分，投中本場個人第15球。全場比賽，科比打滿48分鐘，29投15中，得到48分16籃板3助攻。

「人們總說我倆不能共存，但鯊魚和我都知道如何成就彼此。」科比說。科比也許並不把國王當作對手，他真正的對手依然是鯊魚，是湖人的王權，是聯盟第一的頭銜。用國王克利斯蒂的話：「他彈速驚人，就像個高蹺棍似的。」他苦練的中距離，他閃電般的第一步，他華麗的一對一，他的殺氣，國王難以應付。在第四場鯊魚犯滿退場後，費雪讀出了科比的眼神：

「他爲這一刻準備良久，他知道屬於他的時候到來了。」

是的，科比簡直是在等待鯊魚給他讓出位置。四年前，哈里斯教練說，他無法轟走鯊魚，把位置讓給科比——但這一晚，這一切成眞了。

國王的瑞克・艾德曼教練哀歎：「我被他們完全擊倒了。湖人會奪冠。他們有兩個頂尖球員。你剛開始擋住一個，另一個就會來找你付出代價。」

淘汰國王，到達西區決賽時，湖人已經十五連勝——2001年例行賽的八連勝，季後賽的七連勝。對手是聖安東尼奧馬刺，1999年橫掃過他們的對手，聯盟防守最好的球隊。提姆・鄧肯和大衛・羅賓森組成的「雙塔」在等他們。

結局出乎所有人意料。

西區決賽馬刺對湖人第一場，湖人速度極快：科比在反擊中就不斷提速，不等馬刺站好「雙塔」的防守位，甚至都不等鯊魚，就肆無忌憚地出手。馬刺被迫跟湖人往返跑；可是，馬刺後衛並不以速度見長，能慢不能快。他們唯一有速度的後衛德瑞克・安德森，還在養肩傷呢！

科比上半場依靠守轉攻的突擊得到17分，下半場，禪師讓他擔當湖人的主攻：反擊中，科比有權自己帶球決定反擊；陣地戰，鯊魚甚至到罰球線讓出空間，允許科比突破；馬刺必須嚴防鯊魚，空不出別人來夾擊科比，於是，科比在罰球線一帶自由自在地跳投和突破。下半場，科比28分，全場45分。禪師讚美道：

「他順著進攻節奏而行，沒去刻意投籃，機會自己去找了他。」

馬刺在第四節一度將分差追到10分，但科比用一記空接扣籃、一記進攻籃板補進、蓋掉「小將軍」強森的上籃後一記弧頂三分，鎖定勝局。他的靈巧和速度，超出馬刺所有後衛球員一個等級。湖人隊友賀瑞斯·格蘭特，喬丹前三連霸的老隊友，都爲此目瞪口呆：

「這是喬丹級的演出。」

這本該是鯊魚和鄧肯的對決——第一場鯊魚22投11中28分11籃板，對面鄧肯則是28分14籃板6助攻5阻攻，巨人們打了個平手。但科比出現，破壞了平衡。

也就此奠定了之後比賽的基調。

第二場，鄧肯打出了壯麗的40分15籃板3助攻4阻攻表現：他使出了渾身解數，背身勾射、翻身跳投、面框突破歐瑞之後翻身扣籃，第四節，他甚至有一個起跳、彎腰、空中晃過兩個人之後的換手上籃。但科比繼續轟擊馬刺外線，28分7籃板6助攻，而且在關鍵時刻，當鯊魚再次吸引馬刺全隊夾擊時，科比在弧頂瞄了半晌，射中了關鍵的三分球。湖人88比81，2比0領先，馬刺兩個主場全破。

忽然之間，一組劍拔弩張的系列賽大局已定。大衛·羅賓森，鯊魚的老對手，做了一個黯然的結論：「鯊魚和科比在這兒……湖人就像把兩瓶毒藥放在你面前，讓你挑選。」——這話耳熟嗎？1999年總決賽期間，「小將軍」強森也曾驕傲地說道：「跟我們交手，你得自己選一杯毒藥服下。你太在意『雙塔』，我們的射手會傷了你。太在意我們的射手，『雙塔』會一整晚不停扣籃。」第三場，德瑞克·安德森復出了，但為時已晚，而且狀態不佳：之後的兩場比賽，他合計10投0中。

湖人111比72血洗了第三場，鯊魚35分17籃板，科比36分；隨後是111比82的血洗，科比24分，鯊魚26分10籃板，費雪13投11中28分。湖人4比0橫掃馬刺。

鯊魚張嘴嚷嚷了：「科比是我的偶像！他是聯盟裡最好的球員，比其他人好一大截兒呢！」他的老習慣了。如果沒最後那句，也許這段話還像眞的。但這麼一說，倒像老大哥在刻意吹噓小老弟。鯊魚不會承認他低於任何人——他的傲性使然。如此說辭，更像是大度的、暗藏機鋒的和解。

到此地步，湖人所在意的已非冠軍，而是歷史了。1983年改變賽制以來，1989年活塞、1991年公牛、1999年馬刺這三隊，在總冠軍征途上有過15勝2負。哪怕空前絕後的1996年公牛，到達總決賽時也有過一場敗績。而回首湖人征途：2001年4月1日之後，他們便再不知輸球是何滋味。八連勝，然後3比0飛過例行賽50勝的波特蘭拓荒者前鋒群，4比0擊潰例行賽55勝的沙加緬度國王，西區決賽更將西區例行賽第一的馬刺4比0橫掃。擋者披靡，縱橫決蕩。大衛·羅賓森斷言：

「東區的球隊根本不可能是他們的對手。」

鯊魚的總決賽對手：費城76人。

2001年的湖人一路橫掃，挾十九連勝之勢來到總決賽。而他們的對手費城76人傷兵滿營，一群鋼鐵硬漢防守加艾倫·艾佛森獨力擎天，4比3險勝暴龍、4比3拿下公鹿，艱難殺到總決賽。挑戰湖人？公鹿敗北時，主帥喬治·卡爾曾經忠告：這就是一場「鋼鐵工人vs禪師」的比賽。76人主帥賴瑞·布朗甚有自知之明：「這就是大衛vs歌利亞。」

大衛vs歌利亞，也許正適合兩位王牌的對比。1996年狀元，聯盟歷史上最矮例行賽MVP、得分王的艾倫·艾佛森扮演大衛，對陣歌利亞——1992年狀元，聯盟歷史上最龐大、最魁梧、最類似洪荒巨獸的怪物「鯊魚」歐尼爾。喬丹退役之後，連續三年，得分王自他們二人中決出。他們是全聯盟攻擊力最恐怖的兩個人，可是方式卻又是兩個極端——一者以速度、敏捷、小巧取勝；一者以力量、步伐與體格取勝。

2001年6月，歌利亞俯瞰著大衛。全世界在為不敗雄獅湖人唱讚歌。世界相信湖人不是去戰鬥，而是去例行公事地贏一輪比賽。媒體歌頌著湖人橫掃費城，因為如此一來，湖人就將破掉1983年費城的紀錄——十八年前，費城上一次總決賽之旅，創造過季後賽只輸一場（在東區決賽）奪冠的紀錄。1983年，摩西·馬龍和J博士的費城曾經橫掃過魔術強森的湖人。

但是奇蹟出現了：

2001年總決賽第一場，尤其是，湖人開場一波16比0，第一節過半便18比5領先。湖人替補已迫不及待地互相慶賀。勝利已在手邊，橫掃指日可待。

此時英雄現身。

第一節後半段，艾佛森獨得10分。第二節，他在科比頭頂一記跳投開局，76人24比23反超。費城用防守陷阱圍捕獵物，然後是不斷劃過天空的長傳，總在你一眨眼間，艾佛森已經完成快攻跑回半場。湖人單節6個失誤，優勢被費城不斷蠶食；第二節，76人中鋒蓋格爾忽然開了天眼得了8分。而艾佛森完全不可阻擋，左右翼側遊弋跳投出手如風，任何對位者的跟隨都像慢動作重播。蓋格爾跳投使76人41比40領先，隨後艾佛森接管比賽：包攬了76人上半場的最後15分，全是他招牌的華麗晃動後得手。一記三分球，76人56比48領先半場。

僅僅上半場，艾弗森就轟下了30分。他一個人壓倒了無敵的湖人。賴瑞・布朗搖了搖頭：「上半場的他，是你可以想像的球員極限。」

第三節，艾佛森助攻傑瑞米・瓊斯扣籃，一記跳投加一個歐尼爾頭頂的上籃，繼續拉大分差。抄截得手，一記上籃，再一記後仰跳投，史諾跟進上演一個三分打。費城在史坦波中心以73比58領先15分。

穆湯波以犯規為代價阻止鯊魚的肉搏計畫，到第三節終於場陷。非洲大山坐上板凳後，鯊魚所向無敵，半節轟下14分。另一邊，菲爾・傑克森出招了：一個和艾佛森一樣梳著玉米田頭、一樣身高的小夥子出場：泰倫・盧。

「我盡力不讓艾佛森接球。因為一旦他得到球，作為世界上最好的切入手，根本無法阻止。」盧說，「我們反正就是盡力不讓球到他手裡。」這個勤勉的小夥子不惜一切代價地跟著艾佛森。76人的進攻熄火。湖人蠶食了巨大的分差，以77比79

僅落後2分進入第四節。第四節還餘1分57秒時，鯊魚接獲科比傳球扣籃得手，94比92，第二節以來，湖人首次領先。史諾還以一記跑投。此後雙方連續沒進。比賽進入延長。

情勢重新倒在湖人一邊。整個球館的金色火焰又開始升騰：大比分領先，被艾佛森的神勇所逆轉而落後，奮起直追進入延長。鯊魚勾手得分，科比上籃得分，鯊魚罰中。湖人99比94領先。拉加・貝爾被包夾，時間即將走完。

那時，76人似乎大勢已去。但是——

貝爾用左手投進了一記勉強的跳投，時間還餘2分19秒。轉捩點再次到來。

艾佛森兩次罰球得手，76人98比99只落後湖人一分。湖人叫暫停。下一回合，泰倫・盧投籃失手倒地，76人抓到籃板，艾佛森反擊。盧站起身來時，看見艾佛森起手一記三分球。101比99，76人以一波動人心魄的7比0反超。時間還餘1分19秒。「那眞是傷人見血的一刀。」湖人教練席上的菲爾・傑克森賽後說。

接著，湖人福克斯傳球失誤，76人進攻。底線，艾佛森和泰倫・盧一對一。切入，急停，收球後撤步。泰倫・盧失去重心，倒在地板上。艾佛森起手跳投，103比99領先。然後回過頭，跨過泰倫・盧，跑回半場。時間還餘47秒，整個史坦波中心被這一擊直中咽喉。大局已定。

費城76人，在全世界一面倒的「橫掃」聲中，在洛杉磯的心臟，搶走了第一場勝利。在艾倫・艾佛森的48分表演之下，湖人的季後賽全勝紀錄，至此破滅。季後賽以來所向無敵的科比，此場22投7中只得15分。鯊魚面對年度防守球員穆湯波，轟下了44分20籃板5助攻。縱橫西區的「OK連線」，忽然之間，又變成了鯊魚爲主、科比爲輔的格局。但這一敗給湖人的兩個收穫：他們知道該用泰倫・盧來防守艾佛森了；他們在鯊魚身上找回了對付76人最好的武器。他們的信心毫無動搖。他們相信：第一場僅僅是意外，是屬於艾佛森一個人的逆天奇蹟。他們需要做的，只是穩穩地解決費城。

第二場，湖人先聲奪人。科比第一節得到12分，鯊魚第二節得到12分。艾佛森被所有湖人球員圍追堵截，當他企圖快攻，湖人就用歐瑞或格蘭特提前包夾限速；當艾佛森在半場進攻接球，湖人全隊逼他向左，然後把他向底線陷阱壓去。於是艾佛森29投僅10中，23分。科比第二場找回手感，31分，但鯊魚依然是眞正的統治者：19投12中28分只是尋常，20籃板9助攻8阻攻的準大四喜成績才眞正令人震撼。

第三節，湖人領先10分進入半場。但艾佛森和穆湯波拿下了全隊第三節21分中的16分，拼命追上。湖人第四節重新領先9分後，艾佛森、貝爾和史諾的三後衛陣地重新開始絕地反擊，但歐瑞突如其來的單節12分壞了好事，艾佛森全場30投12中35分12個籃板的努力，就此化爲泡影。科比32分，鯊魚30分12籃板3助攻4阻攻。

一如2000年底，賴瑞・布朗老爺子所言：「科比無疑是聯盟前五的球員，但鯊魚？他是史上最有統治力的球員之一。」

鯊魚沒再給費城機會。

「鯊魚，你怎麼對付穆湯波？」

「有本事就來挑戰我，正經點兒來跟我打，別玩虛的。我就要這個。不要像是玩遊戲，來跟我對打呀！」

「你覺得，比起1995年對抗大夢時，你成熟點了嗎？」

「我奪第一個冠軍前，我失敗過7次，呃，8次？你知道，這只是讓我成長。現在我是個老兵了。我不想當個假紳士了。」

第四場，艾佛森繼續35分的表演，但穆湯波無力抵擋鯊魚。湖人第三節一度領先20分，艾佛森再次帶隊反撲將分差追至7分，此後鯊魚扣籃、蕭三分球解決問題。科比將舞臺留給了鯊魚，自己19分10籃板9助攻的全面表現。鯊魚34分14籃板5助攻。第五場，艾佛森第一節便得11分，但此後76人抵擋不住鯊魚和科比的聯手出擊。科比26分12籃板，鯊魚29分13籃板5阻攻。湖人穩穩取下108比96的勝利。

這天是2001年6月15日，週五。在費城人面前，湖人取下自4月以來24場比賽的第23場勝利。季後賽15勝1負，總決賽4比1。湖人以歷史上最居高臨下、最摧枯拉朽的優勢，取下了2001年總冠軍，蟬聯NBA之王。

比賽結束，已經是週五深夜了，鯊魚上了球隊大巴，懷抱著他的第二座總決賽MVP獎盃。「聞到了沒？沒聞到？這是勝利的滋味兒啊！」

上一年，鯊魚用史上最具統治性之一的個人表現——總決賽場均38分17籃板——奪冠，證明他是聯盟歷史上最有統治力的球員之一。這一年，他完成了衛冕，而且他的球隊展現了歷史上首屈一指的統治性。福克斯說：

「讓人滿意的不只是我們贏了冠軍，而是我們統治了冠軍。我們例行賽不太順，但一旦找到自己，就所向無敵。」

鯊魚並沒忘記順便壓了一下科比。如果說，西區季後賽一路橫掃之間，科比正逐漸逼近鯊魚的王者地位，那麼總決賽科比41%的命中率和場均25-7-6的表現，顯然爲鯊魚讓開了路。西區決賽，鯊魚還在念叨：「科比是我的偶像！聯盟最好的球員！」總決賽，鯊魚用總決賽MVP獎盃證明：他依然是這個世界上最好的球員。

於是，他可以居高臨下評價科比了：「他是我們成功路上很重要的一部分呀！」

「人們總以爲我們倆彼此仇恨？沒有那回事。不然我們怎麼可能蟬聯冠軍呢？」

鯊魚贏了冠軍，他的球隊是聯盟最有統治力的帝王之師，他把持著這個時代。第一個冠軍讓他坐上王座，第二個冠軍則確認了他的帝王統治。鯊魚念叨著第三個戒指：

「我很貪婪的喲！」

2001年6月15日這一夜，他是一切的勝利者。他抱著總決賽MVP獎盃坐在大巴上，坐在科比前一排。他們倆開了幾句玩笑，然後各自看著窗外。

鯊魚當然知道，身後這個22歲男孩，想要自己手裡這個東西。他們吵了一整年，最後聯手奪冠了。很滑稽，但他們知道彼此的強大。他知道，科比的野心有多可怕，他想要總決賽MVP，想要NBA王權的眞正象徵。

可是寶貝兒，我不給，你不能搶。

15 三連霸

2001年夏天，鯊魚蟬聯冠軍這年，NBA定了個新規定：允許了實行區域聯防。鯊魚立刻口出怨聲：「在NBA打球的都是爺們。一個成熟的男人根本不需要聯防。如果你打不了人盯人，你就不該在這兒。」

他說得對。聯盟就是要限制他。他的缺點就是太強大，觸犯了觀衆的審美習慣，觸犯了商業利益。歷史進程中，中鋒們被不斷套些枷鎖、拔掉牙齒、割掉爪子、蒙上眼睛：這是一個把運動朝戲劇不斷轉變的過程，如果反派過於強大，就得被不斷修改弱點，直到被萬年不死的主角踩在腳下。

2001年夏，湖人沒續約哈潑和格蘭特。兩位老將離開，薩馬基・華克、老將李奇蒙補進。湖人很清楚：只要鯊魚和科比還在，角色球員盡可以隨意調換。哪怕規則改換，哪怕鯊魚已經逼近30歲。

2001-2002賽季開始前，鯊魚給他的右腳趾做了手術——他可憐的腳趾、膝和踝要承擔150公斤體重來往奔跑，確實辛苦。

科比將這一切看在眼裡。

2001-2002賽季前兩個月，鯊魚依然是往日的鯊魚：開幕戰對拓荒者，鯊魚29分18籃板5助攻5阻攻，科比29分7籃板4助攻。對爵士，鯊魚31分，科比39分。對太陽，鯊魚36分6阻攻，科比24分9助攻。對魔術，鯊魚38分18籃板，科比28分8助攻。湖人前17場比賽16勝1負，遙遙領先全聯盟。

但問題依然存在。

湖人的大多數球員，包括鯊魚，都多少有些自負。他們拿了兩個總冠軍，在2001年夏天所向無敵，季後賽一共只輸了一場球。他們覺得自己只要樂意，可以隨時擊潰對手，於是不妨偷個懶。

而科比則不然。在洛杉磯整個「我們很強大，我們要度假」的氛圍中，他依然急不可耐地想證明自己。比賽中，他總是最窮兇惡極的那一個。

2002年1月14日，湖人對戰灰熊。鯊魚缺陣，科比接管比賽了。

那晚，他遇到灰熊的兩個新人：小他兩歲的西班牙大個子保羅・加索，與他同歲卻剛從杜克大學畢業的防守大師尚恩・巴蒂爾。當晚，在大學籃球界被認爲早熟到完美的巴蒂爾，遭遇了NBA生涯第一場噩夢：

當時還沒留起大鬍子的加索，一開場連得10分，科比開始憤怒了：突破之後跳步扣籃，底線突破後在加索手邊上籃，侵略如火，無所不能。加索一直試圖指揮隊友補位。幾次徒勞地舉手之後，加索看看巴蒂爾，攤攤手，瞪眼睛，一臉的表情都在說：「我們防守到位了呀！」

科比打了34分鐘，得了恐怖的56分。下半場，他每次咄咄逼人地得分後，都會跟全隊擊掌，露出惡狠狠的表情：下排牙齒前伸，雙目如炬。微妙的是，他的球鞋上寫著34——那是鯊魚的號碼。

他在想什麼呢？

2002年全明星賽，科比獨得31分，拿到自己第一個全明星賽MVP。

3月，鯊魚復出。

他還是可以一高興就每晚40分。2002年3月前半個月，他33分12籃板、36分14籃板、40分12籃板、28分12籃板、40分8籃板，一連串的華麗演出。湖人取得8勝1負的好戰績。

沒人敢看輕湖人。熱火前鋒克里斯·加特林認爲：「例行賽對他們來說只是熱身。他們淩駕於其他球隊太多了。」但比爾·華頓卻覺得：「鯊魚和科比還是無敵的，但你可以試著壓倒他們其他球員。比如，國王和小牛的進攻武器之多，足以把湖人角色球員幹掉。」

但賴瑞·布朗這麼描述：

「去年，鯊魚身體在巔峰，所以湖人無敵。但今年，他的狀況似乎不那麼好。」

的確，鯊魚30歲了。

區域防守規則的實行，讓全聯盟內線面對他時可以喘口氣了；而他已經愈來愈懶得離開籃下，所以全聯盟對手都知道：用高位擋拆和跳投來幹掉他。雖然鯊魚輕蔑地認爲跳投型球隊都是軟蛋，但國王的確在朝60勝前進。

科比並不跟鯊魚鬥氣。這一年，他的策略是：鯊魚在場時，他讓鯊魚開心地打球；鯊魚不在場，他接管比賽。李奇蒙說，科比在訓練和比賽中，用各種方式，暗示他是湖人的王牌。

「他並不針對任何人，也不是惡意，只是習慣這麼表達自己而已。」

2002年4月例行賽結束，湖人58勝24負。鯊魚和科比雙雙殺進NBA年度第一隊。鯊魚繼續例行賽MVP票選第三，場均27.2分聯盟第二，但因爲腳趾的傷，他場均10.7的籃板球和2.0的阻攻都是職業生涯偏低水準。而科比場均25.2分5.5籃板5.5助攻，以及職業生涯當時最高的命中率47%。這是科比職業生涯第一次年度第一隊。那年的例行賽MVP，屬於馬刺的提姆．鄧肯。那是26歲的鄧肯第一座例行賽MVP獎盃。鯊魚一再表示，自己對例行賽MVP沒興趣。何止MVP，他連例行賽都懶得搭理。「我是MDP！」然後他解釋，「也就是最有統治力球員。不要跟我談論獎項！」

季後賽到來，湖人再次遇到老冤家拓荒者。第一場拉希德．華勒斯在湖人內外點火，25分14籃板4記三分球，打得華克和歐瑞暈頭轉向，但科比28投10中34分，鯊魚穩穩地17投10中25分，湖人防守到拓荒者其他球員命中率只有37%。第二場，科比21投僅5中，但鯊魚統治內線，31分14籃板，壓倒對面華勒斯31分11籃板，湖人再勝，2比0。第三場鯊魚和科比各7次助攻串聯起全隊，92比91有驚無險過關。

2002年西區準決賽，湖人四年裡第三次遇到馬刺。首戰，NBA兩位最偉大的巨人對決：鄧肯去防守了鯊魚。結果是他們都筋疲力盡：鯊魚22投9中，23分17籃板——當然，他的手腕因爲一場「家庭小事故」縫了針；鄧肯26分21籃板5助攻4阻攻，但30投只有9中。雙方僵持到最後一分鐘，鄧肯跳投得分，馬刺只差一分了，但鯊魚接到歐瑞的妙傳，一記地動山搖的扣籃，科比再一個急停跳投得到個人第20分，鎖定勝局。馬刺80比86輸掉首戰。

第二場，馬刺88比85取勝，鄧肯27分17籃板，但過程無比妖異：馬刺一度建立起了21分的優勢，但湖人進行了山呼海嘯的逆轉。在湖人追分過程中，除了安東尼奧・丹尼爾斯和包溫，鄧肯回過身，幾乎看不到其他隊友跟上。比賽最後一分鐘，鄧肯被夾擊，傳給羅斯上籃得分。科比在最後一秒走步失誤，湖人沒能追回。但馬刺的波波維奇教練覺得不妙：「湖人的反擊證明了他們有多專注，而那會很可怕。」

帶著1比1，馬刺回到了聖安東尼奧主場，大衛・羅賓森復出了——然而，科比爆發了。

第三場還剩6分半時，湖人81比80領先。之後，科比連得7分，帶領湖人打出一波11比2結束比賽，科比全場31分。賽後，科比很淡然：「我周圍的一切事物發展，彷彿都變得集中了；如果你在比賽中情緒起伏太大，你很容易忽略掉細節。」

禪師覺得，科比這段話彷彿在冥想。他真的已經讓自己達到這種境界了嗎？

第四場，馬刺第四節還剩6分鐘時領先10分，但湖人開始了反擊：比賽剩15秒時，雙方85平。科比運球意圖突破，被馬刺的包溫抄掉，湖人的費雪撿起球，抓緊時間，強行投籃，不中，眼看馬刺要守住這次進攻了，然而科比飛身向前，抓到進攻籃板，補進。湖人87比85領先，贏下第四戰，3比1領先了。

鯊魚賽後，當然又誇了一遍科比。他知道：鄧肯足以和自己分庭抗禮了。他依然是湖人的王牌，但如果沒有科比，馬刺實在沒那麼好對付。

第五場，在洛杉磯。鄧肯得到了34分25籃板4助攻2阻攻，但湖人93比87贏球。

傷未痊癒的羅賓森，18分鐘內沒有得分，對此深感歉疚：「今晚我理應多幫助提姆才是。提姆就像個超人似的，他在做一切。我只能說，湖人很棒。」鯊魚21分11籃板，科比26分8籃板5助攻。湖人4比1淘汰了馬刺。

連續第二年，科比成了馬刺的眞正殺手。馬刺「雙塔」合力，足以壓制鯊魚，但無法分心對付科比：這就是湖人「OK連線」的恐怖之處。

「簡直就像兩瓶毒藥裡選一瓶，逼自己喝下去似的。」

2002年西區決賽，連續第三年，湖人遇上了沙加緬度國王。

2001-2002賽季的國王很奇妙：天才指揮家前鋒韋伯因爲膝傷，只打了54場比賽。可是塞翁失馬，指揮塔狄瓦茨的傳球，喚醒了25歲的塞爾維亞同胞佩賈・史托亞柯維奇，他天下一絕的遠射融會水銀瀉地的普林斯頓體系，加上後衛畢比的妖異演出，讓國王上演經典戲劇，全隊7人場均得分在10以上。61勝的戰績領銜西區。那是國王的巔峰歲月，他們無比流暢、弦歌樂舞的進攻繁盛之極。

湖人vs國王，聯盟最強的明星組合vs聯盟最遍地開花的球隊。這是鯊魚vs狄瓦茨：湖人兩代中鋒連續第三年相遇。巨大的、暴力的、兇惡的鯊魚，對上睡眼惺忪、演技無敵、滿腦子奇思妙想的指揮官狄瓦茨。

湖人贏了第一場：雖然國王的韋伯28分14籃板6助攻表演神勇，替補鮑比・傑克遜25分鐘內射落21分，但代替佩賈先發的土耳其人特克魯8投0中。科比30分，鯊魚26分。1比0。但第二場前，科比得了腹瀉。洛杉磯電臺稱：有一個紐澤西人潛入沙加緬度，給乳酪蛋糕下了點藥。動機很明確：東區冠軍很可能是紐澤西籃網。

他們想提前把湖人幹掉。

第二場，科比硬撐著21投9中，畢竟力不從心。鯊魚接管比賽，上半場已砍落23分。但是狄瓦茨不動聲色地對付了他：

他繞前防守鯊魚，他忽然閃開讓鯊魚坐空，他不等鯊魚撞過來就演出他的奧斯卡演技坐倒。鯊魚半場被吹第三次進攻犯規。禪師氣急敗壞地從板凳跳出來：

「狄瓦茨在演戲！」

然後被吹了一次技術犯規。

鯊魚被迫小心翼翼。下半場他只得了12分。全場35分。國王96比90贏了第二場。1比1。

第三場前，鯊魚警告隊友：「別太早把球給我，我要看清楚裁判怎麼對付我才行。」他保留力量，狄瓦茨的目的達到了。第三場第一節，國王一口氣32比15領先，湖人再未追及。鯊魚20分19籃板，但又被吹了5次犯規。湖人1比2落後。

三年以來，前所未有的窘境。鯊魚很生氣：「打敗我們，只有一種辦法——作弊！我對這種骯髒的事可沒天賦！」狄瓦茨不動聲色。他希望鯊魚繼續急下去。

科比在這時候，展示了他的成熟：「1比2落後？挺好，這樣我們就不無聊了。」

第四場前，歐瑞建議鯊魚別在意哨子：「打自己的比賽，讓他們吹去！」首節科比被克利斯蒂盯住了，一分未得。第二節，湖人已經落後了24分，大比分1比2，主場落後24分。自2000年西區決賽第七場落後拓荒者15分以來，這是最可怕的險境。

鯊魚憤怒了。

他不管大腳趾的傷痛，無視狄瓦茨、韋伯、波拉德等人的干擾。投不進，他抓到進攻籃板繼續投。雲梯攻城般的堅韌。科比在後三節找到手感，得到26分，帶領著湖人追到了最後時刻。狄瓦茨罰中一球，湖人97比99落後，還剩最後一次進攻。

科比突破籃下，上籃不進。鯊魚抓到自己本場第18個籃板，補籃，不進。球被拍出三分線外，一雙手撿起了球。那是湖人大前鋒歐瑞。時鐘上還有0.6秒。國王全隊知道將發生什麼事。巨大的身軀朝歐瑞飛去。來不及了。歐瑞起手投籃，球劃過狄瓦茨指尖。

歐瑞都幹過什麼事呢？——1995年總決賽第一場，尼克・安德森四罰不中後，火箭和魔術打延長時。歐瑞在鯊魚面前兩記三分球，讓鯊魚開始絕望。——1995年總決賽第三場，是這個傢伙在格蘭特頭頂一記跳投，絕殺了魔術。——

2001年總決賽第三場，是他的一記底角三分讓湖人甩開了76人。這個令人愛恨交加、恩仇糾結的傢伙，投出的這記三分球在空中彷彿飛了一百年。然後破網而入。絕殺。湖人完成24分超級逆轉，100比99擊敗了國王，2比2。

狄瓦茨如此形容這記投籃：「幸運。」但這確實是記拯救了湖人整個系列賽的絕殺。第五場，幸運降臨在國王身上：92比91，最後時刻科比右翼絕殺不中，國王險勝了湖人。3比2。主動權依然在他們這邊。於是進入第六場。賽前，淩晨，鯊魚接到了電話：來自科比。

「大傢伙，我需要你。明天我們一起創造歷史吧。」

這是那三年，他倆關係的終極寫照。他們彼此怒視，吵吵嚷嚷，平時互相扯後腿。但到了生死之際，卻深知只有對方才是值得依靠的。他們知道要壓倒彼此是多麼困難，也明白彼此只要通同一氣，是多麼恐怖。

第六場，洛杉磯史坦波中心，國王3比2領先。湖人在懸崖邊奮死搏擊，一步不退。雙方以75平進入第四節，湖人猛然發威。狄瓦茨的遠射、特克魯的跳投，都無濟於事。比賽結束前4分半，國王以90比89領先時，還在做著奔向總決賽的夢。但隨後3分鐘，湖人已經反超到99比96。從此國王再未領先，直至終場。

106比102，湖人取勝，比分被扳成了3比3。鯊魚41分17籃板，科比31分11籃板。這儼然是他們倆的勝利。

國王主帥艾德曼並不滿意：「我們隊的人竭盡全力，但還是沒能贏球；鯊魚4次犯規，我們的大個子們一共20次……這場比賽跟過去幾場有相當大的不同。」韋伯的口吻充滿冷嘲：「我聽說，冠軍們註定要繼續當冠軍呀。」

鯊魚回應：「老子在聯盟待十年了，只怨過大概5次裁判。」

然後他又補了句：「國王隊？我看他們是皇后隊吧。」

當然，這場比賽，事後留下了巨大爭議。

在比賽結束前6分51秒，鯊魚勾射得分。從此直到比賽結束前52秒鯊魚上籃命中，整6分鐘，湖人除他之外，沒有誰在場上投中過球——但這不妨礙他們擊敗國王。在這期間，科比、歐瑞、福克斯等人輪流罰球。湖人第四節罰了24個球，全場罰球40比25領先國王。

2008年，當時聯盟裁判提姆・多納西因爲操縱比賽入獄時，提及了這一場：

「裁判A和F是聯盟的人。2002年西區決賽，聯盟想讓比賽進入第七場……。」

無所謂了。第七場，湖人延長賽險勝，112比106。鯊魚51分鐘內35分13籃板4阻攻，科比30分10籃板7助攻。科比在最後用裹著紗布的小指罰進鎖定比賽的兩球，全場11罰全中；鯊魚則是極爲爭氣的17罰13中。湖人4比3淘汰國王，連續第三次進到總決賽。

賽後，鯊魚和科比並肩接受採訪。那一瞬間，他們像是親密的夥伴。鯊魚叨念說，他打得很帶感情。科比聽著點頭。被問到是否打過更美妙的系列賽——每一回合都性命攸關——之時，科比笑了起來：「這系列賽眞是有趣極了！」

最艱難的對手跨越了。2002年總決賽，對手是傑森·基德率領的紐澤西籃網。

2002年總決賽第一戰，基德23分10籃板10助攻的大三元，籃網守到科比16投6中只得22分。可是鯊魚愉快地游了出來，36分16籃板4阻攻，湖人99比94輕取。第二場，鯊魚14罰12中。每次罰中，他都將右手懸在半空，瞪圓眼睛：「噢噢！這是獻給艾德曼的！」40分12籃板8助攻，湖人106比83血洗紐澤西。2比0。

回到主場的第三場，紐澤西擺出了聯防，時常擺出3到4人去緊追鯊魚。比賽還剩6分44秒時，籃網94比87領先。禪師叫了暫停，然後，用他的話說：「鯊魚展現了影響力。」

鯊魚溫柔地發表了演說。他提醒隊友一路走來有多麼艱辛，而現在是控制比賽的時候了。福克斯心悅誠服：「偉大的舞臺，屬於他的時代。」

最後半節，湖人打出19比9的高潮，106比103擊敗籃網。基德30分10助攻的努力付於流水。科比36分，鯊魚35分11籃板4阻攻。湖人3比0。剩下的故事沒有懸念。第四場，鯊魚34分10籃板4助攻2阻攻，科比25分5籃板8助攻，湖人113比107取勝。湖人4比0橫掃籃網，成爲2002年總冠軍。

這是NBA史上第五次出現三連霸——1952-1954年麥肯率領的明尼阿波利斯湖人，1959-1966年八連霸的塞爾提克，喬丹的公牛在1991-1993年、1996-1998年那兩次。這些都是名留青史的王朝球隊。

而鯊魚，30歲，取下了連續第三個總決賽MVP。歷史上只有喬丹實現過三連莊總決賽MVP的壯舉。2002年，當老邁、傷病、規則等一系列不利因素襲來時，鯊魚還是宣告了天下歸他所有。他縱橫宇宙無對手。他是王朝，是霸王。

NBA有這麼一種人，可以憑隻手之力來改變天下大勢。人們崇敬他的偉大，也目測出他的極限。在他走過的奧蘭多、洛杉磯和邁阿密，每一座城市都能夠享受總決賽聖戰的洗禮。30歲時，鯊魚就有了3座冠軍，自己的王朝。

「現在，我要準備結婚去啦！」

科比在一邊，看著這一切。總決賽，他打得很好，尤其是他關鍵時刻的表現：總決賽所有第四節，科比場均8.8分，命中率達到63%。禪師也沒忘了誇他：「我們依賴著科比的成熟、領導力，以及他接管比賽的能力。他和鯊魚真是一對啊！」

直到這時候，科比還沒忘了西區決賽那支可怕的對手。「我肯定，沙加緬度正在努力呢，他們正想努力奪走我們擁有的一切。我們會等著他們的！」

事實上，努力要奪走湖人一切的，不只是國王。

16 接管

2002年夏天，鯊魚忙著過帝王生活，在廣告、唱片、電影的世界裡巡遊，順便給右腳大腳趾做了手術，宣布要缺陣賽季第一個月。

「等我回來，全聯盟都會有麻煩啦。」鯊魚打著哈哈，

「但是，先讓布萊恩副將軍接管一下吧！」他自己抱著3個總決賽MVP獎盃，琢磨結婚。他和未婚妻香妮・尼爾森孩子都有兩個了。小他3歲的艾佛森和小他6歲的科比都在前一年結婚了。「不能拖啦。」

科比則走了另一個極端。

2002年夏天，科比給自己加了7公斤體重，苦練了背框單打和遠射。他整個身體都變寬了。曾經輕靈秀逸的他，成了一個肌肉怪。

他的風格也開始變了。剛入行時，他是個輕盈飄逸的攻擊手；湖人第一個冠軍時，他是個全能突破手，外加防守悍將；後兩個冠軍，他是兇猛的面框攻擊手，還有高難度的中距離跳投，用繁複華麗的招式打球。

但2002年秋天，鯊魚缺陣那段時間，科比打得如火焰般灼熱。

2002年11月8日，波士頓花園廣場，賽爾提克對湖人。科比咬牙切齒地看著對面的保羅・皮爾斯。

——保羅・皮爾斯，201公分的小前鋒，大科比一歲，晚他三年進NBA。當世除了科比，沒有一個搖擺人可以跟他比得分技巧。2001年3月13日，皮爾斯代表塞爾提克對戰湖人，全場19投13中，得到42分。賽後，鯊魚攬住一位記者，怒吼道：

「把我的話記下來！我的名字叫作俠客・歐尼爾，而皮爾斯是他媽的眞理！把我的話記下來，一點都不要漏！我知道他能打，但我不知道他這麼行！保羅・皮爾斯是『眞理』！」

2002年，皮爾斯進了全明星。塞爾提克主帥歐布萊恩說他「並不做讓觀眾興奮的事——但他所作所爲都很有趣」。塞爾提克的助理教練萊斯特・康納舉了20世紀80年代NBA的兩位得分王級小前鋒做比較：

「皮爾斯身上，有一點范德維奇，有一點英格利許。他得分如此迅速，如此高效，你光看比賽以爲他打得一般，看一眼數據發現他得了30分了！」例行賽，皮爾斯場均26分7籃板3助攻，然後與安東尼・華克一起，帶著塞爾提克殺進東區決賽。

科比喜歡跟這樣的人對決。回到2002年11月8日，當晚一開場，科比如有神助，一口氣在皮爾斯頭頂投中了8個球。暫停時，所有隊友都同情地看著皮爾斯，問他是否需要幫忙。皮爾斯怒吼道：「他媽的不要！我要防他！我搞得定他！」

比賽最後，科比得了41分，但用了47發投籃，投失30個球，創造了一項不算光彩的NBA歷史紀錄，最後9發投籃全沒進。皮爾斯自己得了28分。塞爾提克延長賽獲勝。那場比賽後，科比說，他跟皮爾斯在比賽中間抽空聊了幾句。「我跟保羅說，這樣的比賽就像是老電影的故事。我們是歷史的一部分，是柏德與魔術強森那種歷史的一部分。那些古老的遊魂依然在球場間飄蕩。」他可能已經是NBA最恐怖的得分手了，但還沒有學會如何帶隊獲得勝利。科比獨挑球隊大樑的前12戰，湖人3勝9負。

科比不可謂不努力。開季五戰，他單場籃板沒低於過10個；對快艇和拓荒者，他分別是33分15籃板12助攻和33分14籃板12助攻，連續大三元。對塞爾提克，他41分；對勇士，他

45分；對火箭，他46分。可是湖人總是贏不了球。

2002年11月底，鯊魚復出，一派輕鬆：「好了好了，鯊魚老爹回來了，一切都會好起來的，對吧？」3週之後，2002年12月13日，湖人的戰績是10勝15負——鯊魚和科比合力，也只讓湖人6勝6負而已。

事實是：湖人老了。福克斯、歐瑞和蕭滿手冠軍戒指，輕裘肥馬，已經不復1999年對勝利的饑渴。他們也厭倦了給鯊魚與科比做炮灰。湖人的角色球員防不住快攻，射不進三分——2003年1月4日，湖人敗北太陽之戰，三分線外21投僅有2中。

12月6日，湖人打了場經典之戰：他們一度落後小牛30分，科比前三節只得6分。

一種說法是，當時發生了以下對話，鯊魚無法理解：「你怎麼了？」「隊友們抱怨他們沒機會投籃，那就讓他們投吧。」科比說。鯊魚把這話告訴了禪師，禪師跟科比溝通了。於是第四節，科比8投全中，單節21分。湖人第四節打出44比15的超級高潮，105比103製造了神奇逆轉。但這一戰後，湖人角色球員們開始竊竊私語：「這個球隊，到底怎麼了？」

2002年12月26日，鯊魚和香妮結婚了。可是湖人依然水深火熱。

2003年1月，鯊魚忍受不了了。他公開發言：「媽的，給我八個想贏球的隊友，就這麼簡單！」

2003年1月7日，湖人戰西雅圖超音速。開場，科比還給鯊魚吊傳，但之後：科比接鯊魚傳球，弧頂三分得手。科比再次接鯊魚傳球，再次三分得手。覺得手感不壞，於是第二節後半段，科比試探性地又一個三分。西雅圖派歐洲人雷曼諾維奇來對位，科比看雷曼諾維奇站位後，抬手又一個三分。全場洛杉磯球迷都在尖叫，科比性起，又一個三分球，接著又一個——僅僅第二節最後三分鐘，他就是四個三分球。下半場，西雅圖並沒記住教訓，於是科比又一個三分球，平了球隊歷史紀錄。一次快攻反擊中，科比繞掩護，抬手又一個三分球——他進入了迷醉狀態，展開雙臂飄搖著。超音速繼續夾擊鯊魚，於是科比投進自己第9個三分球。全場球迷都在高唱科比的名字。第三節末尾，科比橫向運球擺脫，第11個三分球——到此爲止，他三分球14投11中，追平NBA歷史紀錄。

這是他2002年夏天苦練的結果：比以往出手點更高、更靠後、更不易防守的投籃姿勢。第四節，雷曼諾維奇已經知道科比只想投三分了：面對高他10公分的防守者，科比左手運球晃動，然後強行拔起，又一個三分球——創NBA紀錄的單場第12個三分球得手。全場45分。

當然，並非每個人都是高興的。

2003年2月，禪師因爲腎結石摘除手術，暫時離隊。2003年2月28日，湖人在敗給西雅圖後，更衣室裡沒人能阻擋鯊魚發飆。

當晚，科比27投10中得到34分，而鯊魚13投7中。聯盟首席中鋒生了氣，對著西雅圖那些唯恐天下不亂的記者大聲傾吐：

「我很生氣嗎？當然，我當然生氣了！但我也不知道，別問我這些該死的問題，我根本就找不到答案。別問我爲什麼他們不把該死的球傳給我，我也不清楚，去問其他的人吧……我的出手次數應該不止13次，你們把這一點寫下來，我需要更多的出手次數，而不只是該死的13次！鄧肯從來都不需要向他的隊友們要球，爲什麼我就非得這麼做？」

科比解釋說：

「當我們落後20分時，比賽便顯得艱難。鯊魚看起來不太對勁，他似乎正爲傷病所困……。」

這次爭端後，科比並不打算太給鯊魚面子。2003年2月，科比在連續9場中得到40分以上。這9戰中，湖人7勝2負。湖人戰績重新抬升。

他們不是第一次吵了。2001年鯊魚吼出「把球傳給我！」時，他是洪荒巨獸般的中鋒，科比是一個聯盟第二隊後衛。而2003年，鯊魚的腳趾和體重泥沼般纏著他的腿，科比卻在創造一系列得分紀錄。指望科比自覺妥協，實在不可能。2003年3月，鯊魚又一次發出了求和信號。3月27日，擊敗亞特蘭大老鷹後，鯊魚高呼：「科比就是MVP！我們擁有他眞是太幸運了！」

3月28日，湖人對陣華盛頓巫師。科比最後一次對決麥可．喬丹。當晚，40歲的喬丹20投10中，得到23分，而24歲的科比面對防守他的史代克豪斯，29投15中，得到55分。

2003年4月，湖人聞到了季後賽的味道，習慣性地甦醒了。7勝1負結束例行賽，將戰績提升到了50勝32負。

鯊魚出賽67場，場均27.5分11.1籃板3.1助攻2.4阻攻。他的罰球率神奇地達到了62%。聯盟第一隊，以及第三次防守第二隊。科比場均得分首次壓倒鯊魚，聯盟第二的場均30分。

季後賽第一輪，湖人遭遇明尼蘇達灰狼的過程相當不順利。首場科比39分、鯊魚32分，讓湖人旗開得勝。可是第二場，鯊魚和科比各27分，怎奈替補們合計16分，湖人被灰狼119比91血洗，凱文・賈奈特35分20籃板7助攻威風八面。第三場，鯊魚28分加科比的30分依然敗在了賈奈特的33分14籃板之下。

第四場第三節後半段，灰狼74比63領先。那時，似乎他們將要贏下這場，3比1領先湖人了。但是，用鯊魚的話說：「我們需要這場比賽，我們的背已經貼到牆了，退無可退。」

第四節變成了賈奈特與鯊魚＋科比的對決。比賽最後剩35秒，賈奈特跳投得手，95比96，但鯊魚抓到進攻籃板後得手，湖人98比95領先。賈奈特再次翻身跳投，但科比兩個罰球鎖定比賽。湖人102比97取勝。2比2。賈奈特竭力得到了28分18籃板5助攻，但是：鯊魚34分23籃板6助攻，科比32分——這就是所謂的「王牌組合」。

灰狼錯過了最好的機會，第五場湖人沒有留情面。科比32分，鯊魚27分，賈奈特得到23分16籃板但無濟於事：湖人120比90大破灰狼，3比2。科比很得意：「這種比賽就要看經驗了。我們很了解該怎麼處理，如何對對手施加壓力。」

賈奈特依然硬氣：「我們在洛杉磯贏過球，我們可以去贏第六場。」可是第六場，科比在第四節得到14分，全場31分8助攻，鯊魚24分17籃板9助攻。賈奈特得到了18分12籃板5助攻3抄截，但沒辦法，灰狼85比101敗北。

「我很失望。」賈奈特低著頭，「我們在系列賽裡做了夠多的事，我們給了湖人許多麻煩。但他們在需要的時候可以瞬間提升水準。」桑德斯教練則說了另一個細節：第六場，科比與鯊魚合計得到55分，送出17次助攻，就是說，「他們球隊得了101分，但有89分是與那兩個人有關係的」。但你可以從另一個角度思考：湖人需要科比和鯊魚得到55分送出17個助攻才能贏球——其他人呢？

2003年西區準決賽，洛杉磯湖人連續第三年，五年裡第四次，遇到了聖安東尼奧馬刺。老熟人「雙塔」又過來了。但這一年的湖人不再是以前的湖人；同樣，這一年的馬刺也不同了。西區準決賽第一場，科比得了華麗的37分，但湖人82比87敗北。理由？湖人其他主要球員也就投了40個球，鯊魚出手20次，科比出手多達38次。對位科比的布魯斯・包溫極其狡猾：他幾乎是誘惑科比跳投，但絕少犯規——全場比賽，科比只罰了兩個球。雙方你來我往僵持到最後半節，馬刺一波7比0甩開了分差，鯊魚犯滿退場後，湖人再沒機會了。鄧肯28分8籃板7助攻。

鄧肯認為吉諾比利是大功臣：他得了15分，三分球3投3中，外加4個抄截，馬刺替補得分遠超湖人，28比4。鄧肯如此說吉諾比利：

「在我們需要的時候，他是個偉大的發動機。」

第二場，包溫讓科比得到27分，24投9中，與此同時，自己得了27分——投進創馬刺隊史季後賽紀錄的7個三分球。馬刺114比95大破湖人。包溫帶著一副「我一點都不開心」的表情說：

「這是我打過最好的比賽！」

吉諾比利連續第二場發威：他在第一節就得到10分，讓馬刺31比18領先，全場17分全隊第二。鄧肯只出手10次，12分13籃板7助攻，帕克27分鐘裡9投5中得到16分。馬刺多達六人得分兩位數。

1999年以來第一次，馬刺2比0領先湖人了。

馬刺的防守大師，那邪惡又狡猾的布魯斯・包溫，起到了作用：科比兩場比賽用了65次投籃只得到61分。

包溫是個道地的草根球員，使用一切狡猾的招式。總是站姿標準，屈膝抬臂，而且動作比對手積極，看上去緊張不已，一直在扭動：平步，前後步，抬手遮眼，揮手干擾，小跳不停，時常搖擺腦袋，跟隊友交流。這動作不好看，讓你覺得他雞毛當令箭，咋咋呼呼特別緊張，但這就是他的風格。

包溫很明白：籃球的防守，全仗細節；每一次對手突破成功與否，其實在突破前一瞬間，雙方的腳步站位，已經決定了七八成。他和史塔克頓一樣，表情呆滯得像戴了副面具，但手腳或其他部位正扼在對手最難受的區域。這大概就是他此後在職業籃球歷史中的形象。

和之前那些無惡不作的前輩一樣，包溫有著異乎尋常的聰明，混合著陰險細密的狡猾。如何在上場時間中分配體能，如何和隊友溝通，如何確定在各種突發場合應該做什麼，他的一舉一動都精確而有分寸。他幾乎不犯錯誤，極少賭博，不嘗試那些有風險的勾當。隨時隨地在尋找隊友，尤其是鄧肯的幫助。他不給對手任何可乘之機，了解不同的對手最痛恨的東西是什麼，也了解如何在全場比賽中，保持讓對手痛恨的狀態。在做壞事方面，他就像一個心理學家。

對假動作的判斷力、對投籃者的干擾、預判對手的跑動線路、無球防守時可以輕鬆阻擋對手的要位、刻度一般精準細密的防守步伐，以及柔若無骨般的身體。在賽前，他研究對手，解讀對手的偏好。比賽中，他逼迫對手往協防陷阱裡走，做出最準確的緊逼，逼迫對手到不舒服的地方接球。他有許多疑似的身體接觸，但很少犯規，因爲他太了解裁判、對手和NBA的規則盲點了。

當然，湖人畢竟是王者之師。

第三場，科比39分，湖人110比95擊敗馬刺。第四場，湖人在第二節一度落後16分，但鯊魚和科比瘋狂衝擊禁區，鯊魚29分17籃板5助攻4阻攻23罰17中，科比24投10中但17罰14中35分，湖人扳回，2比2。這場比賽之後，全國媒體開始動搖了：馬刺被扳平了，他們會如過去兩年那樣動搖嗎？鄧肯在第四場36分9籃板5助攻，他還能打出幾場這樣的表現呢？「馬刺隊友辜負了鄧肯，」已經有人這麼說了，「而且錯過了幹掉湖人的最好機會。」

第五場，馬刺上半場已經56比38領先湖人達18分，第三節更一度領先到25分，但湖人的反擊又來了：第三節結束，湖人將分差追到16分；第四節中段，科比的右底角遠射讓湖人77比87只落後10分。此後，鯊魚的罰球、科比的強投三分，湖人84比90落後。

鯊魚再度統治防守籃板，科比右翼擦板命中，湖人88比90落後。馬刺的崩潰，似乎就在眼前。比賽最後24秒，湖人91比95落後。羅伯特・歐瑞，無數次拯救過湖人的歐瑞，左翼三分線外接球。——但這一次，歐瑞失手了。鯊魚撿到進攻籃板，得分而且製造罰球。比賽最後5秒，馬刺96比94領先。科比運球到底角，投籃假動作，包溫起跳封阻，科比轉身傳球給歐瑞，空位無人防守。歐瑞起手投籃。馬刺主場球迷靜默了一秒鐘，然後……爆發出了巨大的歡呼：球彈出來了！37歲的羅賓森飛身而起抓住防守籃板。馬刺贏下第五場，3比2。一向負責絕殺對手的歐瑞，浪費了兩次埋葬馬刺的機會——彷彿是命運的啓示一般，湖人王朝的幸運不再了。第六場，湖人回到了洛杉磯。去年，他們也是這樣2比3落後著國王，進入第六場。

鄧肯首節15分，但第二節幾乎消失；鯊魚上半場轟下21分，湖人半場落後馬刺4分。第三節一開始，科比後仰跳投，比賽打成54平。隨後是鄧肯和鯊魚你來我往的單挑，直到64比62。

那時，似乎只要湖人「OK連線」中任何一個人施展一點神威，他們就能把系列賽扳到3比3。第四場，他們逆轉了16分；第五場，他們險些逆轉25分。但是，馬刺諸將，這一次站住了。包溫上步貼身，靠身高優勢盡量干擾科比的調整投籃動作，使之難以流暢。而科比幾乎是愈挫愈勇，要在一對一場合幹掉包溫。而鯊魚，正被鄧肯和羅賓森困住。與此同時，馬刺那一邊，外圍已不再是費里、「小將軍」強森、波特、安德森這些老式槍手，而是法國人帕克、阿根廷人吉諾比利和史帝芬・傑克森這些2001年招募入行的新銳肉搏士兵，他們很堅強。

當然，還有身爲領袖的鄧肯自己。鄧肯在第三節帶隊拉開分差，湖人無力反擊。110比82，馬刺完成28分的血洗。湖人在主場敗北。鯊魚努力了：31分10籃板，科比得到20分，但鄧肯37分16籃板4助攻。馬刺4比2淘汰湖人，晉級西區決賽。

「如我們所知，提姆・鄧肯是個夢幻般的競爭者！」馬刺主帥波波維奇教練的嗓子都啞了，「第五場和第六場，他的專注度簡直讓我們震驚。他一個人拉著我們贏了這兩場！」

過去三年，戰無不勝的霸王鯊魚搖著頭說：「馬刺更強……今年屬於他們。」

那時誰都不敢斷言，鯊魚和科比，「OK連線」的湖人王朝，至此結束了。只是，鄧肯和鯊魚的角逐，終於有了一次轉折。馬刺擺脫了湖人魔咒，鄧肯跨過了鯊魚，並且最終奪下2003年總冠軍。

反過來，湖人到了要仔細思考一下的時候了。

很微妙，2002-2003賽季，大概是多年來第一次，科比的得分超過了鯊魚，某種程度上，他終於成爲了湖人的主宰。但與此同時，湖人並未能四連霸。當然，2003年的湖人本是強弩之末，強極則辱，但紐約媒體不失時機地提出了一個問題：

「科比成爲首席王牌的話，湖人還能奪冠嗎？」

17 黑暗面

2003年夏，科比和愛迪達的合約結束。他與耐吉簽約，成爲喬丹之後又一位當家巨星。本來，錦繡前程即將展開，可是戲劇性的變故來了。

依時間順序，事件如下：2003年6月30日，科比爲了進行膝部手術，於當晚十點到達科羅拉多州的一家酒店。7月1日，一位19歲的酒店服務生向鷹郡治安官報告科比對她進行了性侵犯。7月2日，科比被帶到醫院進行了未透露內容的檢查。7月4日，鷹郡治安官簽署了對科比的逮捕令，這時科比已返回加州。科比同日飛回了鷹郡會晤警方，在繳納了2.5萬美元的保釋金後被釋放。7月6日，科比被捕一事被公開。7月18日，地方檢察官赫伯特正式向法庭遞交對科比的性侵犯起訴書，不過，科比只承認和那個女孩通姦，並說自己「無罪」。

8月6日，科比第一次出庭。

10月9日，科比第二次出庭，原告律師在庭上透露了一些案發現場的細節，但最終聽證會還是因爲被告律師的質疑而被延期。

忽然之間，科比的形象徹底崩潰了。和當初犯強姦案的拳王泰森一樣：世界並不在意你犯案的細節，只需要你的名字出現在報紙頭條，和罪案、法庭一起出現，就麻煩了。科比當然要危機公關：他握著妻子瓦妮莎的手出席新聞發表會，流淚，送給妻子價值400萬美元的鑽戒。

糟糕的是，在被訊問時，科比曾問警方，是否能私下了結，他說，鯊魚以前曾用這種方式解決過問題。當這句話後來公諸於衆時，鯊魚便被赤裸裸地放在了世界——尤其是他的妻子香妮——之前。

不難想像，鯊魚多麼憤怒：他就這樣被出賣給公衆了。

無論與鯊魚如何起爭執，在2003年之前，科比的媒體形象都還是完好的：還不到24歲，笑容溫暖，以禮待人，不會口無遮攔。2002年3月，專欄作家希莫斯說：「科比是個我們可以帶回家並介紹給自己爸爸的好男人。」

當然會有媒體抱怨，認爲他給出的姿態，都是設定好的商業形象。但沒關係，NBA本來就是個商業聯盟。擺一張好臉，並不是問題。

但2003年夏天之後，一切都變了。

他是個父親，女兒六個月大了。他居然捲入了性侵指控，據說還出賣了鯊魚。忽然之間，科比幽暗的一面展示了出來。

耐吉、可口可樂、麥當勞、斯伯丁籃球都緊張起來：他們每年給科比2000萬美元的場外收入，不想看到自己的金童就此毀滅。但他們無法控制各類負面新聞。在任何一個媒體熱門時段，許多先前不爲人知的故事，都會被翻出來。SFX（全球最大的體育行銷與經紀公司）有人匿名說話：「科比私下待人傲慢冷酷。」類似的言論，顯然讓NBA都開始不爽：他們不希望自己培養的超級巨星被人看作是個壞蛋。

禪師只好說些話，類似於：「科比是個聰明的年輕人。他會從中學到教訓的。」

科比對洛杉磯媒體的說辭是：「你們了解我，你們知道我絕不會做這種事。」

但《運動畫刊》的論調則是：「問題是，科比很少將自己的眞面目表露給大家，所以，我們並不了解科比的眞面目是怎樣。」

忽然之間，一切都開始對他不利了。

本來出這事前，2003年夏天的湖人算是挺完美的：鯊魚給1997、1998這兩年的冤家——猶他爵士的卡爾・馬龍打了電話，他知道史上最偉大的大前鋒之一，年近四十，正爲少一枚冠軍戒指而遺憾。

「來洛杉磯吧，我們一起統治世界。」馬龍來了。史塔克頓的球衣退役儀式留在了身後，卡車音響裡播放著鹽湖城人的唧唧喳喳，魔術強森慷慨地說：「給你吧，大傢伙，32號現在印著你的名字。」而馬龍憨厚地微笑：「在憧憬這麼久後，我很榮幸可以穿上湖人的32號球衣，我也能感受到魔術強森的尊重。但是，應該讓32號繼續掛在橫樑，畢竟永遠不會再有一個魔術強森了……我還是穿11號好了。」

他簽了兩年合約的同時，蓋瑞・裴頓也來了：20世紀90年代最偉大的控球後衛之一，歷史上防守最好的控球後衛。裴頓興高采烈地把兒子帶到發表會，不斷地說：「如果奪冠了，我們會順理成章再打一年，是吧，卡爾？」馬龍微笑。當記者順著這個問題問時，他說：

「我更想只簽一年合約，然後……想聽到他們說：『我們希望你回來。』」

此前一季，裴頓場均20.4分8.3助攻，馬龍場均20.6分7.8籃板4.7助攻。他們老了，但依然是明星。兩位老者是20世紀90年代慘遭公牛王朝鎮壓的受害者，他們不在意舉世喧囂，卻在乎那一點點的光芒——總冠軍的光芒。

「這是鯊魚、科比和禪師的隊伍。我們都知道這一點。」裴頓、科比、馬龍、鯊魚，這是古往今來罕見的偉大陣容。世界在討論的不只是他們要奪冠，而是半開玩笑地議論：「他們能否拿到例行賽82場全勝？」鯊魚笑笑：「卡爾和蓋瑞說得好：讓對手自己選毒藥喝——多有趣啊！」

但是……鯊魚並沒和科比和解。科比因爲鷹郡那事遲誤了訓練營時，鯊魚已經開嚷：「全隊都到齊啦！我就和費雪、馬龍、裴頓一起打球啦！」

2003年年底的形勢：科比還有最後一年合約，他說，自己可能在2004年跳出合約轉爲自由球員——鯊魚的合約則是2005年續簽。

在鯊魚和禪師看來，這似乎意味著，科比想讓湖人在他和鯊魚之間做一個選擇。鯊魚不喜歡他的姿態。鯊魚怨科比自私，科比認爲鯊魚在嫉妒。霸王不想把權柄讓給任何人，包括曾經的小老弟，天才不想再讓自己上升的趨勢受到壓制。可是這對冤家之間終於也有兩個老傢伙出來和稀泥了。裴頓和馬龍異口同聲：

「媒體別指望從這挖出什麼來了。我們就想打籃球。」

在這兩個人若即若離的冷戰間，2003-2004賽季，湖人前

25場獲得20勝5負。多虧了卡爾・馬龍：在場上，他爲籃下提供了技術；更衣室裡，他負責調停這兩張王牌。科比則繼續空中飛人。他的官司，讓他必須不時殺奔科羅拉多州趕聽證會，之後趕飛機回球館，直接上場。

2003-2004賽季湖人的陣容無限美好，馬龍和裴頓的加入讓湖人有了古往今來罕見的偉大陣容。

賽季持續前進，湖人沒那麼平順了：隨著鯊魚、馬龍、科比等人各自零星受傷，湖人在2004年1月受挫，31勝19負進入全明星賽。

多年後，禪師說，爲了對付科比，他去問過心理諮商師。回答是：別批評他，給他積極回饋；不要公開傷害他的自尊。禪師明白，科比處於高度的自我保護狀態，一旦感受到壓力，便會發洩不滿。

2004年1月底，科比在車庫被玻璃窗割傷手指。同一個月，禪師對庫普切克經理表達了他的意願：

「我教不了科比了。」

禪師當時並不知道，湖人已經不打算跟他續約了。2004年2月11日，湖人宣布禪師將不會續約。科比的表達是：

「我不在乎。」

連續第二年，鯊魚作爲替補中鋒出陣全明星——他坐慣的先發位置，被姚明占去了。爲了一泄心頭憤怒，鯊魚在全明星砍了24分11籃板，獲得個人第二座全明星MVP獎盃。

挾著這股憤怒，2004年全明星賽後，湖人一波12勝4負。禪師認爲，科比打得更理智了：「他更隨波逐流融入比賽節奏，而非自己接管比賽。」但是好景不長，一個月後，是非又來了。2004年4月11日湖人對國王，此前三場科比72投24中被媒體強烈抨擊。於是，他忽然不出手了。上半場，他只出手了1次，全場13投3中，得了8分。

「我沒刻意迴避投籃，」他說，「國王的防守很好。」

某個湖人隊友匿名跟《洛杉磯時報》說了句「我們不知道如何才能原諒他。」據說，科比對此極為憤怒，在訓練場上一個個追問：「是誰如此說他？是誰出賣了球隊內部的情感？」

當然沒有答案。

兩天後，科比29投14中得了45分，又一天後31投14中得了37分。他在球隊與法庭之間趕場的鬱悶，他無處發洩的怒氣，都在這裡面了。

2004年4月到來時，湖人的問題還是很多：裴頓的遠射和跑位不適合三角進攻，科比跟球隊還是不合拍。於是禪師被迫改了一些戰術，多製造一些擋拆進攻。鯊魚和馬龍這合計72歲的內線，敏捷度已不夠，所以福克斯說：「我們很難像以前那樣保持侵略性了。」

湖人還是很強大，但四巨頭並沒產生珠聯璧合的化學反應，而且他們有一點老了。裴頓、馬龍和鯊魚不妨歸為「老將」之類。比起當年的魔術、1999-2002年那飛揚跳脫、才華淩人的湖人，這支湖人更依賴經驗、資歷和穩定性了。

賽季最後一場，湖人對決拓荒者。比賽剩1.1秒，湖人落後3分。科比揚手一記三分球，將比賽拖入延長。第二次延長賽最後，科比又一個關鍵三分球，斃命。湖人擊敗拓荒者，拿到賽季第56勝，鎖定太平洋區第一的寶座。

這是本賽季科比被媒體談論的話題之一：彷彿每次媒體談論起他上法庭的事，科比總能打出漂亮比賽。他的訓練時間支離破碎了，但並不妨礙他的手感。

這個賽季，鯊魚每場出手數是職業生涯最低的14.1次，以聯盟第一的58.4%命中率得到場均21.5分11.5籃板2.9助攻2.5阻攻。他的出手和得分都是職業生涯最低，連續第二年輸給科比，是湖人第二得分手。當然，他依然是聯盟第一隊中鋒。科比也依然入選第一隊，場均得分跌到了24分。

季後賽首輪，湖人遇到21世紀首次打季後賽的休士頓火箭。第一場，湖人72比71險勝——科比19投4中，鯊魚的防守讓姚明11投4中10分11籃板，自己17投8中20分17籃板。第二場的鯊魚臉上無光：任姚明19投8中21分，自己9投3中7分。幸而科比救了比賽，全場得36分，湖人擊敗火箭，2比0。

第三場，火箭雙後衛法蘭西斯和莫布里合計48分，加上姚明18分10籃板，火箭取勝。鯊魚25分11籃板，但14罰僅5中。第四場，馬龍神勇的30分13籃板，湖人延長賽取勝。第五場，湖人大破火箭，4比1晉級。順便結束了火箭長達五年的「法蘭西斯—莫布里」時代。

然後，連續第二年的西區準決賽，湖人遭遇了馬刺。

鯊魚首場的19分13籃板5阻攻無法激起湖人的進攻，馬刺88比78防守之戰取下第一場。第二場鯊魚21投15中32分15籃板，可是東尼・帕克30分5助攻讓裴頓顏面掃地，馬刺再勝，2比0。

40歲的卡爾・馬龍站出來了。

史上最偉大的兩位大前鋒在第三場鏖戰，馬龍防到鄧肯14投4中，自己13分6籃板5助攻3抄截的全面表現。鯊魚13投11中轟下28分15籃板5助攻8阻攻的戰績，湖人104比81大破馬刺，1比2。第四場，馬龍再次讓鄧肯13投5中。鯊魚28分14籃板4阻攻，加上科比恐怖的42分，湖人再勝，分數2比2平。

神奇的是，科比在第四場的42分6籃板5助攻，是他在科羅拉多接受完審判後趕回來的表現。這個賽季，每逢上完法庭趕回來打比賽，他總是狀態神勇。籃球成了他的安慰劑。只要他還能在球場上擊敗對手，那麼一切似乎都還沒問題。

第五場，天王山之戰。

時間走到最後27秒。科比前場左翼接球，抬頭看到記分牌70比71。馬龍爲他掩護。六年前全明星賽，科比拒絕了他的掩護，但這一刻，科比運球，繞過馬龍，面對換防過來的老隊友羅伯特・歐瑞，起手投籃，72比71。

但是，這並沒有成爲絕殺。

馬刺邊線送出一傳，鄧肯罰球線上接球，鯊魚緊逼，鄧肯橫向運球。馬龍發覺不對急來補防。就在罰球線上，面對著四條長臂，鄧肯側身把球一拋。球還在空中時，歐瑞已經張開了手臂。

——馬刺73比72反超，球場沸騰。湖人暫停，計時鐘還有0.4秒。

後來的事，就是衆所周知的傳奇了：兩個巨人耗到燈盡油枯之時，大衛出現，扔了顆石子。戴瑞克・費雪，1996年與科比一起入行的後衛，接球瞬間出手跳投，鐘響球進。湖人74比73絕殺馬刺。史上最神奇的瞬間之一。

趁著這一記絕殺的神奇，湖人連翻第四城，4比2淘汰馬刺，進了西區決賽。

逆轉馬刺讓「OK連線」醒來了：報了去年的一箭之仇，證明了湖人依然強大。最後是時代定律：1999年以來，湖人和馬刺誰先被淘汰，另一方必然會拿到總冠軍。

西區決賽，湖人遇到了例行賽MVP凱文・賈奈特領銜的灰狼。灰狼vs湖人的西區決賽第一場，第三節末，湖人一口氣打出11比0鎖定勝局。鯊魚27分18籃板5助攻，科比23分，馬龍得到17分11籃板，而且守到賈奈特只有16分10籃板。老馬龍很得意：

「你得盡量讓賈奈特每次拿球都很吃力，哪怕他不拿球，你也要站在他外圍，不讓他抓籃板。當然他也很棒啦！都被防到這樣，還拿了雙十。」

第二場比賽，灰狼贏球，但後衛山姆・卡塞爾受傷了，只打了43秒。接著湖人在主場兩戰全勝。第五場，賈奈特防守了湖人幾乎所有球員，包括體重幾乎是他一倍半的巨無霸鯊魚：灰狼98比96取勝。但第六場，湖人第四節逆轉，4比2淘汰了灰狼，晉級總決賽。

雖是如此，取勝的湖人依然藏著許多隱憂：德文・喬治被派上先發小前鋒，隨後3場比賽20投4中，三分線外11投1中。

灰狼的全場緊逼防守令湖人頭疼。當球無法到前場時，湖人只能靠科比投籃。

湖人贏的4場中，科比平均出手18次；輸的2場，21.5次——當球隊不利時，就逼迫他更多投籃。

灰狼的瘋狂包夾讓鯊魚從接球到得分都不舒服。實際上，第二到第五場，他的投籃數：10、10、10、11。第五場，他11投6中17分13籃板後，沒好氣地抱怨：「看看球隊都是誰在出手！」

他指的是19投8中的科比。

最讓人擔憂的情況：東區一位教練認爲，湖人已經沒有殺手意念了。「以前，他們落後10分，就會憤怒起來，最後結果通常是他們20分優勢血洗你。如今，你從一開始就打擊他們，湖人就會退縮了。」

禪師的說法：「我們現在又胖又懶。」

而他們2004年總決賽的對手，卻又瘦又勤奮。

2004年夏天，底特律活塞在總決賽等候湖人。三位鯊魚的老熟人在等他。

從波特蘭東渡底特律，五年之中第四次和鯊魚相遇的拉希德．華勒斯；他的替補，1996-1997賽季鯊魚在湖人的替補埃爾登．坎貝爾；最後是賴瑞．布朗——1994、1995年帶領溜馬和鯊魚死鬥，2001年帶領76人敗給鯊魚的老頭兒。

賴瑞．布朗是個老影印機。在活塞，他將溜馬和76人的格式又套了一遍：一個古樸穩定的後衛（當初溜馬的馬克．傑克森，76人的史諾，如今活塞的昌西．畢拉普斯），一個靈活遊走的得分後衛（溜馬的米勒、76人轉型的艾佛森，如今活塞的聯盟第一空切中距離射手漢密爾頓），一個高大擅防守的小前鋒（溜馬的麥基，76人的林奇，如今活塞的普林斯），高大、投射精準、一對一防守優秀的大前鋒（76人的科爾曼，如今的拉希德・華勒斯），一個籃板王、阻攻王級別的內線怪物（76人的穆湯波，活塞的班・華勒斯）。他們構成了2004年的活塞，歷史上最精幹、兇狠、硬朗、頑固的藍領鋼鐵軍團之一。

班・華勒斯是這個軍團的形象代表：世界談論科比、艾佛森、奈許這1996年黃金一代時，很少注意他也是1996年入行的。一個選秀會上無人問津的藍領，一個號稱206公分，實際只有203公分左右，靠掃帚頭髮支撐形象的鋼鐵男人。他的罰球比鯊魚還差，進攻技巧不值一提，但他名下有一大堆的籃板王、阻攻王、年度防守球員頭銜。草根、頑強、拼鬥、防守，這就是活塞。

第一場，鯊魚16投13中12罰8中得到34分11籃板，可是除他之外，湖人全隊57投16中——包括科比27投10中。活塞兩個華勒斯的內線長人陣加外圍的絞肉機防守，讓湖人的進攻停頓了。

第二場，科比轟下33分，一個關鍵三分，將湖人拖進延長，最後99比91取勝，1比1。鯊魚29分。可是第三場，科比被活塞的長臂蜘蛛人普林斯纏住了：13投只有4中，得到11分，鯊魚14投7中14分。湖人被活塞88比68大破。1比2落後。

第四場，湖人知道不能再輸。可是對面拉希德・華勒斯的態度卻像在度假，獨自在走廊裡哼歌。第四場，科比25投只有8中。可怕的不在於他沒有投中的次數，而在於他沒有投中的方式：科比想自己接管比賽，因此不遵循三角進攻，不利用擋拆。下半場，鯊魚終於忍不住怒吼：「給我球！」鯊魚全場21投16中36分20籃板，可是湖人以80比88再敗。拉希德．華勒斯26分13籃板，賽後他依然輕聲哼歌：「嗯，我眞是討厭你呀……」洛杉磯記者問科比：「第五場怎麼辦？」科比答：

「別擔心。」

記者又去問鯊魚：

「科比的信心是否傷害了球隊？」

鯊魚冷笑一聲：

「你問了個狡猾的問題啊，老兄，我沒有答案。下個問題，謝謝。你們今天不可能從我這裡得到答案。我這方面可是老手了。至少今天你得不到答案。」

第五場，馬龍因傷缺陣。湖人沒能創造奇蹟。鯊魚13投7中20分，科比21投7中24分。湖人87比100敗北。活塞4比1取勝，拿下了2004年NBA總冠軍。昌西．畢拉普斯成爲歷史上最草根的總決賽MVP。

── 這也是1998年喬丹之後，第一個既非鯊魚、又非鄧肯的總決賽MVP。

底特律活塞完成了大衛擊倒歌利亞的勝利，史上最偉大的藍領奇蹟。而洛杉磯則有許多事要處理了。

18 鯊魚東遊

在史坦波中心，科比和鯊魚的衣櫥在直角的兩端。這也許是命運的暗示：他們總是離得最遠的那兩個。比賽之後，觀衆散場。他們像演完戲的台前情侶，各自離開，彷彿走在平行線上，永不相交。

他們之間沒有友誼，就像猛虎不會停步去齧食青草。他們是湖人的雙隊長，外加一個瑞克・福克斯。但科比和鯊魚不會每天坐在一起，為了球隊的未來討論。他們都敏感而好勝。賀瑞斯・格蘭特說過，「當一支球隊同時擁有兩位具有統治力、個性鮮明、渴望成功的球員時，難免會有些摩擦。」鯊魚張揚地宣示自己是超人，而科比在球場上則熱愛模仿喬丹，甚至是慶祝手勢。他們都有本事在不高興時使整個球隊形同地獄。當他們的組合無法帶來勝利時，彼此的暴戾便會伺機而動。

如果追本溯源，鯊魚對科比的情緒，其實類似於他少年時對其他孩子的抵觸。那些靈活的、小巧的孩子都喜歡捉弄他、辱罵他、嘲笑他。也因此，他總是要誇飾自己的強大，來展示壓倒性的優勢。他討厭被科比騎在頭上，討厭被任何人騎在頭上。

而科比則從來不相信任何既定的權威。

2001年出版的傳記《鯊魚的回擊》中，鯊魚如是評價科比：「偉大的小兄弟。」與他的關係「猶如一段漫長艱難的旅程，而且還在繼續」。2003年敗北馬刺，王朝終結，餘音嫋嫋。2004年四巨頭的敗北則是時代的正式結束。他們倆的旅程終於到了盡頭。

2004年夏天，禪師離職。科比在2004年合約到期。此前，他高調宣布了他考慮去快艇。這意思很簡單：

他不想再給鯊魚做手下了。

2004年夏，32歲的鯊魚還剩一年合約。然後他發現，湖人管理階層忙著圍繞科比說話。鯊魚生氣了。

「交易我吧！」他吼道。

三年之後，即2007年夏天，媒體披露了當時的眞相：湖人老闆傑瑞・巴斯親自從義大利打電話告訴科比：「鯊魚走定了，我不願付那麼多錢給他。」你可以這麼理解：對2004年的湖人來說，科比26歲，鯊魚32歲。既然水火難容，那麼單看年齡便可取捨。湖人開始兜售鯊魚，他們跑去向達拉斯小牛問價：「鯊魚換德克・諾維茨基，如何？」小牛老闆馬克・庫班答：「門都沒有！」可是，東區有人宣布願意接盤了：邁阿密熱火的派特・萊里，禪師之前湖人隊史上最偉大的總教練，20世紀80年代湖人王朝的締造者，接過了鯊魚。

於是2004年7月14日，一切塵埃落定。32歲的鯊魚去到邁阿密熱火，而湖人獲得二年級小前鋒卡龍・巴特勒、曾被認爲「有魔術強森資質」的拉瑪・歐登、已經老去的鐵血前鋒布萊恩・格蘭特，外加一個第一輪選秀權。

很簡單，這是一次王朝級別的交易。湖人在1948年獲得麥肯，1968年獲得張伯倫，1975年獲得賈霸，1996年獲得鯊魚，這四位帝王級中鋒都令湖人登上過聯盟巔峰。只是，前三位終老湖人，成爲光映史冊的巨人，而鯊魚，一屆例行賽MVP，三屆總決賽MVP，史上最偉大的中鋒之一，卻中途被賣走了。

如此這般，與湖人的七年情仇結束，鯊魚去了東海岸。

第四章　黑曼巴

19 低谷

2004年夏天，鯊魚東遊。這也是湖人的最後選擇。他們不願意給一個32歲的中鋒頂級薪水了，他們選擇科比。一如1996年拋棄狄瓦茨得到科比一樣，2004年他們也可以放棄鯊魚。對科比來說，與鯊魚的漫長爭鬥，最終獲得了勝利。但他自己的情緒，則無人可知。

2004年7月16日，科比正式宣布他與湖人續約，得到了一份爲期7年、價值1.6億美元的天價合約。9月1日，法院正式宣判科比無罪，科比的性侵犯案訴訟到此結束。

湖人屬於他了。但他得到手的湖人，卻已不是2004年夏，與冠軍只差一個卡爾・馬龍的王朝球隊了。

首先，蓋瑞・裴頓離開了，這或許並無大礙——裴頓並不適合湖人進攻體系已是一目了然。但接下來，科比失去了卡爾・馬龍，而且原因堪稱詭異。2004年11月24日，養傷期間的馬龍穿著他在鹽湖城時代便慣常的牛仔服去湖人主場看球。凡妮莎問道：「牛仔，近來在獵豔嗎？」她問了兩次，馬龍在第二次回答：

「我正在尋找可愛的墨西哥女孩。」

講西班牙語的凡妮莎以爲此話是在針對自己（墨西哥人講西班牙語），於是把此事告知了科比。此後，出現了不同的故事版本。科比的版本是，他第二天打電話給馬龍，想把事情給解決，但他失敗了。而馬龍給《洛杉磯時報》的說法是，科比第二天打電話來，只是反覆地威脅他。

與科比以往的大多數事故一樣，溝通沒成功。他倆去洛杉磯的電臺做節目，繼續唇槍舌劍。馬龍堅持說是誤會，而科比把話題引到了馬龍養傷時間太久上，於是戰線拉長。當初在更衣室裡，經常調解鯊魚與科比糾紛的卡爾・馬龍終於厭倦了。在科比表態和馬龍斷絕私人來往後，馬龍乾脆退役了。

和2003年夏，因爲一句話而傷及鯊魚一樣，2004年初冬，這場是非繼續損害著科比的球場形象。一部分媒體相信，是科比逼迫馬龍退役的，雖然馬龍退役對他而言並無好處。

牆倒衆人推，當他的形象已漸抹漸黑之後，以往的故事逐漸被翻起。禪師在離開湖人後出版了自傳——《最後一季》。不在其位，不謀其政，他足以滿足公衆的好奇心。在那本書裡，關於科比和鯊魚的故事，有以下的經典段落：

「去年春天，一次球隊會議。隊長之一瑞克・福克斯對科比和鯊魚抱怨：『這一季我們之所以糟糕，是因爲你們倆都表現得像是脫離了我們球隊，於是我們的狀況如此糟糕……』當鯊魚打算就這點談他的責任時，科比乾脆地打斷了鯊魚：『停止你的嘮叨。』於是我插了進去：『科比，你至少得和他承擔同樣的責任。』」

「我始終關注科比什麼時候才能眞正成爲一個……嗯，

一個成年人。」「當我試圖說服科比，別再朝場上的隊友們大呼小叫時，他對我說：『這都是廢話，他們的緊張焦急都是你造成的。』」「科比得了25分，用了27次投籃（2004年總決賽）。他不切入籃下，卻執意面對普林斯採取那些高難度跳投。他並不知道如何更正確地進攻。」「我對他說：『你不能那樣傳球。』他則回答：『好，你最好教那群狗娘養的傢伙們如何跑好進攻。』」「我勸歐尼爾做一些事時，他會不樂意，會抱怨，但最後會執行；而科比，他嘴上答應，但到了場上，依然我行我素。」

總決賽敗北、鯊魚的離去、馬龍的退役、菲爾·傑克森的自傳，2004年對科比來說，是無比黑暗的年份。他並無用嘴回擊一切的習慣。他終於擁有了他的球隊，他指望用表現來回擊所有的質疑。

但結果確實不那麼美妙。

湖人新來的拉瑪·歐登，曾經是天才少年，1995年就和科比搭檔過了。他的命運相當不順：12歲時母親過世，父親沒把他當過兒子；高中轉過3次學，進NBA時被洛杉磯快艇——當時NBA歷史上最倒楣的球隊——選中。他天賦異稟，有208公分身高，肩寬手長協調好，高中裡打控球後衛，可以打5個位置，左撇子。背身、面框、遠射、突破、籃板樣樣都行，傳球視野寬，舉手投足優美。可是，他從性格到打法都不太穩定——還特別愛吃糖。

2004年12月14日，湖人敗給了超音速。科比開場兇猛，得到全隊20分裡的15分，全場35分。比賽後半段，他追擊一向不睦的同屆生雷·艾倫，蓋了他一個火鍋，低頭怒視。背後，超音速的路易斯撿起球上籃，科比都不在乎，他只想表達對雷·艾倫的怒氣。之後，超音速派出108公斤的彪形大漢雷吉·埃文斯來對位科比時，科比口中唸個不停：

「我能搞定他！我已經很強壯了，已經有103公斤了！」

第二天，雷·艾倫說起了這件事。他認爲，科比想證明自己，科比想讓世界知道，沒有鯊魚，他依然很棒，卻因此忽略了其他人：「他並不愛說話，他那些垃圾話，是爲了說而說。他希望別人意識到他有多強大。」

魯迪·湯姆賈諾維奇教練帶湖人打了半季，中途離職。湖人顚簸起伏，思路震盪。科比依然擁有超卓的個人能力。他的進攻能力依然所向無敵：全聯盟最豐富的進攻手段，新發展出來的後仰三分。賽季場均27分6籃板6助攻的全面表現。似乎一切都與以往差不多。

但勝利卻每每從指縫間溜走了。

鯊魚換來的歐登和巴特勒都有著不錯的發揮，然而，湖人卻沒有一套完整的運轉體系。一如剛失去鯊魚的奧蘭多魔術一樣，科比並沒有明確自己的定位。在進攻端，他想如魔術強森一樣包攬一切，結果耗盡了體力，導致防守端出現歷年最差的表現。

2004-2005賽季的科比，似乎急於證明自己似的，心態變化巨大。偶爾一節獨自橫行，偶爾一節完全不投籃持球組織。他彷彿極想同時證明自己的強大、無私和無所不能。他在和媒體所塑造的、妖魔化的科比·布萊恩搏鬥，於是，他場均有高達4次的失誤。

科比確實擁有聯盟中最超卓的個人技巧，但2004-2005賽季，他打完職業生涯第九個賽季了，卻發現有許多事，自己得從頭學起。以往，他習慣與鯊魚一起奪冠，從沒嘗試過從頭做起，帶一支平凡的球隊，從低谷往上爬。2005年夏天，湖人面目模糊，成色不清。而在場外，科比繼續承受自2003年夏天以來媒體的抨擊，罪名是「自私」、「拙劣的領導能力」，諸如此類。

2004年聖誕大戰，NBA特意安排了邁阿密熱火對陣洛杉機湖人，不言而喻，這是要看鯊魚和科比的好戲。鯊魚在第四節犯滿退場，但邁阿密挺住了：他們在延長賽裡搞定了比賽。鯊魚的新搭檔，小科比四歲的「閃電俠」德韋恩・韋德得到29分10次助攻。科比得到了42分，但最後時刻，他企圖追平比分的絕殺沒找到籃框。

「我最後沒能找到投籃的平衡。」科比說。

鯊魚卻很快樂。

「沒扣籃，沒上籃得分，」他如此評價湖人，「每個人都是，尤其是那個人。呃，那個人嘛，我不想說他的名字。」

至於那個錯失的絕殺？

「那個嘛，我知道不可能投進。這叫作俠客・歐尼爾的命運詛咒。」

那是邁阿密的第11連勝。而且，一如鯊魚所詛咒的，湖人在例行賽最後21戰2勝19負。開賽時一度9勝6負的好局被葬送，2004-2005賽季，湖人34勝48負太平洋區墊底，直接跌出季後賽。這是科比離開鯊魚，作爲球隊領袖的第一個賽季。職業生涯以來，他第一次例行賽結束後便偃旗息鼓。

27歲時，科比・布萊恩特度過了職業生涯迄今最糟糕的一個夏天。

20 對抗世界

2005年夏，禪師歸來了。——往前推半年，沒人想到他還會回來。如果他們是性格單純的一對師徒，那麼，禪師那本自傳《最後一季》，應該割斷了他和科比之間所有可能的後路。幸而他們都是見過世面的傢伙。

禪師與湖人老闆吉姆・巴斯談判，確認了自己將得到更多的許可權，於是，他回來了。一個首要舉措是：2005年選秀會，在禪師的要求下，湖人以第十順位選秀權，摘下了高中畢業生中鋒，218公分的安德魯・拜南。

2005年秋天，當禪師與科比在一個酒店大廳重逢時，科比走向禪師：「噢，你在這裡。」這對曾經無法相容的冤家擁抱了。然後是照相，接著是對坐聊天。「我一直都很喜歡在菲爾的手下打球，我們的確有過分歧，而且也並不總是看上去很和諧，但是在大部分時候，我們都是在同一條船上的。」科比說。他們彼此很給對方面子，至少在外界面前。科比訓練時，帶著平時不多見的微笑，而禪師則對媒體強調，科比有能力競爭例行賽MVP，湖人擁有科比便可能競爭總冠軍。他們在訓練中摻雜了許多交流：當禪師提醒科比防守端有問題時，科比會放大音量，叫道：「OK！」

在經歷了2004-2005賽季的低谷之後，科比或許相信了：只有禪師可以給他帶來冠軍。於是，他們彼此妥協了，遺忘了過去的仇怨。就像鯊魚和科比彼此稱兄道弟的那三季。

2005年11月7日上午，科比・布萊恩結束了新賽季的第三場比賽。31投16中，沒有一次三分球出手，他取下了37分。湖人20分大破金塊。2005-2006賽季的前三場比賽，他場均取下36分以上，命中率接近50%。

27歲的秋天，科比又一次發生了變化。他開始表現出信任隊友，開始放棄投射三分球的企圖。內線腰位的持球，背框腳步輕盈晃動，隨即迅速而協調的後仰跳射。整整十年前，另一個身材相似的身影重複著同樣的動作，並在賽季末取下72勝，叼起不可一世的王朝雪茄。

他真的開始像職業生涯晚年，那個克敵而高效的喬丹。

當時，遠在金州的前隊友戴瑞克・費雪這麼說：

「我真希望他可以從壓力中解脫出來。科比，他可以重新成為傑瑞・衛斯特看中的那個在賓州打球的孩子，可以表達對籃球簡單的熱愛。」

「那就是當時的我，」科比回憶以前時如此說道，「我的成長和成熟的過程，和一般人沒區別。我爭取在我職業生涯結束時，每人回顧我的生涯時說：『是的，他的確有過壞的評價。但絕大部分的時候，他都能很優雅地處理一切。』」

然而，媒體沒有放過他。2005年秋天，當他顯示出優雅、從容和克制時，媒體認為他無非在改善形象，以便找回失去的那些廣告合約。「他不想顯得他是個壞蛋。」這是一個基本動機。

難以避免的一個話題：科比究竟在追求什麼樣的道路？他在走著一條充滿傳奇色彩的道路，而這漫長的故事，幾乎時時刻刻，都流散著另一個人的光芒，如影隨形。2005年例行賽開幕戰，對金塊射中壓哨投籃後，他跪下來，敲打地板。他很清楚地知道這個動作會讓人們想起誰：那是1995年剛復出的麥可・喬丹做過的動作。

科比當時在想什麼？

他從來不會刻意談論自己的形象，但不代表他不在乎。恰恰相反，他對他人的評價極其在意，他甚至可以透過不投籃或刻意的整節傳球來展示，他時時刻刻注意到媒體和周遭輿論的存在。許多時候，他表現出來的也許並非自己，而是希望自己成爲的那一類人。在義大利留居的歲月使他的性情與黑人迥然有異。他不具有美國人性格裡粗莽、熱血、漫不經心和奔放的性情。即使有時表現出的熱血沸騰，都像是刻意的表演，比如，和鯊魚的狂熱擁抱。

在喬丹的23號球衣成爲全世界圖騰的輝煌時代，可以想像，那個背影永遠地刻入了科比的記憶，而且永遠在那裡。科比很追求完美的儀態，比起其他NBA球員的粗莽，他的球風和表情簡直有歐洲式的貴族風度。但骨子裡，他依然希望輕鬆而沉默地，依靠強大的能力擊倒對手。

2003年，他握著妻子的手，對媒體談論自己的忠誠。不僅是需要對媒體，也需要對自己有一個交代。某種對於優雅風度和自我完美主義的執拗俘虜了他。他需要讓自己覺得，自己是完美的。而他的完美標杆，只有一個人。他一直在追隨著那個人的路徑走，無論如何否認。事實上，他並不具有圓通練達、具有自我調整傾向的聰明。

對他而言，總冠軍、榮譽，甚至籃球本身，也許都並非決定性因素。他需要的是自身形象的完整，在自我暗示的意識之中，那個不斷遵循他偶像的道路前進的歷程。並適時改變風格。勒布朗·詹姆斯出現之前，好像還沒有哪個高中生會那麼頻繁而狂熱地在夏季訓練，然後，走過那麼多曲折的彎路，來逼近自己心目中的風度。

2005年，科比也許是這個星球上技藝最嫺熟、最優雅的籃球選手了。他完美地扮演著自己，用理想主義的標準。福克斯當年說過，科比和喬丹相似，都偏執好勝。但喬丹有著美國人的典型優缺點：瘋狂的好勝心，暴怒狀況下的歇斯底里，賭博的膽識，以及永不消滅的熱情。而科比·布萊恩更在意征服自己。他比喬丹更完美主義，以至於他釋放在鏡頭前的激情，有時並不是純出於自然。

他是這個星球上最接近王座的王子。他有著前朝帝王的全副氣度和本領。對喬丹的模仿曾經模糊了他自己，也模糊了他的目標。一直隨著23號的步伐和媒體的論調亦步亦趨。那附體的陰影已經成爲了他的靈魂。那個優雅和傳說的夢想使他成爲了今天的布萊恩，也將其他小徑分岔的可能性一掃而光。

2001年以來，他與鯊魚的爭執，他的法庭訴訟，都在慢慢改變他的形象。他不再是個優雅完美的王子，無法似水無痕地征服一切了。世界需要他露出殘忍本性來。

2005年11月，科比忠實執行著低位進攻者的模式，甚至是過於忠實。賽季前8場，他的進攻克制甚至謹慎，一共只有6次三分出手。然而，3週過後，球隊卻是4勝6負。93比96敗北公牛後，科比生起氣來：

「我眞不想投那麼多球。其他球員都得在進攻端做點貢獻才是。」

於是，他作爲三角進攻低位發起點的命運到此結束了。4天後，對陣西雅圖，科比變成了另一個人。他隨心所欲發揮自己的進攻能力。三分球5投4中，全場34分。超音速無力抵擋，任他胡作非爲。

就此，魔鬼的瓶口打開了。

那一季的湖人，後衛是平庸無能的斯馬什・帕克。他們可以依賴的進攻組織者，是才華橫溢，然而精神不太集中的歐登。於是，2005年12月開始，湖人開始了孤注一擲地委託：他們把球交給科比，然後，任由他一個人來解決問題。

這就是禪師的安排了。不需要如2004-2005賽季那樣組織球隊，也不必強做低位點。盡情發揮自己的得分能力吧，科比，整個湖人爲你擔任配角！

於是，那個冬季開始炫人眼目。歷史上屈指可數的單人殺戮遊戲，在全美國的各個城市上演。2005年12月12日，湖人對小牛，科比43分。四天後，對巫師，41分。

12月20日，湖人主場再戰小牛，科比開場撿到進攻籃板後跳投，隨後是右翼試探步後再跳投。後場撿起球後，科比一條龍推到前場，晃動後翻身上籃，再連兩個中距離跳投——半節時間，他得了10分。

今天似乎手感不錯啊。

於是科比底線突破，空中晃過高他半頭的迪奧普上籃。再次抓到進攻籃板，他迅速擺脫丹尼爾斯，然後空中撞開迪奧普，完成三分打。

速度、力量、技巧，全部體現出來了。

之後是他一系列罰球，然後是面對丹尼爾斯的強行三分球——他招牌的半後仰高出手點滯空投籃，是無視對手防守的。

科比在第三節用一個華麗的突右晃左假動作晃飛約書亞・霍華德，跳投得到個人第46分。反擊中穿過霍華德和諾維茨基，翻身上籃48分。半分鐘後，兩個罰球，他得到個人第50分。第三節剩26秒，科比一個滯空跳投，個人第58分，球進哨響，加罰。科比罰中第59分。第三節結尾，科比右翼切出，揚手三分：個人第62分。湖人95比61領先。

科比將右手放在耳邊，然後一拳捶在自己胸口，連捶5下。他沒有笑容，只有憤怒：三節比賽62分，一個人得分勝過達拉斯小牛。第四節他不打了。

世界沸騰了。這種殺神附體的姿態，只有1986-1987賽季的喬丹、20世紀60年代的威爾特・張伯倫與埃爾金・貝勒曾經出現過。令人感到刺激的是，每天你收聽關於湖人的新聞，都可能聽見40分、50分，甚至60分。2005到2006年的冬天，科比vs世界的遊戲在全美國到處上演。一切「一個人無法戰勝一支球隊」的陳腔濫調，在這個冬天消失了：

科比可以對抗一切。

他還樂此不疲！

於是，2005年12月28日，科比對曼菲斯灰熊的45分甚至都不怎麼顯眼了。2006年1月6日對費城，科比29投19中48分。第二天，41投17中，50分。再過兩天，32投14中，45分。又兩天後，在波特蘭，41分。科比的表現，彷彿一個巡迴演出，全美國球迷都在談論：「今天我們去看科比得40分、得50分吧！」

這一年，科比開始雕琢起他獨一無二的投籃姿勢。2000年夏天，他練成了高起跳、高出手點、略帶後仰的滯空跳投，專門用來應付對方的高強度防守。他的右手突破急停跳投和左手突破急停跳投，動作甚至全然不同——左手突破急停跳投比較順勢，收球即可；右手突破急停跳投時，他通常會雙腳平行起跳，空中扭轉到右肩靠前（還經常要踢右腿保持平衡）。

他可以從球場任何角度，隨時出手投中球。

他華麗的大幅度變向運球面框突破，是2000年之前就縱橫天下的。

2002年之後，他的射程遠到幾乎無限。而2005年，他一身橫練肌肉，外加那無可封阻的後仰投籃，讓他可以用背身碾壓對手：

——比他高的人，速度沒他快，一個橫肩直接碾過去。

——比他重心低的人，科比可以左右翻身隨意跳投。

故事在2006年1月22日，有了一個短暫的停歇——並非句號，只是，那一天之後，有許多爭論、許多事或許可以暫時告一段落。

那一天，多倫多暴龍成了醜陋無比的配角。

的確，經歷過那段時間的人們都會有這種恐慌。每天上網點開新聞，都會盼望——或恐懼——看到科比得到50分、60分……他總會得一個匪夷所思的分數的。世界都在指望。就在那一天，成真了。

這可能是彩色電視轉播史上，經歷過的最偉大的得分盛宴，除了某些人——在1962年3月2日，在費城的赫西體育館度過夜晚的那些老人們，那晚，他們看見張伯倫得了100分。

科比左翼突破，空中舞動，開始本場的殺戮。罰球線接球，傳球假動作後翻身跳投，第二球。一個中距離跳投得手後，又加上兩次碾壓籃下之後的打板上籃。但那場，湖人不算爭氣：第二節，科比突破，飛翔扣籃得到自己第19分後，湖人還以39比52落後；實際上，上半場，科比得到26分，湖人卻還是落後暴龍14分。

於是，殺戮繼續。

一次襲籃，一個左翼突破後在對方四條手臂上的跳投，讓科比得到自己第30分。然後是連續的長距離追身跳投，一次比一次遠：科比得到41分。右翼持球後，科比運球到底線，投籃假動作，一次，兩次，然後強行起跳，空中扭身，被對手犯規，出手，球進哨響。43分。罰球，44分。下一個回合，科比右翼起手三分球，47分。左翼底線突破，滯空換手上籃，第49分——湖人只以81比85落後了。再兩個扣籃和兩個跳投後，科比得到59分。

湖人已經反超了。

觀眾的角色轉移了。與暴龍的比賽成爲了次要。他們開始明白，這即將成爲四十年來最壯闊的個人得分表演。

於是，「M-V-P」的呼喊開始。

18997個聲音在祈禱，每次科比拿到球，每次他起跳投射便會使人海發生騷動，而每次他沒進都會引發嘈雜的惋惜聲，每次他投中或是遭到犯規，山呼海嘯的讚美聲鋪天蓋地而來。這是整個史坦波中心對他發出的頂禮膜拜之聲，他們恍若置身夢劇場，在觀看地球上最偉大的表演。

之後，是科比繼續獨舞：底線突破，滯空，橫向飄移的出手，61分。罰球，然後是兩個強行三分球。等科比在左翼投中個人第72分時，比賽已經變成了狂歡。科比突破中騎馬射箭得到第74分。

擁有著如克里斯．波許、傑倫．羅斯、麥克．詹姆斯這樣球員的多倫多暴龍，徹底成爲了配角。更糟的是，他們只能配合這場表演。當所有人意識到科比已經開始狂飆突進時，暴龍卻無可奈何。這支列身於NBA的球隊，就這樣被輕易遺忘。所有人都在等待著極限，而那和他們關係不大。

一個月前，禪師在與小牛之戰第四節，將科比留在了板凳上。爲此，有媒體說，禪師可能讓科比錯過了創下得分紀錄的機會。本場最後時刻，禪師對一個助理教練說，他想把科比調下來。「我覺得你做不到，」該教練說，「他已得到77分了。」於是禪師聽之任之，直到比賽剩下4秒時，多倫多給了他一個換人的機會，他才讓科比下場，送上一個慶祝的擁抱。

81分。48分鐘，每分鐘1.7分，事實上，科比只上了42分鐘，那麼每分鐘1.9分。湖人122比104，後來居上解決掉多倫多暴龍。46次投籃，有28次，飛速運動的球找到了籃網的中心，包括13次遠在三分線外的出手，7次中的。對於他而言，糟糕的是，他的罰球紀錄在62次連中處終結了——20罰，18中。到後來，這一切成爲了簡單的資料堆砌：2、2、2、2、2、1、1、1、1、3、2、2、1、2、2、2、2、2、3、3、3、2、1、3、2、2、2、1、1、2、2、2、1、1、1、3、3、2、2、1、1、1、1、1、1、1……上半場，科比「僅僅」得了26分。緊隨而來的，是第三節的27分，第四節的28分。一列飛馳的火車，在地心引力作用下於險峻的高速公路上呼嘯而前，不可阻止。

他，科比・布萊恩，賽後堅持說這是「一場偉大的勝利」，「勝利是最重要的事情」，是否有人在意他的話，這無以揣測。然而，這一場他的得分令人難以忘懷，遠甚於他其他那些突襲不止的夜晚。

這一晚，科比的對手不是暴龍，而是史上所有那些未曾得到過70分的偉大巨星們：麥可・喬丹、賴瑞・柏德、多明尼克・威金斯、艾倫・艾佛森、崔西・麥葛雷迪，文斯・卡特、俠客・歐尼爾、傑瑞・衛斯特、卡爾・馬龍、鮑勃・麥卡杜、奧斯卡・羅伯森、賈霸、皮特・馬拉維奇、喬治・葛文，伯納德·金，等等。

然後，是埃爾金·貝勒的71分，大衛·羅賓森的71分，大衛·湯普森的73分，威爾特·張伯倫的72分、73分、78分、100分。這些名字和數字之上，如今列上了他的名字。科比·布萊恩，81分。他淩駕於一切之上，所有的紀錄爲其所顚覆。

2006年1月22日，科比·布萊恩在籃球世界的一切之上。除了威爾特·張伯倫的100分。

把除了張伯倫之外的世界甩在身後的2006年，差不多可以說，科比達到了他個人技巧的巓峰。

實際上，也可能是整個NBA個人能力的巓峰。

在進攻端，你已甚少看到他早年的大幅度側拉運球。他也並沒有德韋恩·韋德、勒布朗·詹姆斯那樣犀利的第一步，可以用一個反向墊步便劃過對手的身側。低位技術的增長，力量的加強，他更懂得用肩膀做一些細微的動作。他的左右手難分伯仲，甚至可以用左手投三分。於是在運球時，他的肩膀晃動輕緩卻合理，可以在極小空間內把對手甩在身後。

到27歲，他的彈跳力與速度已不及2001年，但他的力量、柔韌性和協調性，卻逐步達到聯盟頂級。他的舒張、重心控制隨心所欲，於是，在無球跑動或啓動時，他的變速、重心高低變化都可以讓跟防者覺得在跟隨一條蛇。

配合他夏季每天2000次的投籃練習，以及他經年累月的一對一自我雕琢。在進攻端，幾乎沒有他做不出來的動作。到最後，遇到不同防守，他的身體便像條件反射般轉換到進攻狀態，其速度之快甚至不需要調整。無論是背框單打、面框切入、無球跑動後接球繞掩護尋求攻擊，他都有無數花招可以展示。他的射程遠達半場的任何地點，而且，他擁有驚人的體能——不如此，無法支撐每場30次甚至40次的投籃。

他的身體條件幾乎純粹出於他對自己的虐待。他可以在一個夏季增重20磅（1磅＝0.4535924公斤），下一個夏天又改換另一種體型。他的球感和節奏感勝於同位置的其他人一籌。他的控球能力甚至可以勝任控球後衛。在任何一個技術環節，他都足夠傑出，而在將之融會貫通時，他便成爲聯盟獨一無二的技巧展示機。

當然，科比的問題，從來不存在於技術領域。

81分之後，他彷彿到達了一個絕頂。張伯倫的百分紀錄非人可及，他自己的紀錄，卻已經足以證明他NBA史上最頂級得分機器的地位。自那以後，彷彿是覺得「在這方面，我已沒有必要刻意說明」一般，他的得分浪潮暫時結束了。

科比又開始了另一種努力。2006年2月，他沒有一場投籃達到30次。他開始在比賽的前三節頻繁助攻，然後在第四節火力全開。但在2月，湖人5勝8負。於是，3月，他重新拿出私藏的利刃。連續4場40分開外的轟擊，整月7場40分以上的個人秀。4月，8場比賽中他5次40分以上的表演，包括對鳳凰城的一場51分，和對拓荒者的一場50分。

因爲科比的蓋世神威，很少有人在意新人拜南。2005年夏天，湖人用第10順位選秀權摘下了拜南，中斷了他去康乃狄克校園橫掃花姑娘的玫瑰色夢境，扔給他一件紫金球衣，讓他成爲洛杉磯陪罵團的成員之一。事實是，這一年，整個湖人都在接受質疑，除了飛天遁地、有的夜晚投出40記球、有的夜晚得到50分甚至60分的科比。

18歲的拜南，入行時還有嬰兒肥，膘肥體健卻不知運用。他骨架龐大，但還沒來得及像卡爾·馬龍似的，往裡頭填塞滿結實的肌肉。而且那時他還小，還熱愛吃義大利臘腸披薩，狂吃漢堡王和百事可樂——海岸另一邊，33歲的鯊魚已經謹慎地遠離這些了。

但是，湖人依然保持著耐心。

這個孩子單純，但並不算笨。他知道最基本的利害關係，比如，當被問到是否吸菸、飲酒或吸毒時，他的反應激烈無比：「絕對他媽的沒有！」

2005-2006賽季，湖人以45勝37負結束例行賽。科比場均35.4分，職業生涯第一度得分王，全季6次單場50分以上。自從1986-1987賽季喬丹那場均37.1分的偉大賽季以來，從未有過這樣一個令人恐慌的賽季。史帝夫·奈許蟬聯了例行賽MVP，但科比當季的個人表現無人能出其右。

雖然，不幸的是在例行賽MVP票選榜上，他只排第四。

對他來說，2005-2006賽季是宣洩般的一季。以往所積累的、對失敗的怨恨，全部在這一季奔流而出。洛杉磯湖人，確切的說是科比·布萊恩隊，被他一手扛進了季後賽。2005年夏，負面新聞堆積如山，但他穿過了這一切，而且把這一切變成了動力。

他每晚的那些出手像刀子一樣砍在質疑他的人身上。而且，與以前一樣，他拒絕從口頭上回應任何抨擊。查爾斯・巴克利對他81分之夜只助攻2次非常不滿，於是整個2月他場均6次助攻。

他得到了他以前所想得到的一切：一個人負載一支球隊，所有人圍繞他打球，無限的出手權力。當然，這意味著他回到了高中時期，他一個人對抗世界，那是他最喜歡的感覺。他是舞臺中心的舞者，所有人爲他伴舞……在NBA歷史上，能承載這樣大的壓力者屈指可數，但的確，湖人居然就這樣挺過了一個賽季。

他終於達到了凌駕NBA舞臺如駕馭高中的場合，至少在個人能力這一領域。而這正是他年少時期，獨自在義大利的球館訓練時所幻想達到的境地。

21 鳳凰城，七戰

2004年到2008年，毫無疑問，丹東尼的太陽是聯盟最值回票價的球隊。他們的比賽瑰麗無比，21世紀以來，也許唯有2001年行雲流水的國王堪與媲美。在2005年和2007年的初春，他們已經接近1985年魔術強森統領的、「表演時刻」的湖人，或者是1986年那支可以把比賽變成舞會的塞爾提克。

史帝夫・奈許，離開達拉斯小牛時，他不過是一個優秀的控球後衛；但是，在到達太陽後，他連拿兩個例行賽MVP。他冉冉上升，如今已經毫無疑問地到達NBA史上十大最偉大控球後衛之列。

奈許當然偉大，但丹東尼爲太陽所編制的體系確實在聯盟前所未有。美國式的快攻代表老尼爾森，在金州和達拉斯推行的政策是，重視攻防轉換速度、大量擋拆後的突破分球，鼓勵尋求錯位進攻和大膽出手。

太陽卻大有不同。

丹東尼在太陽推行的體系，是歐洲人慣用的V字進攻。略加留意即知：小牛、勇士的遠射大多是弧頂，而太陽則更重視兩翼。太陽由得分後衛和小前鋒接近底角三分線站位，大前鋒（馬里安或迪奧）或中鋒（史塔德邁爾）在高位和奈許擋拆。由於射手拉開了底角，奈許、史塔德邁爾或馬里安等人總有非常寬裕的活動空間；而對手試圖包夾總會漏出底角的三分射手，於是奈許或迪奧可以輕鬆地分球。許多人詬病史塔德邁爾的背框強攻不佳，但他卻練出了一手穩準的中距離跳投；馬里安也不是一個單打好手，但2005-2006賽季，他卻可以每場20分。原因非常簡單：奈許是一個偉大的分球手，一個傑出的射手。陣地戰中，只要有射手拉開空擋，他和內線任何一個隊友的擋拆都可以分合自如。

丹東尼的過人之處，是他不但將V字進攻用於陣地戰，而且在快攻場合，太陽的搖擺人也不會像達拉斯一樣急於轟擊籃框，而是整齊迅速地向兩翼落位。於是，你經常可以看見馬里安中宮直進地完成快攻扣籃，而對手的跟防者卻在兩翼回過頭來，面露無奈之色。當然，這套體系必備的條件如下：內線選手擋拆後的攻擊力、偉大聰慧的控球後衛、兩翼射手的威脅度。太陽的進攻並不像老尼爾森那樣講求不要命的速度，更重視的是空間和默契。對付大多數防守體系並不強大的隊伍，可以令對方毫無還手之力。

2006年夏天，西區季後賽第一輪，科比所要面對的就是這個對手。

例行賽，對太陽四戰，科比分別拿到39分、37分、43分和51分。以一人之力摧毀太陽那並不高明的防守，對他而言全然不在話下。只是，這四場，湖人卻只落得1勝3負。

科比已經過了需要靠得分證明自己的時刻，鯊魚在邁阿密正乘風破浪。科比很清楚自己想要的是什麼——自從鯊魚離開之後，他唯一缺的，便是可以令洛杉磯安心的勝利。

眞正戲劇性的卻是，科比對面的丹東尼，1973年入行NBA，1977年回到義大利米蘭，身披8號，成爲米蘭隊史得分王的丹東尼，後來在貝納通開始其教練生涯的丹東尼，是科比在義大利的籃球偶像。

也是他背上所披的，8號球衣，最初的範本之一。

在這個系列賽，科比發生了驚人的變化。

湖人輸掉了第一場，102比107。其實，直到最後時刻，湖人都有勝機。在落後4分時，科比突破被撞倒。太陽的提姆·湯瑪斯承認，當時他打了科比的頭，卻逃過了犯規。此後，奈許的一記遠射讓比賽沒有懸念。禪師在開始教練生涯以來，首次輸掉了季後賽首戰。

令人驚訝的在於，科比全場僅有21次出手，也沒有過多地持球。他把精力集中到了防守端，迫使太陽的拉加·貝爾7投僅1中。湖人輸球了，但進攻戰術出奇的流暢，禪師在賽後非常平靜地說：「至少隊員們獲得勇氣了。」湖人發現，太陽並不是強到無法追趕。第二場，湖人讓鳳凰城鴉雀無聲：第二節，他們一度領先達17分，長達7分半鐘，太陽一分都未得。

科比僅僅出手24次投中12球，29分。對例行賽動輒50分的他，未免過少，但他抓到了10個籃板，送出5次助攻，在防守端過於積極以至於吃到4次犯規。他把精力留在了防守時：大聲指揮隊友的防守站位，親自去對位貝爾、奈許，給誇梅・布朗傳球。

太陽全場命中率低至43%，上半場僅有34%。

「我們得跑起來！」丹東尼說。

但這恰是湖人不打算讓他們做到的。湖人壓制速度，讓歐登和誇梅・布朗發威——歐登12投9中21分7籃板5助攻，誇梅・布朗居然得到12分。難以想像：曾經連鯊魚都不肯放在眼裡的科比，願意讓NBA歷史上水貨狀元之一的誇梅・布朗投籃。

第三場，湖人99比92再勝一局。他們始終保持慢節奏，科比的數據平淡無奇：18次出手17分。然而，他有7次助攻和4次抄截。湖人不再由他執行個人攻擊了。這讓太陽措手不及：他們本以為，回到史坦波中心，科比會開始展現他的攻擊力。

「我更喜歡這樣。」得完17分的當夜，科比如是說。誇梅・布朗得到13分11籃板5助攻3阻攻，他對此的評價是：「人們得多給科比點讚譽了。他給了球隊所需要的一切，他展示了傑出的領袖能力。」這幾乎是第一次，自從鯊魚走後，科比的「領袖能力」獲得了讚譽。以往的科比是怎樣的？得分手、防守者、一對一擊敗任何對手的殺戮狂人。在2005-2006賽季，大多數時候，科比是一個卓絕的個人。他的獨舞牽動著湖人的前進。但忽然間，在季後賽，他變成了一個防守端魔鬼，一個無私的天使，一個團隊領袖。這究竟是菲爾・傑克森變的戲法，還是科比自己醍醐灌頂後的頓悟？「他是個冷血殺手，」丹東尼說，「而現在，他打得非常聰明。」

說他是冷血殺手則事出有因。如眾所知，NBA的絕殺與足球場上的點球決勝一樣殘酷：在最後一個時刻，你站上了決鬥的舞臺。時間像蠟燭一樣燃燒殆盡，你必須給出一個答案。殺或者被殺——平分的局面並不是那麼多——成王敗寇，歷史會記住勝利者。季後賽的絕殺與例行賽截然不同，這是另一個舞臺。

在1997年的第一次季後賽中，科比對爵士投出那著名的壓哨麵包球。但在2000年，他便開始了他的絕殺史。2000年西區準決賽第二場，最後時刻，科比對上當時還染著黃頭髮的傑森・基德。當時還留著毛茸茸頭髮的科比從中場運球，變換運球節奏，佯做右突，隨即壓低重心變向，運球至弧頂左側，距框15英尺起跳命中，湖人以97比96擊敗太陽，並領先季後賽。這也是他季後賽的首次絕殺。

2002年西區準決賽，與馬刺的第四場比賽。最後5秒時，湖人與馬刺戰平。在之後一場投出0.4秒神奇一球的費雪射球失手，科比搶得進攻籃板，單手上籃命中，使湖人87比85擊敗馬刺。

他一向是一個冷血殺手，還不包括2003年他從法庭趕回後絕殺金塊那樣的故事。菲爾・傑克森在自傳中說，科比在高中時甚至會把力氣留到第四節來進行逆轉。顯然，他對於扮演一個孤膽英雄無比上癮。他喜歡把命運操持在自己手中，把時間留到最後一秒，然後一擊致命的故事——這是他和喬丹、柏德最像的地方。當所有人都爲之緊張的時刻，他卻甘之如飴，甚至熱烈期盼。

對太陽的第四場，丹東尼不希望看到的故事發生了。科比又變成了那個冷血殺手：絕殺還不夠，他一口氣完成了兩次絕殺。太陽犯了兩次同樣的錯誤：奈許運球推進到左側，太陽其他人按慣例散開，而湖人立刻包夾——丹東尼忽略了，湖人在防守上雖不擅長防擋拆，但其包夾一向很有效。奈許連續兩次被包圍，第一次是正規賽時間將終了時，湖人衆將包夾後斷下球，科比接球直接切入前場，底線鑽入後詭異地拋射得分，使比分膠著進入延長賽；如果說，這個球還不算絕殺的話，那麼第二次：終場前，奈許又一次在前場左側被包圍，爭球失手後，科比持球推進前場，在弧頂進行晃動，順利地找到節奏，然後起跳。太陽補防的時刻，科比已經出手：籃球離開指尖，一道弧線直墜籃框。第一次，第二次。洛杉磯民衆彷彿在看電影：那兩個投籃如同命運鎖定般追進籃框，一個追平比分，一個一擊致命。99比98，科比左手握拳，被隊友們包圍：他絕殺了太陽，將大比分超出到3比1。

那時，科比與湖人的晉級似乎近在眼前。

然而，鳳凰城並非砧上魚肉。

回到主場後，太陽竭盡全力開始提速。開頭三板斧使過，湖人的陣容其實依然是那幾個人。太陽在第五場114比97血洗，第六場，科比接過大局，全場35投20中得到50分。當晚，他簡直在蹂躪對方的巴西後衛巴伯沙。一個典型的球是這樣的：

科比左腰卡住身型要位，壓制巴伯沙。球傳過來，科比跳步接球，落地的同時右腳往後一拉，卡身位。這是科比典型的厲害處——非常善於卡身位，然後立即就翻身。

巴伯沙立刻跳後一步，防科比右肩翻身。科比背身接球在手，左腳中軸腳，右腳立刻旋轉，左肩直接翻身面框，右腳一個試探步，巴伯沙重心在右，急忙往左撤，防科比右手運球突破。

——科比直接起跳命中。解決。

非常細微，非常之快。在直播時，絕大多數球迷只來得及看到科比背框接球右腳往後一點，一個轉身右腳再一點，命中。一氣呵成。只有慢動作才能明白，爲什麼當事人巴伯沙被晃得像個笨蛋。

這是科比最可怕的地方：他能以極高的速度，完成精確無誤的動作。力量、速度、精確度、細節。

然而，湖人只有科比一個人。太陽在允許科比個人強攻的同時，加快速度，全隊與之對砍。第六場正規時間還剩3分38秒，雙方100比100平。奈許罰中兩球後，科比抖擻神威，在24秒終了時三分得手，再加一個上籃，湖人105比102領先。

那時，他們離晉級只差一步。

奈許三分出手不中，進攻籃板被馬里安撿到，傳給提姆·湯瑪斯。湯瑪斯三分球命中，105平，雙方延長。太陽躲過一劫，沒再給湖人機會：126比118，湖人再敗一局，科比的50分被浪費了。

於是被迫進入第七場。

即便敗北，科比本也可以享有更悲壯的方式。只是，湖人第七場敗北的過程，讓人覺得湖人先前的奮戰，只是偶然。湖人以15比32落後第一節，第二節以30比28重振。科比上半場13投8中得到23分。中場休息時，禪師告訴科比改變策略：

「下半場，多給歐登和誇梅·布朗傳球！」

科比這麼做了，但湖人沒能贏球。科比賽後很失望：

「如果想逆轉，我們得讓每個人都參與進來。」

「太陽有一大堆天才，火力充足。他們持續掀起高潮攻擊我們。我們無從抵擋。」

湖人成就了太陽的大逆轉奇蹟，在第七場轟然崩潰，90比121，3比4被太陽淘汰。就此結束了失去鯊魚之後的第二個賽季。

但對湖人來說，這個系列賽的價值或許在於：科比在其職業生涯以來，第一次完全脫離了得分手的角色。他成爲了防守王牌，成爲了組織者，成爲了最後時刻的操刀者。對太陽的三場比賽，簡單而言，科比做出了犧牲。事實證明這種轉變在對壘太陽時是正確的，兩場勝局可以作爲證明。但科比自身的損失巨大：他克制著自己的投射及自由攻擊走位權，必須時刻保持著對局勢的觀察和閱讀，判斷低位隊友的狀態，並在防守端不斷地提醒隊友。做一個團隊至上者並不是他擅長的角色，但他做得很棒。

對他來說，縱橫殺戮的時代結束，轉型開始了。

而另一邊，鯊魚沒忘了報復。

2004年夏天，鯊魚離開湖人，是吞了怨氣的。雖然一貫頑童聲氣，信口胡謅逗弄記者慣了，但與科比決裂之後，鯊魚是眞卯足了勁。萊里在2004年秋天開季前承認，鯊魚確實在減肥上花了很大工夫。而鯊魚也自吹自擂一番：「不吃麵包，不喝碳酸飲料，只吃炸雞肉喲。」除了帶著一個健康的身軀奔赴賽場以便與科比爭一日之雄長之外，鯊魚還早早表明了態度：

「這是一支韋德的球隊……他是『閃電俠』，他是這個隊的老大，我是他的跟班。」

一分錢、科比之後，鯊魚找到了第三個天才後衛。

2004-2005賽季，熱火殺進東區決賽，血戰七場才被衛冕軍活塞按倒。鯊魚在MVP選票中僅次於異軍突起的奈許，並一如既往地拿下聯盟第一隊中鋒席位。離開他的科比從聯盟第一隊跌到聯盟第三隊。而鯊魚身邊的韋德成爲聯盟第二隊後衛，並在東區決賽裡殺得活塞膽戰心驚。

而一如他在湖人與魔術製造的效應一樣，熱火從42勝一躍到59勝，除了韋德一躍成爲聯盟最強後衛之一外，戴蒙·瓊斯和艾迪·瓊斯等也老樹開花了一把。連一貫平庸的哈斯蘭也搖身一變成爲鐵血大前鋒。

2005年底，熱火主帥史坦·范甘迪被杯酒釋兵權，派特·萊里復出。頂著一頭油亮秀髮的萊里左摟鯊魚右抱韋德，驅著熱火直向冠軍走去。鯊魚開始傷病了？沒關係，只要他季後賽還在。鯊魚開始垂老了？沒關係，只要他季後賽還能發威。鯊魚被人守住了？沒關係，只要他還能夠出現在賽場上。

2005年，萊里同樣面對著1996年的魔術、2004年的湖人所面對過的抉擇。鯊魚合約已滿，並在他合約的最後一年率熱火59勝、培養出韋德並繼續霸占著聯盟首席中鋒之位。萊里需要鯊魚，但必須爲此付出巨大的代價。當你給一個在湖人最後三年每年休15場的33歲胖子提供幾年頂薪合約時，總難免想像到他的將來——鯊魚慷慨地說，他只要2,000萬美元一年。於是萊里簽下了5年1億美元。這是他的賭博，只是希望鯊魚能夠撐久一點，再撐久一點。在合約終了之前，能夠晚一點成爲一個垃圾中鋒。因爲，這是一個無法交換的合約。

然後，就是鯊魚的報復：

德韋恩・韋德在2006年初尋找到了自己——在這個聯盟優待外線球員的時代，依靠他節奏感極佳的突破腳步、驚人的爆發力、聰明的無球跑動和任何地點持球均能直撲籃框的衝擊力，在12月，他場均能攻得12次罰球。從1月開始，他的攻擊變得銳不可擋。鯊魚在內線的牽制使他能夠從任何角度一對一強行鑽入，而低位的小球能力及變向無球跑動，配合「白巧克力」傑森・威廉斯的給球，以及華克偶爾的突分，韋德如魚得水。2006年初，韋德場均接近30分並送出7次助攻的表演——同期能做到這一點的只有勒布朗・詹姆斯，熱火一度22勝6負。他們早早地把持住了東區第二的霸權——前方的活塞過於遙遠，並且能夠在接下來的時間中，調整自己的節奏。

對鯊魚來說，韋德的意義在於，他可以繼續拿來吹噓，以及向科比施壓：

「嘿，我是韋德的球迷！韋德是最好的！這是韋德的球隊！」

和2002年他向科比說的話何其相似？

韋德在2月拿下東區單月最佳球員，並且擁有極高的MVP呼聲。然而，熱火在保持勝利節奏的同時卻開始保留。在例行賽的最後一個月，除了鯊魚之外，熱火所有先發球員的上場時間均有所減少。與活塞五大主力每場都打36分鐘、直到季後賽開始前才急匆匆開始休息相比，萊里更懂得如何把持節奏。東區第二，直到東區決賽前的所有主場優勢。萊里把握著熱火的方向，鯊魚在2006年2月和3月找回了那個所向披靡的自己，白巧克力則在季後賽前從綿延已久的傷勢中恢復了過來。2006年4月，鯊魚和韋德帶著飽滿的狀態，迎來了季後賽，並一路衝破東區，晉級2006年總決賽：

對手是達拉斯小牛。

小牛2比0領先熱火，但韋德在之後的4場比賽中，彷彿1993年總決賽的喬丹一樣不可阻擋。總決賽6場，韋德場均35分。除了1993年的喬丹和2000年的鯊魚，也許再難找到一個在總決賽舞臺上，還能如此恣肆捭闔的傢伙了。

鯊魚年少時，托起了「一分錢」哈德威與科比這兩個超級後衛，卻在最終垂垂老矣之時，將韋德這個怪物托起，並取下了第四個總冠軍。白巧克力在被詬病了八年之後，終於作爲主力後衛戴上了總冠軍戒指。蓋瑞・裴頓在奔忙了十六年後，終於和忙碌十四年的鐵漢莫寧一起，成爲冠軍陣容的一員。而一代梟雄派特・萊里那曾經油光水滑的大背頭，此時已經銀絲浸染，61歲的他舉起自己第五座總冠軍獎盃時，依然雄姿英發。

鯊魚滿意透了：科比在西區首輪被淘汰，而他則戴上了第四枚冠軍戒指。他們倆的賭氣固然前路漫長，但至少在2006年的夏天，他得以踩了科比一頭。雖然，這還只是他倆漫長拉鋸的又一個小段落而已。

22 煉獄中的奮戰

2006年夏天，FOX體育台專家查理・羅森說，科比・布萊恩「私下裡傲慢地蔑視隊友能力」，對隊友極其苛刻，並且喜怒無常。

你會說，這些性格——自私、苛刻、高傲、帶有些微神經質的暴躁——我們同樣可以在其他巨星身上找到：比如喬丹，比如柏德。然而，在球隊無法贏球的時候，這些缺點會被放大。勝利可以將一切缺點合理化，這就是NBA。

在1996-2003年，科比的形象一直保持得很好。當然，他和鯊魚爭執不下，但那是球隊內部的事，在公眾舞臺上，他是個謹言慎行、談吐得體的天使少年。但2003年夏天的官司將他拖入了泥淖，2004年鯊魚走人後，科比更成了惡人。禪師《最後一季》裡說他難以教導。加上卡爾・馬龍退役……忽然間，他就成了全民公敵。

科比似乎也不想再掩飾了。

2006年的夏天，科比的人生似乎開始轉往另一個方向。

他開始不忌諱成為反派。他拿著曼巴毒蛇出現在封面上，冷酷地擺出一臉「與世界為敵」的架勢。這不是他第一次擺酷，只不過這一次，向世界復仇的他採取的方式，與之前不同。他說，他手握黑曼巴蛇，只是想像那條毒蛇一樣，「飛速行動中依然準確攻擊」。但你相信，僅僅如此嗎？2003年鬧官司時，《運動畫刊》曾經質疑科比的形象：「我們真的了解他嗎？」2006年夏天，科比擺出了黑曼巴的面相，那意思是：「我根本不在乎你們是不是喜歡我。」以及，他將號碼換回了高中時期，一度穿過的24號。8號科比・布萊恩的時代結束了，24號科比・布萊恩的時代開始了。

2006-2007賽季，科比因膝蓋手術休養，錯過了開幕兩戰，湖人二連勝，歐登儼然魔術強森一樣無所不能。而在科比回歸後，換上24號球衣的他便聽任死敵雷・艾倫在他面前連續兩場轟下30分和32分，而科比自己兩場合計只得38分。在他復出的前五場比賽中，湖人2勝3負。

科比的出手選擇苛刻到消極的地步：對明尼蘇達灰狼，他甚至只出手了7次。

2007年11月，科比的膝蓋並不活動自如。在11月底敗給公鹿的比賽中，他23投7中，三分線內9投僅1中。在11月，他無法做出往昔隨心所欲形同鬼魅的突破切入，相比於喬・強森與韋德等人不斷刷分的壯舉，2006年11月的科比，像是前一季與太陽鏖戰七場時的延伸——一個合理的、低調的搖擺人。

但湖人卻在11月打出了10勝5負的戰績。禪師說：「偉大球隊與好球隊之間的差距是，前者可以在連敗開始之前就終結它。」與之相對應的，11月，科比平均26分，每場出手「僅僅」17次。

科比忘記怎麼得分了嗎？

12月1日，湖人遇到了正以13勝3負領先NBA的猶他爵士……此前幾天，爵士剛擊敗了湖人，全能防守者「AK47」安德列・基里連科，在第四節守得科比3投不中，只靠罰球得了2分。

科比是不會輕易忘記的。對爵士的第三節，科比面對NBA最好的防守者之一基里連科，9投9中，10罰10中，30分。兩位湖人的球僮大喊：「我們看到了8號的影子！」前三節，科比劈下了52分，擊垮了爵士。然後是第四節，他坐回了板凳，看著隊友們例行公事般地打完比賽。

——只要他樂意，他還是科比。

兩週之後，失去歐登的湖人遇到火箭。一開場，姚明的神勇一度使火箭以29比10領先到了使比賽懸念滅絕的地步。但湖人在第三節習慣性地來了個大追殺，然後在第四節挽回了13分的分差。比賽延長，第二次延長。科比在第二次延長賽，所有人彈盡糧絕之際，扣了一個籃，拿到了自己的第53分。湖人自2004年以來首次贏下了兩次延長的比賽。休士頓媒體注意到了：比賽最後，只有科比還能奔走跳躍。他很精確，很狡猾。他把子彈留到了最後。

之後的六個星期，湖人只敗了4場。2006年12月，科比場均31分。

科比變得聰明了。

眾所周知，科比的問題，從來不存在於他的技巧環節。他的純技巧已經達到他的身體素質可以達到的巔峰。只是，即便在他所向無敵的時刻，他的投籃選擇，他的判斷和決策，總會有些問題。換言之：科比是知道怎麼打合理籃球的，但他常會被情緒左右。

2006-2007賽季，科比的變化在於：他主動地、無私地交出了控球權。這是2006年對太陽七場系列賽的延續：他知道自己應該相信隊友了。

從另一個角度講，科比成熟了。

禪師一如既往地展現出他的魄力——在2006年11月對公鹿一戰中，為了破解對方的聯防，湖人出手破隊史紀錄的37個三分球卻依然敗北。禪師把所有主力罵了一遍，斥責布朗和拜南「表現差得可怕」，說歐登「完全失去注意力」。敗北爵士後，他要求聯盟的裁判給予年輕的拜南更多空間。這些無非是表像，但在湖人擊敗馬刺的比賽中——你需要了解擊敗不是背靠背情況下的馬刺是多麼艱難的事情，湖人不再畏縮地用三分球解決問題，他們正面迎戰，加強防守，強攻內線，用一個個罰球和聯盟最完整的偉大球隊抗衡，並且在第三節轟了馬刺一個37比22。歐登賽後說：「這是我成為湖人隊員以來，打的最完美的一節防守。」

路克・華頓在2006年年底變成了優秀的翼側三分手、三角進攻的好策應者，球隊的完美黏合劑。2005年從巫師過來的、永遠的「水貨狀元」負面教科書誇梅・布朗，現在成為了聯盟屈指可數可以一對一限制鄧肯和姚明的內線單防者。19歲的拜南出場時間不多，卻像一條小鯊魚似的在籃下橫衝直撞。歐登似乎也開始專注了。

聯盟二年級生，拜南已經習慣於健康飲食，而且不時懊悔以前怎麼總吃垃圾食品。湖人找來了賈霸，教他勾射。對於這項與打板投籃一樣即將失傳的技藝，拜南卻表現出了興趣。大概他頭腦簡單，被「天勾」天花亂墜的描述侃暈，而且讀了幾本老帝王的自傳，就著了魔，樂不可支地表示：

「嗯，我覺得這種投籃超級有效！我很樂意開始用它！」

2006-2007賽季開始，拜南擔任了幾場先發。他依然不夠壯，無法在搶籃板時擠開對手，但他已經有了派翠克・尤英那樣熟練地接球、回傳隊友、二次要位再接球的動作，這使他有別於聯盟裡許多黑洞型的、有去無回的中鋒。他開始和誇梅・布朗分享上場時間，而且留意觀察聯盟其他的巨人。當他人問及他是否想當鯊魚時，他卻說：「我的偶像是鄧肯！」然後，他還發揮了一下自己的觀察能力：「NBA是腿的比賽，鄧肯的腿……嗯，我要讓腿變得強壯，我在內線的根基就能更堅實！」

以上是2006年冬天到2007年初春的故事。科比變成了一個無私的球員。他讓路克・華頓和歐登更多掌握球權。他在防守端竭盡全力──雖然膝傷在制約著他的步伐。他可以遊刃有餘地應對對手，信任他的隊友，給他們空間；而自己則盡力融入三角進攻中。做無球跑位，快速分球，在弧頂為喬丹・法瑪爾這樣的新人做掩護。

但進入到2007年1月之後，局面開始變化。

路克・華頓、歐登和誇梅・布朗在2007年春天到來前先後受傷，科比試圖更多地處理球，繼續組織起球隊的攻勢。2007年1月5日對丹佛時，科比全場9次出手只得8分，但送出10次助攻。進入2007年2月，傷病對湖人的影響越發劇烈。科比試圖組織的努力，就像一個孩子在海浪來臨時，不斷修復他的沙塔。湖人在全明星賽前後一波六連敗。進入2007年3月，又是一波七連敗。包括連續4場，合計被對方贏了近100分。

雪上加霜的是，湖人管理階層原先允諾的「07計畫」，這年並沒實施。2007年2月，一度有傳言，紐澤西籃網肯用傑森・基德來交換拜南，但湖人不肯出手。你當然有權力懷疑：洛杉磯是在讓他們的超級巨星犧牲黃金年齡，給這個孩子做成長的保姆？禪師卻希望拜南可以遠離這些糾紛。2007年3月，他說：「我希望安德魯能和其他那些年輕球員們玩在一起，這樣他的生活可以不只是籃球那麼單調。」隊友受傷，沒有新援，科比再一次陷入了掙扎之中。在球隊隊員傷病頻頻的時候，他必須改換一種模式來幫助球隊了。於是進入波瀾壯闊的春季故事。

2007年3月16日，波特蘭拓荒者的年輕人頗爲無辜，但他們的球迷透過電視看到了七年前在西區決賽出現的噩夢，而且更爲慘烈。科比・布萊恩爲年度最佳新秀強勢候選人布蘭頓・羅伊烙下了終生傷痕：對拓荒者，科比全場39投23中，三分12投8中，包括各種不可思議的後仰出手、隔人三分、穿越三到四個人的防守扭曲身體的上籃。65分，甚至不需要重看錄影，在統計表上看到這一數字都令人戰慄不已。延長賽最後時刻，科比在右翼底角接球，面對雙人夾擊；科比運球向底線突破，右肩翻身，出手：三分球命中，鎖定勝局——根本匪夷所思。

兩天之後，湖人對陣明尼蘇達灰狼。瑞基・戴維斯3月初曾在科比頭頂得到29分，這一晚遭到了報復：科比35投17中，三分9投4中加14罰12中，蠻不講理地拿到50分。

3月22日，曼菲斯民眾眼看著科比37投20中18罰17中得到60分，一週內第二個60分。連續第三場50分開外。

這樣恐怖的故事，只有1961-1962賽季，那個場均50分的張伯倫可以隨意展現。

3月23日，奧克拉荷馬。黃蜂全體意識到：他們正在被全世界關注，他們有可能像被科比砍了81分的多倫多暴龍似的，被寫入恥辱歷史。科比上半場已經得到27分，第三節一發不可收拾，一口氣拿下17分：帶著44分進入第四節，令黃蜂風聲鶴唳。24號的陰影如此巨大，以至於黃蜂第四節杯弓蛇影，派出兩個人防守科比，拼盡全力阻絕他拿球，並慶幸科比第四節只得了6分。即使如此，科比依然完成了連續四場50分，帶隊四連勝的豪舉。3月25日，科比「僅僅」33投15中得到43分。再5天後，科比對火箭44投19中得到53分時，全聯盟都習以爲常了。

這也是2006年1月那場81分的瘋狂之後，又一次，科比展示了，他是聯盟獨一無二的孤膽英雄。

回頭看科比・布萊恩的整個職業生涯，這一次連續的50分浪潮更像是又一次戲劇性的起伏。高中生入行——少年得志——冠軍與榮耀——與鯊魚分裂——低谷——勝敗參半。大趨勢便是戲劇式的揚抑揚抑，從未止歇。往遠看，2004-2005賽季，科比經歷了失敗的賽季，幾至於谷底。而下一年取下81分以及賽季得分王便是潛龍飛升。這一次50分浪潮，加了之前16戰13敗的背景，便是又一次悲壯豪邁的名戰了。

禪師曾經在自傳事件上與科比交惡，提到過科比上高中時喜愛「前三節放水，到第四節由自己力挽狂瀾」。然而，也許科比的確更喜歡「與全世界為敵」的情境。當踏入絕境或者貌似絕境的時刻，他便能夠爆發出最強的力量，這甚至成為了他的愛好。

對於他這種等級和經驗的球員而言，日復一日對自己近於虐待的訓練早已使技術精熟，而進攻端經驗、技巧應用等早已不容置疑，能影響到他進攻效果的除了戰術布置，無非是心理情緒。路克・華頓的復出使球路清晰，對手的羸弱，禪師在布置戰術時對他個人進攻的側重，誇梅的存在使掩護品質提高，這些都不是重點。湖人處於絕境，周圍所有人或因傷毫無狀態，或本來就不堪大用時，科比也終於進入了自己最習慣、最喜歡的狀態：已入絕地，反而不需瞻前顧後，不需俯首地圖，驅策天下大局，只需要信馬由韁。

禪師說：「你，自己上吧。」

於是我們看到了歷史上絕無僅有的表演——是的，絕無僅有。

2007年3月的科比・布萊恩進入到一種奇妙的狀態。誠然他的防守比起2000年的無所不在，已經弱了一截，但在進攻端的感覺和技巧，已經遠非對位防守他的任何人可以理解。那是麥可・喬丹在早年未臻圓熟，而晚年沒必要展示的態度。

科比・布萊恩在2007年3月中旬展示的，是過去時代的風貌：在這個無球跑動、掩護、高位擋拆遍地開花，大個子們愈來愈多地投三分球和做掩護，而擋拆已成任何戰術必備的時代，科比這種英雄式的單挑、華麗個人技巧的演示，就像是黑白電影一樣典雅又詩意，卻又帶著另一種澎湃而出的殺氣：執拗，輕度神經質，欲望強烈，敏感，殺氣彌天。

在經歷了與鯊魚合作時的爭奪出手權、個人發揮，2004-2005賽季的大包大攬最終失敗，2005-2006賽季的多種風格嘗試後，科比在對太陽的七戰系列賽一度找到了自己的角色，這也是禪師的抉擇：他讓科比學會了使全隊順暢運轉的比賽方式。於是，我們在某些比賽裡看到了一個新的科比：他克制著自己的投射及自由攻擊走位權，時刻保持著對局勢的觀察和閱讀，判斷隊友的狀態，並在防守端不斷提醒隊友。在隊友能夠流暢進攻時，他更多地選擇信任隊友，信任歐登和華頓，由他們來組織進攻，而自己充當三角進攻中運轉的一環。而在需要他接管比賽的場合，他便用他冠絕聯盟的個人能力，上演對爵士的52分、對火箭的53分之類的夜晚，並且取下勝利。

簡而言之，放棄一些個人的長處，信任隊友。在需要的時刻火力全開，接管比賽。

他也許依然是那個桀驁、任性、蔑視隊友並且孤傲的科比・布萊恩。在他進入得分節奏後，他還是經常陷入一種「我一個人單挑全世界」似的境地，然後不顧一切地開始向那些輕視他的人復仇。但2007年例行賽將終了時，將滿29歲的他比任何時候都渴望球隊獲得勝利，並且身體力行。他會在賽前給圖里亞夫打個電話開玩笑刺激他，使後者拿下職業生涯最高的23分，他也會與禪師親密握手，彷彿他和禪師之間的齟齬根本不存在……禪師已經說，他會繼續留教兩年。即使湖人的管理階層依然顯得無能，但禪師依然有時間來教科比許多東西——對於2007年的科比而言，也許僅僅是一念的變化，就能夠對聯盟局勢產生決定性影響。

你可以說他變無私了、變懂事了、變成熟了，又或許他什麼都沒變，依然那麼執著、偏激、狂熱地追求勝利和自我。

2007年3月16日到3月25日，湖人依靠科比的個人神勇五連勝，一掃之前23戰17敗的頹勢。但他們在4月重新崩潰。4月12日，同城大戰中，科比前30分鐘得到40分，但後18分鐘只得10分。最後6投全失，湖人被快艇118比110逆轉。快艇的馬蓋蒂幸災樂禍：「科比打了48分鐘，體力不足了。」

科比則堅稱：「體力上我感覺很好，我自己能夠堅持下來。我沒感覺到雙腿沉重，一點也沒覺得累。他們採用雙人和三人夾擊我，所以占據了優勢。不過主要是我們最後沒能打出戰術，而他們做到了。」

毫無疑問，科比是NBA歷史上最喜愛，也最擅長做孤獨英雄、上演單槍獨騎力挽狂瀾戲碼的人物。但81分、兩個得分王之後，人們要求的不是他再去破喬丹的季後賽63分紀錄，而是取得勝利。對於一個將滿29歲的球員而言，勝利才是最重要的——而這恰是對他的考驗。對科比、艾佛森和賈奈特而言，讓他們一場取下30分猶如探囊取物。但作爲領袖，帶著一支隊伍去奪取勝利，似乎要麻煩得多。

直到科比又一個50分演出擊敗超音速，湖人才咬定了西區第七——對手又是鳳凰城太陽。

這簡直是宿命，作爲2006年夏天，太陽與湖人恩怨不斷、血肉模糊的七場大戰的續篇。無論是雙方教練的安排，或是聯盟暗使手腳，或純粹是命運使然，他們又站在了一起。與上季一樣，兩隊擁有同爲1996年入行的、NBA歷史上最傑出的個人攻擊手之一（科比）以及最偉大的團隊組織者之一（奈許）。美國媒體一邊倒地認爲比賽會在第五到六場之間結束，太陽將晉級。

相比於傷病累累的湖人，太陽有巨大的優勢。他們是聯盟最好的三分隊伍，擁有最好的擋拆和無球跑動技巧。而湖人則是聯盟最不會防守擋拆的——拜控球後衛和歐登的遲鈍所賜——球隊。太陽的板凳上有著年度第六人的當然人選巴伯沙，以及大批射手。對於湖人孱弱的外圍防守而言，這將是巨大的考驗。同時，本季丹東尼減少了馬里安的攻擊比重，讓史塔德邁爾更多的擁有陣地進攻權。這顯然會讓湖人內線頭痛。

幾乎毫不費力地，太陽4比1幹掉了湖人。科比孤傲的個人能力並未獲得任何優勢。除了第二場得15分外，其他四場他平均37分，包括第三場漂亮的45分。只是，他沒有足夠的援助，雙拳難敵四手。而2007年2月，湖人拒絕用安德魯・拜南去換偉大的控球後衛傑森・基德。

於是，發生了2007年夏天的故事：在極度不滿、眞相爆出、分裂、爭執之後，孤立無援的科比跟湖人提要求了：「交易我吧！」

23 交易？

2007年5月28日，即科比．布萊恩結束他第十一個NBA賽季四星期後，他終於開口說話了。在紐約，史帝芬．史密斯電臺秀的一次採訪，科比的言論如閃電，疾旋過洛杉磯上空：

湖人，請把「湖人教父」傑瑞．衛斯特請回來，或者，乾脆把他，將滿29歲的科比．布萊恩，交易走。

雖然三小時後，他就收回了交易請求，但兩天之後，在KLAC電視臺調頻570《石油與金錢》節目中，科比用一段誠摯得出乎採訪者意料的對話，告訴了世界：

他並不只是像塞爾提克的保羅．皮爾斯或灰狼的凱文．賈奈特等人一樣，在用自己的地位對管理階層施加壓力。他的確在考慮離開洛杉磯。

對他來說，這是近29年人生的岔路時刻。命運如驟雨，從各方面對他侵襲：2004年和俠客．歐尼爾分手以來，他獨自帶領湖人的第三個賽季，連續第二次在季後賽首輪便被淘汰；球隊的傷病；關於他個人領袖能力的質疑；2006年歐尼爾在邁阿密拿下自己的一枚總冠軍，然後獲得了回首對洛杉磯與科比大肆嘲笑的權力。2005到2007年，他幾乎已經確立了自己NBA個人能力的首席地位，但諷刺的是，球隊卻在傷病中不斷失敗。最後，2007年2月，球隊拒絕了最後一個透過交易以補強球隊實力的機會：洛杉磯湖人放棄用20歲的中鋒拜南作爲籌碼，去交換聯盟最頂級控衛之一傑森・基德。

2007年夏季，科比可以一對一迎接世界上任何籃球運動員的挑戰，但他終於發覺，他眞正的對手，也許並不在籃球場上。

2007年2月，交易截止前，湖人給出了大量免費的承諾，似乎眞想要找一個巨星來。然後，湖人又限定了大量非賣品。後來，隊裡就充滿了不知道回傳的投籃狂埃文斯，在任何一個NBA球隊都打不到先發的斯馬什・帕克，擁有西雅圖所有夜總會VIP卡、滑雪都會受傷的雷曼諾維奇，NBA歷史上最爛狀元誇梅・布朗，才華橫溢但經常恍神的歐登。湖人老闆巴斯先生，一直鼓吹著所謂「07計畫」：

他們會爲科比帶來一個優秀控球後衛，帶來一個內線巨人。

但在2007年夏，湖人唯一做出的變換，是送走了斯馬什・帕克（他的NBA生涯幾乎立刻就結束了），迎回了科比的老哥們戴瑞克・費雪。

到2007年夏，一些事實才浮出水面。早在2005年，湖人老闆傑瑞・巴斯便給了總教練菲爾・傑克森另一種全然不同的囑咐。這個瞞天過海的計畫是這樣的：

巴斯希望湖人不要在球隊開銷上花費太多，他希望湖人能透過一個漫長週期來完成重建。於是，科比成了湖人年紀最大的球員：一群少年在失敗中汲取經驗，成爲湖人重建的籌碼。而科比卻在獨自等待「以我爲核心組建球隊」的允諾成眞。科比如此獨自奮戰三年，然後發現，自己奮力殺賊，管理階層無心回天。科比覺得，自己受了欺騙。

另一件事。

2004年，歐尼爾離開湖人之前，傑瑞・巴斯親自從義大利打電話告訴科比：「鯊魚走定了，我不願付這麼多錢給他。」這是巴斯老闆的決定，可是此後的三年，科比卻獨自接過了「逼走歐尼爾」的罪名。他留在湖人的動力之一，是巴斯2004年夏天的允諾：「我們會竭力讓湖人保持在奪冠球隊的行列中，以你爲核心建設球隊。」因爲這句承諾，他，科比・布萊恩，把自己當作湖人的一員，當作了史坦波中心的主人。2007年5月30日，科比在訪談中聲音都哽咽了：

「對於那些說我把鯊魚趕出洛杉磯的傳言，我眞的非常不快，之前我可以不在乎，但現在我再也不想忍受了。管理階層根本是一團糟。我曾經只想讓球隊能爭奪總冠軍。但現在，我卻只被當作代罪羔羊。」

於是科比憤怒了。

他從來不是一個聰明圓滑如歐尼爾般，玩弄媒體於股掌之上的交際大師。他熱愛洛杉磯，卻不知何去何從。固然，在2006年之後，他的「黑曼巴蛇」廣告形象深入人心，他在媒體上神情冷峻扮演墮落天使，但科比的確不擅長演戲：他的許多誇飾，都能讓人一眼看破。

相比於NBA其他的媒體公關大師，科比並不算擅長表演。2003年，《運動畫刊》便說過，科比的許多形象，一望而知，乃是包裝過的。事實上，他從來也很難掩蓋自己的輕度神經質、偏執、好勝與完美主義，哪怕在他成爲巨星之後，這些習慣依然難以盡改。

所以，2007年的夏季崩亂，若以時間順序分析，則如下：

2004年夏天，歐尼爾離開湖人前，巴斯電話告知科比：鯊魚必走無疑。

巴斯向科比許諾：圍繞他建立球隊。

湖人管理階層告訴媒體：科比不想讓鯊魚留在洛杉磯。

2005年夏天，巴斯告訴菲爾・傑克森：湖人需要一個長週期來重建——意味著重建可能不以科比爲核心。

科比背負起「趕走鯊魚」的罪名。

2005到2007年，湖人年輕化，並不全力爭取冠軍。

2007年5月底，科比在極度失望中尋求傑瑞・衛斯特的回歸，或者被交易，隨即收回言論。

「我愛這支球隊，眞的愛它。我也喜歡這個地方，我想永遠待在這裡，但是現在，我需要知道這些湖人內部消息，而我現在眞的是憤怒到了極點。我感到我一直想尋求外援的事情像是一個笨蛋，因爲湖人有個長期計畫，而我卻毫不知情，根本不知道。我希望那些高層承認他們當初承諾我的事情是跟我現在所想的毫不相同的。」

在那絕望的夏季，科比如是說。

5月28日，科比說他希望衛斯特回歸，或是自己被交易；三小時後他否認了這一點，說自己不想被交易。6月初，他又對ESPN說，他想被交易。四個小時後，他再次重申：湖人是他的球隊，他哪兒都不去。

然後？6月7日，《洛杉磯時報》來問他的態度，他說道：

「如果問我是否想被交易？那我的答案仍然是『是的』。」

那幾天，科比也的確折磨夠了全美國的媒體。芝加哥公牛和達拉斯小牛的管理階層數著籌碼，只等科比掛牌，便來叫價；洛杉磯民衆草木皆兵，每天早晨醒來都會聽見不一樣的結果。全美國都在做拼圖遊戲：各種交易的拼盤層出不窮。在漫長的四個月中，芝加哥和達拉斯都持續幻想著科比身穿己隊球衣的身姿，而且眉開眼笑。

從2007年10月開始，肥皀劇進入了高潮。美國人甚至已經接受「科比即將離開洛杉磯」的事實，洛杉磯也似乎不再強硬於「科比不交易」。餘下的懸念無非是科比花落誰家，穿幾號球衣之類。

隊友歐登被提問時只是聳一聳肩，然後指著球隊管理階層的窗戶。「我們不是辦公室裡的傢伙，我們的工作是在球場上。這些想法，只會影響我們在球場上的發揮。」

至於湖人內部是否在談論這些問題？「完全沒有！這只會損耗我們的鬥志！」

公牛和小牛繼續緊鑼密鼓。公牛完全無視麾下衆將的情緒，孜孜不倦地打聽科比的籌碼，而達拉斯張牙舞爪地做拼盤遊戲，儼然隊上沒有一個非賣品。甚至，沙加緬度也被捲入交易流言。拍賣科比是2007年10月NBA的主題詞，是考核球隊管理階層工作績效的風向指標。無論哪家都多多少少喊了一個價，然後對西海岸那個傢伙投以遠目。許多年後，一個傳說中，湖人私下裡，甚至跟克里夫蘭騎士問過價：

「你們肯用勒布朗·詹姆斯交易科比嗎？」

而科比自己，卻對此不發一言。

NBA歷史上，很少有球員能夠造成如此轟動的交易。事實上，NBA歷史上最轟動的幾筆交易，都和洛杉磯有關：1968年，費城接受了四換一，放張伯倫西奔洛杉磯；1975年，公鹿又一次四換一，賈霸光臨湖人。偉大球員在經年寂寞之後另尋良木棲居乃是常事。而科比，在湖人經歷了三個孤獨英雄式的賽季，以及一個被欺騙的夏季之後，他的形象如水墨初乾的畫卷：強悍不羈，孤傲沉靜，如黑曼巴蛇一樣冷峻。而與此同時，他被背叛的往昔、他隱忍的現實又證明，這種形象和咖啡巧克力餅乾外面的苦味一樣並非天成：

在他沉靜冷傲的另一面，是一個不擅長處理陰險狡詐伎倆、性格執拗的29歲年輕人。

他沒有玩弄管理階層的謀略和手腕。於是他成了天煞孤星。絕世殺神都是眾叛親離之後煉成的。

2007年夏天，科比交易流言紛擾之中，NBA發生了另一個大動盪：

2006-2007賽季，洛杉磯湖人的死敵波士頓塞爾提克，經歷了隊史上極其糟糕的一季，事實上。1985-1986賽季，塞爾提克打出了NBA歷史上最絢爛的賽季之一，但隨後遠離了冠軍——之前的三十年內他們16次奪冠，但此後的二十年他們儼然在彌補當年為NBA製造的精神創傷。1986年他們選中了天才比阿斯，然後遭遇了此人的猝死，1994年隊長路易斯訓練時猝死，麥克海爾退役。1998年他們選中了偉大的保羅・皮爾斯，這個至今仍是聯盟中進攻技巧最為嫻熟多樣的小前鋒在2002年一度讓塞爾提克看到了復興希望，但此後丹尼・安吉開始那烏托邦一樣的偉大計畫：塞爾提克日復一日做著猥瑣的交易，用當打之年的人去換來年輕人排到板凳的盡頭。

2006年之秋，一代梟雄「紅衣主教」——也許不堪忍受波士頓任人魚肉——辭世。塞爾提克開季幾乎創連敗紀錄，然後皮爾斯——能打哭基里連科的皮爾斯——連同隊上三個先發一起養起傷來。

2007年選秀會之夜，塞爾提克，用第五順位選秀權、德隆・衛斯特，以及從灰狼交換來的瑟比亞克，從超音速換來了雷・艾倫。這樣一來，他們擁有了30歲的皮爾斯和32歲的艾倫兩位聯盟頂級外線射手，以及一個年輕待成長的偉大內線，一群少年人。

只放棄一個1982年後的年輕人，一個沒太大意義的合約（瑟比亞克）和一個第五順位選秀權，得到一個歷史級射手。這其實不算是兌換未來。塞爾提克所失去的很少。但這是一個新思路：艾倫不可能打替補。意即，塞爾提克不打算再讓皮爾斯帶著孩子們操練了。

這陣容，足夠在東區殺入季後賽，但要衝破公牛、騎士、熱火和活塞的包圍，似乎還差那麼一點點。

2007年7月底，他們對凱文・賈奈特動手了。

2007年7月31日，31歲的凱文·賈奈特被明尼蘇達灰狼，交易到了波士頓塞爾提克。交易極爲宏大：戈梅茲、傑拉德·格林、艾爾·傑弗森、西奧·拉特利夫、泰菲爾、一個2009年的首輪選秀權，簡直是用一整套陣容，去換凱文·賈奈特一個人。「但這是値得的。」塞爾提克的名將喬·喬·懷特如是說。繼1996年夏天，聚齊巴克利、「大夢」歐拉朱旺與「滑翔機」崔斯勒的火箭之後，事隔十一年，全聯盟又一次看到了如此鼎盛的超級明星陣容：

30歲的皮爾斯依然是聯盟最好的外圍攻擊手之一，是聯盟低位攻擊最強的搖擺人。

32歲的雷·艾倫是當世最好的射手。

31歲的凱文·賈奈特，來塞爾提克前，剛又拿到一個籃板王。他們都將是名人堂球員，都在巔峰期末尾，而且他們的歲數加起來比十一年前的巴克利、「滑翔機」和「大夢」還要年輕七歲。

世界很勢利。就在2007年7月30日，拉斯維加斯給塞爾提克開出的奪冠賠率是1賠90。就在凱文·賈奈特交易完成後，賠率瞬間變成了1賠5。媒體呼嘯而來，包圍了他們。皮爾斯說，賈奈特到來，讓他覺得「自己好像變成了個新人，又一次重新開始NBA生涯了」；雷·艾倫說，與皮爾斯和賈奈特並肩作戰「是一種榮譽……同時，很快樂」。

除了賈奈特、皮爾斯、艾倫、朗多與柏金斯外，塞爾提克的其他隊員包括：

——四年級生東尼·艾倫。在奧克拉荷馬州大念到大三時，他已經是全美最難以阻擋的突破手之一，可惜他不會投籃。他的教練承認他只有一個缺點了：「最後8分鐘時，如果對方索性收縮籃下，他就沒辦法了。」2005年他進了NBA，缺乏組織能力和投籃，然而他野獸般的體格、狂熱的防守積極性、斷球嗅覺和奔襲突破中映出的新鮮氣味，又讓偏老的塞爾提克聞之開懷。頂尖防守，兇惡抄截，難以阻擋的突破，以及加速回防的無限迴圈，讓總教練瑞佛斯又愛又恨：「他搶進攻籃板太熱衷了……雖然是好事，但若是因爲這樣回防不力，會導致球隊和對手打快速往返的……」

——新人葛林・戴維斯，一個胖墩墩的、靈活的、彷彿玩具絨毛熊的肉球。206公分，140公斤。嘴唇翻動華麗，好勝，懂得說垃圾話，能用一大堆讓你深覺猥瑣的動作完成得分。大家叫他「大寶貝」，因爲他確實就像個巨嬰。

——詹姆斯・波西，31歲的老將，可以打兩個前鋒位置的猛男。突破兇惡，防守殘忍，有一手定點三分球。他爲自己所到的每個球隊提供激情，活像一台嘈雜的電鋸，有那麼不靈光的時刻（犯規、失誤），但是在噪音中刺擊到任何對手的肌膚，都會血光迸現。

——里昂・鮑維，二年級的大前鋒，203公分。籃下突擊的小坦克，驚人的得分爆發力，無所畏懼，而且有「愈看見大個子愈興奮」的奇怪激情。

——布萊恩・斯卡拉布萊恩，206公分的白人紅頭髮前鋒。如果你在街邊看到他，一定不會覺得他是個NBA球員。溫吞，和善，肉墩墩的。有一手三分球，有極好的脾氣，以及飛機工程師執照，超級高智商。

——艾迪・豪斯，老牌流浪射手。

2007-2008賽季開始前的秋天，塞爾提克全隊去義大利。瑞佛斯教練做了件極爲聰明的事：他要全隊都不帶手機。於是，全隊在義大利一起活動，一起出去吃飯，一起出去看電影。義大利人驚訝地看著十來條兩公尺高的大漢，在街邊嘻嘻哈哈。他們要聽賈奈特講笑話，他們打趣斯卡拉布萊恩的學究氣，他們輪番推推鬧鬧。他們還孕育了自己的口頭禪：「Ubuntu」——起源於班圖語，大意爲「在一起」。

當回到美國後，神奇地，他們成爲了一個美麗的團隊。從季前賽開始，每場比賽前，作爲替補的詹姆斯・波西和艾迪・豪斯會站在記分台前，和每個先發球員問好。豪斯會跟隊員們拍打握手，而波西則會熊抱每個先發。

回到湖人這邊。

就在2007-2008賽季例行賽開始前兩天，禪師證明，公牛與湖人，確實已經就科比的交易事件展開了實質性的接觸。只是，公牛不願意爲了科比，一口氣送出羅爾・鄧、班・戈登、泰勒斯・湯瑪斯以及喬金・諾亞——能不能再打個折扣？

畢竟，這裡面包括了2007-2008賽季的最後，公牛的四個先發球員呢。「我們都聽到了。那是交易的一部分，我們知道芝加哥已經採取了實際性的行動，不過現在肯定不會發生什麼。」很難知道禪師在想什麼。他輕描淡寫地說，希望這件事可以以一種比較平靜的狀態解決，因爲他不想因爲這件事而毀了球隊的整個賽季。「我不會理會這些事情，」科比說，「我現在還是一個湖人的球員，我在為即將到來的比賽做準備。」在所有場合，禪師都在強調，湖人是科比的家。只有他明白，科比對湖人的感情有多麼複雜。他了解科比的偏執、好勝和完美主義。科比說要離開湖人，可是，科比不會容許自己以一個失敗者的形象苟延殘喘去到其他球隊。

在懸而未決的交易流言中，2007-2008賽季開始了，湖人並無顯著變化，先發陣容的唯一變遷是，他們迎回了冠軍舊將戴瑞克·費雪。在科比夏季的憤怒之後，湖人管理階層似乎也沒怎麼變化……於是，迎來了例行賽第一戰。史坦波中心，湖人對火箭。

洛杉磯球迷已經知道了科比想要離開的事實。他們用噓聲塡滿了球館，以表示對這位王牌巨星的不滿。愛之深，責之切。過去十一季科比帶給他們多少歡樂，他的離開便會留下多少的傷痛。但到了第四節，噓聲變成了歡呼。

科比前三節得到27分，最後一節，完全恣意地瘋狂攻擊，他和費雪兩個人努力把10分的分差強行逆轉。第四節，他獨得18分，直到最後，他才被巴蒂爾的一記遠射絕殺。

對噓聲有什麼看法？

「我知道那些噓聲為何而來，但他們眞的不知道具體情況，因為我始終閉緊了嘴——實際上我也必須如此。球迷不必為此憂慮，他們只需注意觀看球賽就好了。幕後的事，總該留在幕後。不過呢，看到球隊在最後時刻能夠醒來，眞的挺不錯。」

3天之後，鳳凰城，戰事令人大跌眼鏡。被認為已陷入危機、即將崩潰的湖人，第一節便33比20領先太陽，第三節，32比17。8次抄截，43個防守籃板，13投8中的遠射，湖人以119比98血洗了太陽隊。

科比只出手15次，得16分。但他抓下11個籃板，以及3次抄截。

「在這樣的大勝中，每個人都做了很多。我們不必考慮太多。休息，爲第二天的訓練做好準備，比賽時表現得和訓練場上一樣努力，然後我們就逐漸成爲一支更好的隊伍。」

他終於開始談論球隊。也就在那一天，當公牛終於同意把羅爾・鄧送到湖人時，科比使出了最後的撒手鐧：他不走了！2004年與湖人續約時，他曾擁有一個霸王條款：當他不滿意交易時，有權單方否決交易。

換言之，科比動用自己獨一無二的權力宣布：他不離開湖人了！

又兩天後，湖人對決猶他爵士。第四節，湖人一度領先7分。當NBA頂級火鍋大師安德雷・基里連科切入試圖扣籃時，科比起跳，在空中用一個漂亮的左手封阻，硬生生阻遏住了「AK47」的努力。這個動作如此誇張，以至於所有人瞠目結舌。爵士的追擊就此被熄滅，而科比，除了這個火鍋外，19投13中得到33分。

重要的是，這場比賽前，他對《洛杉磯時報》所說的話。他幾乎已經斷絕了被交易的可能。

「我想專心打球。」他說。

這意味著，他交易的鬧劇就此告一段落。他要留在湖人了。

他並未得到如他所願的大交易和實力補充。那麼，科比，求勝若渴如他，為何會選擇留在這樣一支連續兩季首輪出局的隊伍？

我們說，其中有他與禪師的彼此信賴，有他對洛杉磯的眷戀，有他不希望作為一個失敗者離去的自尊心。

令他欣慰的是，他擁有了一個新的巨人。

第五章　冠軍

24 安德魯・拜南，以及科比的新目標

每年初夏，許多高大年輕的孩子們亮出健壯的肌肉，頭戴各籃球訓練營的帽子，在全美國的各個角落晃蕩。他們靜聽指揮，做出動作，一經默許就扣一個籃，然後轉過頭去看看場邊，那些大學教練、NBA球探和其他神神祕祕的傢伙。他們像羅馬市場上的奴隸販子般打量你，其中的某個人會給你打個電話，通知你入學了，或是給一個選秀保證。2005年5月，安德魯・拜南的理想就在於此。在他的網路空間MYSPACE上，寫著：

「我是一個籃球運動員！很出色！明年要去康乃狄克大學打球了！我迫不及待想上大學！我迫不及待想結婚！長大想幹什麼？NBA球員！我不在乎女朋友眼睛的顏色，但要漂亮！不能在胳膊、臉和腿上有刺青……」

很遺憾，罪惡的資本家沒有讓這個淳樸的孩子繼續上學，他沒能去康乃狄克。在他理應讀大三、在校園裡邊聽饒舌歌，邊試圖和女孩搭訕的2007年聖誕節，他卻在洛杉磯的史坦波中心度過。他聽到的不是饒舌歌，而是兩萬人製造的噪音（齊呼他的名字）；他征服的對象也不是某個大學學妹，而是

一條208公分高的大漢。而且，在走道裡，當那些女孩試圖跟他搭句話時，這個星球上最好的得分手科比·布萊恩還拍了拍他的肩，讓他別理這些丫頭。

2007年聖誕節晚上，拜南面對鳳凰城太陽隊，13投11中得到28分，抓到12個籃板——8個進攻籃板，在上季聯盟第一隊中鋒史塔德邁爾頭頂，拋出了幾個弧月般的勾射，轟下了力拔千鈞的空中接力。但是，回到家他依然得早早睡覺，好在第二天早起開著Mercedes-Benz S600殺到訓練館，等著NBA史上得分最多的巨星「天勾」賈霸，開始對他的訓練。拜南只能在漫長無聊的訓練間隙，幻想著跑去吃雞肉三明治和奶昔作爲消遣。

就在幾天之後，科比將對媒體說：「如果拜南能上場，我們將是一個總冠軍的有力爭奪者。」是的，說這話的是科比。2007年2月，科比還在質疑：湖人管理階層爲什麼不用這小子去交換傑森·基德？

曾經，這個孩子是導致科比生氣的原因之一。但到了2007年秋天，他卻是科比願意留在洛杉磯的最大砝碼。拜南頗有鯊魚之風地自稱「大科技男」，自己組裝電腦，琢磨成立電腦公司，而且在網上學習英語文學。當然，他不只向鯊魚學習這種大大咧咧的作風。

他的體重達到了可怕的125公斤，以前可以隨意把他推出三秒區的傢伙，如今有些麻煩了；他的勾射依然在進步，他的傳球手感還在，他的彈跳沒有因爲體重的上升而顯得滯澀。而且，相比於其他內線在球場上拖拉機般的移動，他跑起來就像一輛小坦克車。

對他的使用依然謹慎，在賽季的前9場，他還是做替補中鋒。但是，當他在30分鐘以下的出場時間裡，對太陽砍下14分13個籃板、對馬刺得到11分12個籃板、對公牛拿下14分10個籃板之後，再藏著他就顯然暴殄天物了。他先發出賽，11月20日，湖人對上溜馬。在此之前，人們不斷傳揚溜馬的小歐尼爾要奔赴湖人，助科比一臂之力。

拜南說：「不用了。」

他整晚對壘小歐尼爾，6投全中，他的勾射輕柔婉妙，屢屢越過小歐尼爾的指尖。他的緊貼讓對方無法順暢投籃。第四節，小歐尼爾一記出手，迎上了他的巴掌。下一回合，再來，再一次火鍋。拜南27分鐘內17分10個籃板，小歐尼爾13投4中，14分3個籃板。

「我覺得，把我在場上放久一點比較好；打的時間愈長，我的貢獻愈大。」拜南說。2007年12月，拜南打出6場雙十，包括3場20分10籃板以上級的表演，讓人產生「鯊魚歸來」的幻覺。

湖人擁有全聯盟前五的快速節奏，對於大多數125公斤級的巨人中鋒來說，這是苦差；但對拜南來說，卻駕輕就熟：他像隻不知疲倦的野豬，在球場兩端跑動，尋找位置，快速利用體重卡位，伸出長臂接球。無論左右手，他都可以完成勾射。他高達218公分，重達125公斤，卻還能用細碎的、「天勾」式的嫻熟步伐要位，於是你很難阻止他。

他日漸增加的體重讓他可以輕鬆要位，摘下籃板；他已經是個優秀的進攻籃板手，而且，他的寬厚身軀也保證只要他奪到進攻籃板，沒人可以阻止他起跳扣籃。他以64%的命中率領銜聯盟，能夠輕鬆地在兩側轉身要位，一旦在禁區內接球，你就只好祈禱他手指打結了。最後，他還保留著上賽季就有的那項本事：接球、傳回、二次要位。只要他願意，他就可以這樣反覆折磨對方內線。

他的防守比他的進攻更強大——每場不到3次犯規、10個籃板和2個阻攻，這已經足證他的作用。他學會了用長臂大手干擾對方前進，他保護禁區、寸步不讓。於是，就連科比，與鯊魚針鋒相對的科比，都承認了拜南：「有了他，我們才像一支冠軍隊。」

2007年冬天，就是靠著這個孩子，湖人甚至一度殺到西區首位，簡直出於所有人意外。科比喜歡拜南：他有鯊魚的壯猛，鯊魚的巨大，而且，當科比向內線吊球時，拜南怪獸般的力量可以輕鬆完成空中接力；同時，他有鯊魚等級的策應技巧，卻並不貪於得分。他和科比之間的傳遞配合如此默契，這讓湖人的內外線煥然一新。

「他仍在學習階段，」費雪說，「他還得學習如何更好地利用身體打球。」

是的，他還只有125公斤（會繼續增長），持續提高彈跳力、背框技巧和經驗，他還沒獲得足夠多的機會表現自己，湖人對他的保護使他的進步會細水長流。而且，雖然可以依靠力量擊倒聯盟大多數中鋒，他依然固執地熱愛那已經絕跡的天勾。

而且他剛滿20歲。

聖誕之戰後，太陽主帥丹東尼被問道：「您覺得，安德魯・拜南是個有前途的球員嗎？」

丹東尼看了看28分12個籃板的數據，笑了笑說：「我眞希望他不是。」

另一方面，科比在做自己的事。

禪師反覆跟科比說：

「喬丹在晚年才眞正成爲一個統治級球員。爲什麼呢？因爲他甚至不需要進攻，就可以依靠防守來完全壓倒對手。」

在他的反覆勸導和激將下，科比確實有了變化。

他將球更多交給歐登、華頓進行組織，而自己積極地做無球跑位，願意旁觀隊友自己解決問題。他華爾滋舞步般的晃動愈來愈少，更多是走位，接球，快速調整，投籃。

化繁爲簡，甚至到了樸素的地步，這就是他的變化。

2007-2008賽季，隨著拜南的出現，科比已經愈來愈少在進攻端包攬太多的活。他把持球組織交給了歐登、費雪和華頓，滿足於做一個三角進攻的連接點。

十二年來，他被批評最多的便是他的投籃選擇、他的組織全隊、他讓隊友融入球隊的程度、他對比賽的控制。而如今，科比開始謹愼了。他對自己的投籃選擇近乎苛刻。與當年肆恣汪洋的單打相比，如今他的投籃幾乎謹愼小心到了保守的地步。

他把自己的精力全數放在了防守端，每場比賽的數據不會記錄他的眞實貢獻：2007年11月，在鳳凰城，拉加・貝爾被他防到8投1中，他的連續抄截使太陽被湖人的快攻浪潮擊潰；對爵士，他在籃框旁起跳，迎著切入的基里連科，一個完美的封阻動作，讓「AK47」經歷有生以來最丟人的一次被蓋；對黃蜂，皮特森和傑克遜被他統治。對灰狼，巴克納完全找不到籃框；在與火箭的第二次交手，麥葛雷迪受傷下場前，被科比守得呼吸困難；然後是漢密爾頓、威金斯，以及艾佛森被壓迫到3次失誤。NBA沒有一項數據能夠詳細記錄一個人將他的對位者扼殺到了何種程度。我們只好滿足於2007年11月的前半個月，他每場送出2.1次抄截、1.5次阻攻這樣的資料——包括了蓋掉姚明、鄧肯和「AK47」的那些令球迷抱頭驚呼的鏡頭。

他關於新賽季唯一的瞻望，是對記者說出：「我想成爲年度防守球員。」

你能夠從他的變化中閱讀出多少呢？像1967年開始放棄得分王的張伯倫、1991年得分不斷下降的喬丹一樣，用信任隊友和驚人的防守，以及關鍵時刻的個人能力來取得勝利？如果他確實做此想法，這是否意味著29歲的他已經成熟？又或者，這只是他的又一次與世界賭氣？畢竟，他一向與世界並不友好，而採取著「如果你想證明我不行，那麼我就只好讓你看看」的姿態。

有記者跑去，找領銜得分榜的勒布朗·詹姆斯：「賽季末，勒布朗你能拿下得分王嗎？」勒布朗說了「不」。「因爲洛杉磯的那個人……他是不會讓除了他之外的任何人，拿下得分王的。」

2008年1月，拜南受傷，湖人大廈忽然又要傾塌了：他們在西區第一剛坐了一天便被掃了下來。2008年1月14日，在西雅圖，科比全場44次出手得到48分。

似乎，湖人即將迎來又一波「傷病作祟，科比獨攬全局」的劇情了。

但這一次，湖人比上一季幸運得多。

25 保羅・加索，以及MVP

2008年2月5日，科比右手小指受傷。但他拒絕做手術。

隨後，一個巨大新聞遮蓋了科比的手指話題：西班牙巨人保羅・加索逃離曼菲斯，加盟湖人——而湖人付出的代價，僅僅是史上水貨狀元誇梅・布朗。

這樁交易之荒誕，甚至讓專事挖掘廉價天才的聖安東尼奧馬刺主帥波波維奇暴跳如雷：「這交易太荒誕了！我們得有個交易監督委員會，來阻止這類不公平交易的發生！」在家養傷、閒得發慌的吉爾伯特・亞瑞納斯也氣急敗壞：「湖人是小偷！這根本就是犯罪！這好比說，老子白送你100美元，只要你手裡的一塊錢硬幣！」

不必怪波波維奇草木皆兵，只需要看看加索到來之後的蝴蝶效應。失去安德魯・拜南後，在1月下旬2勝4負、舉步維艱的湖人，卻在得到加索後，打出了一波11勝1負——而且，他們還處在艱難的東區連續九場客場的歷程中。西區則人心惶惶，太陽立刻跟進了用馬里安交換歐尼爾的驚人交易。加索像第一副倒下的骨牌，促成了聯盟的動盪。

作爲這次地震的主角，洛杉磯最新的外來巨人加索對《馬卡報》說：

「難以置信！這對我的影響太大了。明天晚上我就將是這支偉大球隊的一員，這是一支在NBA擁有優秀傳統，而且有能力贏得比賽的球隊。我太需要一枚冠軍戒指了。這是我職業生涯和人生的新起點，我非常高興。」

這當然不是客套話：保羅・加索，優秀的大個子，爲西班牙拿下2006年世錦賽冠軍的王牌，卻在27歲的黃金年齡，苦於曼菲斯稀疏的觀衆、教練的快攻打法、腳踝與背部的積年舊傷。忽然間，他進到了NBA歷史上最偉大的教練手下，與NBA個人能力最傑出的球員搭檔，這不啻於地獄到天堂的輪轉。爲湖人出賽的第一場，他就得到24分12個籃板。3天後，對陣魔術的德懷特・霍華德，他不斷在擋拆後獲得科比的傳球，輕鬆跳投，15投12中得到30分。

保羅・加索，1980年出生的西班牙人。父母阿古斯蒂和馬利薩，曾經都是籃球運動員。他的弟弟馬克・加索1985年出生，將在幾年後成爲NBA最好的中鋒，但那是另一個話題了。加索13歲長到了183公分，此前他一直打控球後衛，培養出了細膩華麗的技巧。1998年，他帶領巴塞隆納青年隊獲得世界高中籃球邀請賽和歐洲青年錦標賽冠軍後，2001年夏天，保羅・加索去到了美國，過程頗爲驚險：NBA此前爲買斷其他歐洲球員所開的金額，最高一次不過35萬美元，而巴塞隆納卻喊了250萬美元的天價。幸而，加索有個好經紀人：赫伯・魯杜埃。此人像個巫師一樣騙得灰熊以高價位摘取加索——價碼甚至高於NCAA年度球員尚恩・巴蒂爾，這樣他得以用高薪自掏腰包交了165萬美元的毀約賠償金。新秀年，加索場均17.6分8.9個籃板2.1個阻攻，以及數據之外，那些令NBA控球後衛們驚訝的絕妙傳球。

3個NBA賽季結束之後，24歲，他已經是NBA年輕一代卓越的內線。2004年夏，他得到了6年8,600萬美元的合約。這樁合約是銳利的雙刃劍：他的前程與地位如劍刃般明亮悅目，他所擔負的責任卻也如劍刃般緩慢絞殺他的身體。2005年夏，也許是厭倦了灰熊球迷暗示他軟的「GAYSOL」綽號，他開始留一臉「灰熊亞當斯」式鬍鬚。

來到湖人之前，他也在遭遇人生的十字路口：在灰熊，他陪伴一些少不更事的孩子打球、在淩亂的體系中消耗體力、獨自扛起主攻的任務，傷病不斷，曼菲斯球迷刻薄地諷刺他軟得像同性戀。

在湖人，一切都如此完美：作爲NBA傳球最好的巨人之一，他輕鬆融入了三角進攻。他全面的技巧，可以爲球隊提供優秀的高位策應、低位單打，他的聰明跑位與精準跳投，讓他和科比的擋拆簡捷有效。他綿密的橫移腳步和快速地移動，也讓湖人曾經聯盟最差的防擋拆能力，獲得大幅度提升。

最重要的是：他不是鯊魚那副霸王脾氣，天生是優秀的副攻手和策應者，於是，他與科比接軌得嚴絲合縫。甚至連他西班牙式的安靜脾氣，都很合乎湖人更衣室的氣氛：費雪老大哥的權威，科比的好勝成狂，這讓他不必像在曼菲斯似的，明明性格沉靜卻被迫擔任老大的角色。

他和科比幾乎不必磨合便臻於完美。得到加索之後，科比在2月投籃命中率高達驚人的51%。湖人打出一波又一波的血洗：2月13日，25分破灰狼；全明星賽後第一場，29分斬老鷹。然後是在2月的最後五場：18分擊敗快艇，20分削倒超音速，13分擊敗拓荒者，18分掃滅熱火。當加索和科比同時在場時，下半季湖人一共只輸過4場球。有整整1/4的比賽，湖人在三節結束後便已把比賽推入垃圾時間。

與此同時，費雪在默默起著作用。

自從1996年入行之後，他便是科比最好的隊友，也是湖人最無私的球員。2003-2004賽季，他自願將先發讓給蓋瑞・裴頓，讓禪師感動不已。鯊魚走後，他去勇士與爵士打球，2007年夏，他的女兒被檢查出了眼疾，禪師於是跟費雪商量：

「回洛杉磯來吧，給孩子治病比較方便。」

費雪歸來後，湖人多了一個更衣室老大。他是跟科比共患難的老將，卻又深明角色球員的苦楚。於是費雪時不時跟科比交流：

「我們不能在萬里高空領導球員。我們要跟他們貼在同一平面。」

費雪很得人心，能夠安撫球員；他說的話，科比也愛聽。於是湖人通同一氣了。

2008年春天，湖人幾乎恢復到了20世紀80年代魔術強森時期的光榮風格。進攻若水銀瀉地，人人都可以自由運轉。科比艱難地帶隊三年後，終於使這群人馬獲得了足夠的經驗和默契。費雪、科比、歐登、射手雷曼諾維奇、小前鋒華頓、替補控球後衛喬丹·法瑪爾和替補射手武賈西奇，都夠靈巧，加上加索的高位策應和內線移動，湖人運轉迅速快如閃電。2008年春天，他們時常依靠科比的外圍壓迫防守、快速攻防轉換、加索高效率的策應、集體開花，一瞬間解決對手。

而這也使科比職業生涯以來，第一次成為了例行賽MVP的首席競選者。

每年3月，各大球館都會有類似的場景。某個夜晚，某幾個球員鳳凰展翅、所向披靡，而後故作不經意的瀟灑下場時，全場會高呼：「MVP！MVP！MVP！」接受朝拜的人數或多或少，因實際而定。2008年3月，死敵國王主場的阿科球館，在看到科比34分發揮後，球迷開始集體高呼「MVP」。這對科比來說是無上的光榮：他甚至已經讓對手心服口服。

當然，喊話的觀眾們，並沒有給MVP投票的機會。若不然，單憑2006年81分為典範的那一串得分表演，科比就會被球迷推選為2005-2006賽季的例行賽MVP了。

1955-1956賽季，NBA才開始有例行賽MVP，由球員們投票產生，因此，統治了NBA第一個十年的喬治·麥肯，沒有來得及等到MVP獎盃誕生。此後至今，每年暮春，一群電視評論員、體育記者之類，會被圈在一起投票選出當年的例行賽MVP。

之所以每一季，MVP的歸屬都會成為久炒不爛、人人愛嚼的噴香豬蹄型話題，是因為NBA歷史實在浩浩湯湯，橫無際涯，有夠多的例子可以援引。於是，每季3月，各球員支持者——比如自家教練、球隊死黨——都不乏生動事例和甜美論據。苦惱之處在於，奧斯卡可以有無數獎項，而MVP只有一個：一家女兒許不得五六個郎。2006年，ESPN的比爾・西蒙斯玩笑般地列了六個MVP獎項：「最令人激動的球員」、「在一支勝利之師中最有價值的球員」、「一支比預期中發揮好的球隊裡最讓人滿意的球員」、「戰績最佳球隊中的最有價值球員」、「季尾狂飆球隊中的最佳球員」、「最不可或缺球員」。

2008年的例行賽MVP與以往類似——無數的候選人，每個候選人都有一堆理由：

勒布朗・詹姆斯的支持者可以說，他打出場均30分7籃板7助攻的恐怖數據。

克里斯・保羅的支持者會宣布，這個三年級的天才控球後衛，成爲了NBA助攻、抄截雙料王者，是聯盟歷史上第八個完成「場均20分10助攻」賽季的人；而且，他把一支上季還平淡無奇的黃蜂，長期扛舉在西區前三。

塞爾提克的球迷宣稱，凱文・賈奈特應該得MVP，他將要拿下年度防守球員，而且讓上季還一場糊塗的塞爾提克打出了例行賽66勝。

提姆・鄧肯和史帝夫・奈許，就像每年要出席的榮譽嘉賓一樣，每年都一臉無所謂地被粉絲們扛上候選榜；最後，科比・布萊恩和麥葛雷迪，各自率領球隊所向無敵。

如果確實像音樂節、電影節或者新年聯歡會似的，有六個MVP獎項可以分，當然皆大歡喜；但是，很可惜，僧多粥少。

到最後，人們才發覺，科比居然沒有得到過例行賽MVP！論個人能力，此前兩季，他打出了驚世駭俗的個人表現，已經取得了一致的認同；論資歷，21世紀以來他始終是聯盟最好的後衛之一，沒有一個評委會忘記他。在進攻端，他依然保持了聯盟最頂級的、隨叫隨到的得分能力，在需要時依然可以一節斬落15分、20分；在防守端，他發揮出2002年以來最殘暴的狀態，數不清多少場比賽，他開場的驚人壓迫不斷讓對手失誤，然後湖人一波快攻提前使比賽進入垃圾時間。最後一個阻止他取得MVP的障礙——球隊戰績，在2月獲取加索之後，也已經不成問題。

於是，只可能是科比：2008年4月，他帶領湖人7勝1負，鎖定西區第一後，沒有任何因素可以阻礙他了。他就是2007-2008賽季的例行賽MVP。即便個人數據並不如此前兩季奪目，即便得分王被詹姆斯拿去，但科比讓他的球隊成為了西區第一，即，在被質疑了十二年後，他終於擁有了一支屬於自己的隊伍，擁有了一個可以用他自己來命名的年份。

甚至連他的競爭對手詹姆斯都預先承認了。2008年2月，他對記者如是說：

「科比得到MVP前，我不可能有機會染指。」

「我不知道聯盟中還有其他任何人更值得獲得這個獎項，我也不知道聯盟中有什麼人會比他要更加努力。」禪師說。

2008年5月7日，例行賽MVP揭曉。毫無疑問，就是科比。這時候，他當然不再是那個黑翼的墮落天使，或者陰險的曼巴蛇。他羽化成仙，回到了主流的經典形象。他風度翩翩地面對提問的記者，他把這個獎項稱爲是天賜的祝福和榮譽。

「這就像在好萊塢一樣，就像電影裡的情節一樣。僅憑自己的力量我是無法獲得這個獎項的。我都不知道怎麼感謝我的隊友了。他們是我的夥計，是我的兄弟。讓我們一起爲明天做好準備吧……我不知道這個獎項最後會頒發給我，我很驚訝，我過去幾個賽季打得也不錯，但我們的球隊卻沒這樣好過。事情就這樣自然而然地發生了。」

你可以想像，這是那個在2004年夏天被曝出在更衣室裡跟隊友、教練吵架的少年嗎？是那個和馬龍吵架、和鯊魚鬥嘴的年輕人嗎？

曾經和鯊魚、科比共事過的布萊恩・蕭說：

「現在的他，比起過去三連霸時期，成爲了一個更好的隊友，他變得更加成熟了。他過去的時候眞的不是一個好隊友，但沒有任何人比他付出更多的努力，所以今天他做到了。過去他並不怎麼和隊友在場外打成一片，但現在據我所知，他總是和他的隊友們共進晚餐。」

他，科比・布萊恩，從來在技術上不存在缺憾。只是，籃球是一門如此深奧的學問。在球場上成爲技藝最佳的個人，並不意味著一切心想事成。曾經，他的好勝、偏執和孤傲，把他帶入了2004年的低谷，但也是他的好勝與偏執使他熬過了所有的打擊。

無論是球隊戰績、個人能力，或是數據表現，當他把爭奪個人榮譽的努力放在爭奪勝利上時，他的偏執使他成為了一個好的領袖。他自己從天使變成了黑曼巴，然後在2008年夏天重新回歸到高尚的巔峰形象。最後，他達到了籃球世界的巔峰，憑著一己之力。只是這一次，他不再對抗世界了——他和世界講和了。

即便在拿到例行賽MVP後，依然有人會注意到科比的許多小細節：他會聽著隊友的笑話，發出誇張的笑聲；隊友失手關鍵球，他還是會虎視眈眈凝視隊友，一臉要吃掉他們的樣子。射手武賈西奇倒很泰然：

「我知道聽起來像是掩飾，但我們和科比的關係很好。外人無法了解家庭內部是怎樣的，我們看到的可跟媒體上的不一樣，」說著，他笑了笑，「畢竟我們自己處身於NBA，而你們只是旁觀者嘛！」

法瑪爾和華頓都覺得湖人氛圍很好：「我們訓練完，並不各自回家。我們一起吃飯，科比當然也一起去。」

歐登覺得，他很有功勞：「我請了個夏威夷大廚，山姆・喬伊，他是天下第一烹雞高手！」

聽來很誇張，但的確，當科比跟隊友一起聊夏威夷風味的雞好吃不好吃時……可以讓全NBA都開始顫抖起來。

26 殺手的嗅覺

2008年季後賽，第一輪，與科比交戰多年的兩個大傢伙，在西區第一輪相遇：馬刺對太陽。這是鄧肯的第十一次季後賽旅程，遇到鯊魚則是第六次。

1999年以來，鯊魚和鄧肯，總有一個人進總決賽。除了2004年，每個總冠軍都歸鯊魚或者鄧肯：鯊魚4個，鄧肯3個。幾乎可以說，是他倆命名了這個時代。

鄧肯、鯊魚和奈許，包攬了過去八年的5個例行賽MVP和6個總決賽MVP。多年的交鋒與恩怨。

2008年，鄧肯和鯊魚，兩位統治時代的巨人帝王再次相遇。但他們已經不是時代的主宰者了。

2008年，他們都老了。他們的相遇不再像1999-2004年那麼地動山搖。這也是他們最後的機會了：決一死戰，結束整個十年的紛爭。

然後，第一場就發生了傳奇之戰：史塔德邁爾在被鄧肯砍落40分後悻悻地祝福他32歲生日快樂，而鯊魚在3月已經滿了36歲。

這傳奇般的一戰正規時間48分鐘打到末尾，馬刺35歲的麥可·芬利穿越雙重掩護，獲得短暫空隙，射出了一記三分。93平，雙方進入延長。第一個延長末尾，計時器還有3秒，馬刺101比104落後。無人會料及這種結果：這兩支雍容華貴得略顯老態，四年來在王座周圍盤旋的偉大球隊，居然會在一場理應作爲序幕的比賽中，戰到白骨黃沙田、敗馬向天鳴的淒厲情景。鄧肯在右翼45度，雙腳站在三分線外，抬頭，出手。

三分球？鄧肯？

球進了。104平。第二個延長。

那時，兩隊已各自燈盡油枯，像兩頭駱駝，爭相爲對方塡最後一根稻草。史塔德邁爾犯滿退場，帕克犯滿退場。鯊魚、迪奧各5次犯規在身。奈許、希爾、歐尼爾和貝爾這四位平均34歲的先發有三位仍在紅著眼睛血戰。此前20投7中的吉諾比利像嗅到血腥的毒蛇，飛速穿越太陽防守群如蛇行草間。罰球，上籃。奈許左側底角射中匪夷所思的遠射，115平。暫停用完，喘息伴隨著時間飛逝，聖安東尼奧全城的心臟跳動挽不住時鐘的腳步。吉諾比利長途奔襲穿越全場，化身利刃一刀切入太陽心臟上籃得手。117比115。馬刺終於取勝。兩個起死回生的遠射，參差交加的王牌對斬，一針見血的絕殺，史塔德邁爾的33分和6次犯規，鄧肯的40分15個籃板。你還能要求一場比賽給出更多的風情嗎？

「要是太陽vs馬刺系列賽裡沒發生些特別的事，那也就不算太陽vs馬刺系列賽了。」太陽射手拉加・貝爾說。

這些特別的事，當然也包括鯊魚這個36歲的150公斤胖子飛撲到場外救球的鏡頭。

作爲NBA史上最富娛樂性的胖子，鯊魚的飛撲救球多少有向十年前丹尼斯・羅德曼致敬的味道。但是，提姆・鄧肯當然知道，2008年，這個飛撲救球的胖子已經不是十年前會賴在球迷堆裡撒嬌的大傢伙了。第二個延長，鯊魚身背5次犯規，神情嚴肅，動作謹慎。這一晚他只打了30分鐘，對輸球心有不甘。也許他是鳳凰城最後一個放棄的傢伙。他的飛撲和他的堅毅防守一樣說明他的態度。

也或許只有鄧肯能夠明白，這個傢伙有多認眞。

貝爾這麼評論鄧肯那記三分球：「他命中註定是要投進那

個球的。」

命運就是這麼決定的。

第二場，鯊魚19分14籃板4阻攻。第三場，11投5中，而且經歷了久違的駭客戰術，17罰9中19分。第五場，鯊魚只打了23分鐘，14分12籃板，太陽取回一陣。第五戰，鯊魚罰了足足20個球，13分9籃板。

太陽被馬刺擊敗了。至此，鄧肯和鯊魚的6次季後賽打成3比3。就這樣結束了鄧肯與鯊魚的漫長爭端。1999-2007年間各分享了四個總冠軍，只讓2004年一個戒指旁落給活塞的兩位巨人，就此別過了。

在那兩個垂老巨人解決其恩怨的時刻，科比則在首輪，和艾倫·艾佛森一了十二年前的恩怨。

湖人vs金塊。

對金塊系列賽第一場，喬治·卡爾教練使用肯揚·馬丁去防守科比。這位主打大前鋒的2000年狀元，在大學時便擁有可以防3、4號位的步伐和防守基本功，身高臂長也可以盡量干擾對手的投籃。當然，卡爾的巧妙安排還在於坎比在馬丁身後的保護。科比相比巔峰期略有下降的速度無法完全甩開馬丁，全新的防守布置又打亂了科比的投籃節奏。前12投，他僅有2中。

似乎金塊成功了？

但金塊的安東尼·卡特做了件很傻的事：在企圖阻止科比扣籃時，他把科比推進了底線的攝影師群裡。

這世界上有些人是你永遠不該激怒的。溫和地殺死他，或者遠離他。

科比開始叨唸垃圾話。和場外那個謙遜溫雅的MVP不同，2008年季後賽，場上的科比幾乎是個魔鬼。他罰中了3球，然後，接下來4投3中。第三節過半，他在空中遭肯揚・馬丁犯規，卻依然投中。他始終沒有停止對馬丁的羞辱，他搖著頭，說：「NO」。

第四節，當他的三分遠射、他的切入、他的後仰跳投奏效時，他對J. R. 史密斯搖頭了「NO」。

他的後14投中了7次，全場32分，全場都在搖頭，告訴金塊：千萬別招惹黑曼巴。

然後，丹佛金塊的還債生涯依然沒結束。

對金塊系列賽第二場，喬治・卡爾依然延續前一場的安排，由肯揚・馬丁單防科比，然後，科比第一節得到20分，此後金塊再換人防守爲時已晚。丹佛並沒有一個優秀的外圍對位防守者，而在防跑動擋切系列進攻時亦非他們所長。湖人全場轉移球迅速給出33次助攻，科比幾乎沒有在站對位情況下強行單打。全場49分與其說是個人之勇，不如說是金塊的戰術失當。

這一晚他沒有說「NO」。他晃身突破J. R. 史密斯，遭後者拉人犯規後，他盯了J. R. 史密斯一眼，然後不斷點頭，說「YES」。說了十次之多。這就是他作爲MVP的姿態：他在場上像黑曼巴蛇一樣兇殘準確。他不會寬容或軟弱，會一直朝對手打擊，至死方休。他總是給自己找對手，有時甚至是故意激怒自己。他需要進入到那種「一個人對抗世界」的狀態。他在尋找刺激和挑戰的過程中樂此不疲。

他成為聯盟外圍最強攻擊武器已非一年兩年的事。對金塊，他完成了橫掃，一個人毀掉了丹佛所有的外線防守。除了第一場26投9中和第三場8投1中的三分外（三分線內則是11投8中），猶他和丹佛幾乎沒有給他造成過麻煩。

2008年8月將滿30歲，他的身體狀態依然在巔峰。也許比起2002年速度略有下降，但他華麗的地板技巧，已經到了不需要和少年們拼爆發力的地步。自從2006年夏天對太陽那七場大戰以來，除了2007年3月球隊傷病期那連續50分浪潮，他的投籃選擇已經收斂許多。如今半場陣地戰，他的蠻橫跳投、急停三分之類相對減少。他的接球後不加調整的簡潔跳投越加進步，並且繼續擁有著聯盟搖擺人裡最強之一的低位背框單打能力，以及全套面框晃動技巧。一言以蔽之，除了更簡潔外，他和那個攬有得分王的8號沒有太大的差別。

淘汰金塊的第四戰是一個典型案例。比賽前42分鐘他都狀態不佳，罰球甚至罰10中4以及6次失誤。坎比等人很好地保護著禁區，直到最後5分半，科比忽然找到了感覺。利用無球跑動擺脫後接球，然後幾乎一口氣得了14分。

西區準決賽，對爵士的第一戰，雖然在最後時刻失去手感，但他的突破和低位單打不斷博得罰球；第二戰，完全是在用嫻熟的晃動戲耍羅尼·布魯爾。他的得分技術全面到可以針對防守者改換策略：對上206公分的基里連科，他可以翼側突破；對上布魯爾，背框單打或是假動作晃開後跳投。他已經很少像以往某幾個賽季那樣，在瘋狂跑動後隔著三個人射出三分了，他變狡猾了：在對爵士的兩戰，他一共只射了4個三分球。

對手的難題是難以制約他：如今科比對自己的位置感格外在意（所以許多時候反而會失去好的攻擊位置）。禪師的三角進攻所強調的空間和距離，就是爲了避免被包夾和快速轉移而設置。加索加入的當月科比射出高達51%的命中率：並不是加索像鯊魚那樣，有如吸鐵似的吸引對手集體包夾的魄力，而是他的站位、掩護和低手傳球可以使科比在翼側獲得更廣泛的活動空間。令丹佛飲恨、讓爵士頭疼的是，科比偶爾滿足於三角進攻中轉移或牽制的角色，有時卻又會虛實並用的發起攻擊，他的進攻已不像2005-2006賽季那樣聲勢浩大，但卻招之即來，隨時可以發動和結束。打有準備之仗，鹽湖城的猛漢們並不怕；但完全無徵兆的高命中率突然襲擊，他們卻全無解法。

比如，2008年5月9日，在鹽湖城。上半場他5投1中，湖人落後9分。然後，一如爵士主帥史隆所說，「我們都知道他下半場會幹什麼。」

科比接管了比賽：不斷切入籃下，在人群裡尋求上籃或是製造犯規。除了最後追分時刻，他好像都忘了三分球是怎麼回事。在這種時刻，他多少像2006年總決賽的那個韋德：目標明確，而且直截了當。下半場他15投9中，罰中8個球，得到26分。包括了一個打板後空中接力的動作。爲了這個動作，賽後他甚至對記者開起了玩笑：「算我一個助攻嗎？」輸球，他心情依然不壞，已經不再像當年一樣，輸球後冷對記者了。

在和爵士的系列賽中，科比場均獲得16個罰球。這是爵士的無奈：除了拼命用犯規阻遏，爵士並無他法。4比2，湖人晉級。

2008年西區決賽，馬刺對陣湖人。鄧肯和科比上一次碰面，還是2004年。這一次，科比剛拿到自己的例行賽MVP。用湖人助教布萊恩・蕭的說法：「科比眞正成熟了。」2008年西區決賽第一場，上半場結束，馬刺51比43領先，鄧肯上半場16分9個籃板。科比上半場僅得2分，但並不全是包溫的功勞：上半場，科比有5個助攻。第三節一開始，馬刺一波華麗的14比2，65比45領先來到20分。洛杉磯史坦波中心的18997名球迷一片哀號之聲：「例行賽57勝的那支湖人，只是個美麗的肥皂泡嗎？」忽然，情況變了。3分5秒內，湖人連得14分。科比自己得到7分，外加兩個助攻。馬刺的優勢只有6分了。之後的比賽進入纏鬥。比賽剩8分鐘時，湖人只落後3分。包溫一記三分球讓馬刺再領先6分，但湖人一口氣連得10分。比賽剩2分42秒時，馬刺反而81比85落後了。馬刺最後發起反擊：吉諾比利的罰球和鄧肯的補籃，讓雙方85平。比賽剩41秒。科比壓著時間，突破，在離框3公尺遠起跳，命中球進。湖人87比85領先。馬刺進攻未遂，湖人鎖定：89比85。逆轉20分，完成了反擊。鄧肯的30分18籃板也無以回天了。波波維奇看得明明白白，但是無可奈何：「科比，他上半場信任自己的隊友，所以他有5個助攻。他在耐心探測，看我們對他到底有多忌憚。下半場，他才開始攻擊。」

這場逆轉讓馬刺第二場無力再戰，湖人101比71大勝。第三場，馬刺103比84扳回，但第四場，湖人93比91險勝：布倫特・貝瑞投了一個絕殺三分球。第五場，馬刺在洛杉磯以63比64落後一分進入第四節，但科比第四節得到17分，全場39分。比賽最後時刻，一個富有象徵意義的對決：湖人87比82領先5分，時間剩1分50秒，科比在半場運球消磨時間，加索慢悠悠過去，給他做掩護，鄧肯根本不管加索：他了解科比，知道這種時刻，科比不會想打擋拆，只會直撲籃框，這就是科比和他的對決。

然後，科比向左運球，加速，鄧肯做出了完美的防守：他跟著科比，預備封阻。但科比在完全沒有角度的情況下，在人即將滑出底線的瞬間，展開身軀，將球從自己身側托起，一個舞蹈般的擦板上籃。鄧肯抬頭，看著球滑入籃框後，抿了一下嘴，低下頭去。

那一下，基本功被天才擊敗了。

湖人100比92擊敗馬刺，4比1晉級總決賽。這也是1998年以來，第一次，總決賽沒有鄧肯或歐尼爾。那時，科比・布萊恩，距離成爲2008年完全的統治者，還差最後一步。

而他看起來，非常平靜。對馬刺第一場下半場得到25分後，科比靜靜地陳述道：「我隨時可以得分。下半場，我就這麼做了。」科比的得分浪潮，總是來得突如其來。與他纏鬥多年的老冤家布魯斯・包溫苦笑：「你是沒辦法從他嚼口香糖的方式上猜到他要接管比賽的。」但老隊友德文・喬治倒認爲並不難：「當科比環視周圍，開始怒氣衝衝，那意思就是他要接管比賽了。」十年前，科比的老教練戴爾・哈里斯則說：「科比決定要得分時，會做胯下運球。那會兒他就在盤算，要怎麼宰了你。」

第一場，他確實用自己的冷血摧毀了包溫：長距離投籃，扭身上籃，翻身跳投，以及最後24秒鎖定勝局的、科比招牌的急停跳投。這一場，某種程度上湖人重傷了馬刺的信心。第二場，湖人101比71血洗馬刺。第三場，103比84。

塞爾提克的老後衛山姆・卡塞爾並不認爲這是所謂「殺手嗅覺」，而是「那個喬丹也有的玩意兒」。但跟喬丹不同，科比無法卸下他的殺氣。德文・喬治的說法：「科比沒辦法關掉他的殺手氣質。他太渴望勝利了，他會讓許多人誤解他。」布萊恩・蕭，從科比11歲開始跟他單挑的蕭，回憶說科比對一對一如何熱愛。如果你不小心在訓練時一對一贏了他，他會要求再來一次。「那，你剛才那個招式，再來一次！」德文・喬治說，更可怕的是，科比能隨時給自己添加招式。大多數球員都是在訓練時自己練熟了，而科比會在一天訓練裡用一個招式，第二天比賽裡就使出來。

他愛籃球，是個籃球癡。2003年一次採訪時，他跟記者大談自己發明的一個新招：「接球，試探步讓對方鬆懈，不收球，直接順步突破。」說著，他就跟記者比劃起來……他近乎狂野地雕琢一切招式。名訓練師艾登・拉文認爲，所謂殺手本色，是這樣的：熱愛籃球、野心、強迫症、高傲自信、自私和自我問責，這些資質，科比一應俱全。「他有時會選擇不給別人傳球，是因爲他覺得，爲什麼要傳給一個不如你努力、不如你厲害的傢伙呢？」

科比強迫症到什麼地步呢？2008年西區決賽期間一次訓

練末尾，全隊罰球。科比失手了。當戴瑞克・費雪要罰球時，科比忽然跳起，將球從籃框上撥走了。歐登表示習以爲常：「當然了，科比不願意成爲唯一一個罰球沒進的人。」

這就是他。有時固執，有時孩子氣，總是倔強又堅持不懈。根據科胡安・威爾金斯的說法，他會要求耐吉給他的簽名鞋削薄一點點：「可以讓我的反應速度多百分之一秒。」他會覺得跟包溫對決很有趣。他一直夢想，跟巔峰時期的喬丹來一場單挑。溫特老教練搖頭：

「他倆那脾氣，打到最後，一定會見血。」

事實上，2008年總決賽，等待他的，就是個會讓他見血的對手：東區冠軍，波士頓塞爾提克。

27 宿命的對決

沒人會比NBA總裁大衛・史騰更滿意了，一個完美無比的劇本。2008年，塞爾提克vs湖人，這個名詞本身就構成了一切。此前是史上最瘋狂的春季、東西區的慘烈廝殺，合計奪過30個冠軍獎盃的兩隊在一個夏天後脫胎換骨到達頂峰，恍如夢幻。上一次這樣的故事還要追溯到1979年：得到魔術強森的湖人60勝，得到大鳥柏德的塞爾提克61勝。同樣神奇的復興，但那幾年J博士和摩西・馬龍不解風情，攪翻了這對冤家的鵲橋相會。這一次，沒什麼好遺憾的。宿命對決，衆望所歸。樂章一直向高亢處前進，最後是復古曲調，永不過時的經典節目。

21年可以拿來幹些什麼？達太安與三劍客的故事翻到下

一個章節，華山論劍又隔過一輪，賈霸的一整個職業生涯，聖派翠克教堂建成的時限。塞爾提克與湖人上一次總決賽重逢，魔術強森用一個小天勾幹掉了波士頓。21年足夠塞爾提克死掉一位隊長（路易斯）、一位主教，柏德在酒吧裡傷到手，進一次東區決賽，而湖人經歷一次王朝尾聲（1987、1988年）和另一次王朝（2000-2002年）。這一次的相逢有二十一年前的遺風：一支純粹的東區球隊（堅韌防守、頑固、秩序、撕咬和掙扎中生存的能力，第七場），在東區季後賽經歷一連串艱難、低比分的意志勝利，幹掉一個23號和底特律活塞，對上一支典型的、一路爵士舞般展示技藝過關的西區球隊（奔放、華麗、節奏、超卓的個人能力）。這是兩個王朝山重水複之後的相逢，毫無疑問的大團圓結局。貝勒、衛斯特、兩個瓊斯、桑德斯、拉索、西拉斯、哈維切克、塞爾維、海斯頓、張伯倫、賈霸、麥克海爾、華頓、帕利許、蘭比斯、格林、麥斯威爾、柏德、魔術強森、渥錫、萊里、紅衣主教。那些NBA史上的著名口號：「歡迎來到波士頓花園廣場。」、「波士頓死了！」、「打倒湖人！」，30面冠軍旗，22位NBA 50大球員。

而這其中又有別的看頭：塞爾提克的那幾位和科比另有宿怨。2004年季前熱身賽，雷·艾倫公開質疑科比對球隊的領導能力——許多看了2004年總決賽湖人敗於活塞比賽的球員都有類似的言論，但從未說得如此暢曉明白，你可以想像科比的反應。科比給艾倫拋了一句：「我要踢爆你的屁股。」隨後，記者發表會上，科比甚至勃然大怒：「以後別把我和那傢伙相提並論。」

結果當年的12月15日，超音速擊敗了湖人。2005年4月8日，湖人又擊敗了超音速。

同樣，凱文・賈奈特也有筆帳要和科比算。2003年夏，明尼蘇達的當家麥克海爾使足吃奶的力氣爲他湊集了一套不錯的陣容，34歲的卡塞爾和33歲的史普利維爾——至少這兩位都有總決賽經驗吧。賈奈特抖擻精神，進入他的最巔峰賽季。對國王一戰，抓到職業生涯最高的25個籃板。時隔五年後重新出現的雙頭怪讓灰狼所向披靡，壓倒擁有F4的湖人和衛冕冠軍馬刺，以58勝奪下西區第一。2004年夏，賈奈特得到例行賽MVP——繼摩西・馬龍之後第一個高中畢業生例行賽MVP，不用說是灰狼史上最高個人成就了。然而，在季後賽中，山姆・卡塞爾受傷，在殺到西區決賽後，賈奈特被39歲的馬龍纏住了。灰狼敗北，科比補了最後幾刀，灰狼曇花一現，就此與權力寶座揮別。另一個21號依然年復一年在頂峰處決戰，而賈奈特則隨著卡塞爾與史普利維爾的褪色而沉沒。

而這復仇的背景，則是兩支偉大球隊的對決：包攬六十年內30座冠軍的他們，是NBA史上最偉大的球隊。二十一年後爛柯沉舟風雨劃過，去年夏天，皮爾斯和科比還在以交易來威脅兩支處於低谷中的球隊，忽然之間，一年不到，他們分別復興，然後戲劇性地相逢。

你只好相信，冥冥中或許自有安排。

2008年第一和第二場，我們稱之爲塞爾提克式總決賽。

塞爾提克永遠不玩行爲藝術，奔放華麗與他們緣分淺淡。「紅衣主教」在20世紀60年代的永恆臺詞是：「傳球，每個人都傳球，分享球權！」而道格・瑞佛斯如今的口頭禪是：「合理投籃！別要個人英雄主義！」

塞爾提克把用來對付勒布朗・詹姆斯的策略，應用在了科比身上。退防迅速，使湖人被迫磨陣地戰；柏金斯、賈奈特和P. J.布朗的內線輪換，對禁區的保護和迅速橫移補防，對科比放投不放切，始終保持在盯防科比的皮爾斯或波西的身後放一個補防者。在這樣的陣線防守下，法瑪爾和華頓等於什麼都幹不了。塞爾提克對球的轉移反應如此之快，以至於除了費雪的直遞、科比的橫傳外，其他時刻，傳球都缺乏營養。而在強攻方面，除了科比，湖人並沒有一個明顯的對位優勢點：他們賴以制勝的進攻打不透波士頓團隊協作的叢林式密集防守。

但是，波士頓又離不開個人英雄主義，但這個英雄並非華麗舞者，而是一個堅韌、精確、冷血又好勝如狂的塞爾提克漢子。

比如第一場的保羅・皮爾斯。

總決賽第一場賽後採訪，皮爾斯嗓音粗啞，聽來像牛吼，情緒憤怒：一則因爲他上氣不接下氣，汗流如漿；二則因爲他所處的波士頓花園廣場人聲鼎沸，彷彿殺聲震天的競技場。

而這場暴風雨，是他自己掀起來的。

「我滿腦子裡念頭紛雜。我當時想，不能這麼結束了！」

他說的是總決賽第一場第三節剩6分49秒，皮爾斯倒在球場上。教練和隊友迅速合圍，也擋住所有球迷的視線。兩分鐘過去了，他還倒在地上。塞爾提克球迷快要絕望時，他們發現皮爾斯起來了。等等！他不是自己站起來的，布萊恩．斯卡拉布萊恩和東尼．艾倫各抱著他一條腿，皮爾斯的胳膊摟住他們倆的脖子。

嗯，就像戰場上拖走傷患似的。

那時，整個波士頓花園廣場覺得自己跌進了地獄。不對啊！我們花了二十一年才等到又一次總決賽塞爾提克vs湖人！我們在上半場46比51落後，第三節才剛剛有點起色，皮爾斯連得8分追平了比分，然後他就受傷了！

在此之前，科比．布萊恩做了他應該做的事。全場他在竭力尋找隊友，或者尋求自己的攻擊。說實話，他甚至過於謹慎。25次出手，至少有一半，他是在沒有尋求隊友幫助的情況下做的。

塞爾提克對付詹姆斯的策略，在對付湖人的時候頗為有用。除了第二節的某一會兒，其他時間退防迅速，湖人被迫磨陣地戰；柏金斯、賈奈特和P. J. 布朗（尤其是P. J. 布朗）在對禁區的保護和迅速橫移補防方面展示了過人的素質。

塞爾提克至少有一點是狡猾的：雷．艾倫開場的先聲奪人，以及他大量的持球和策應。他的失誤雖多，但在給球的時機把握上，比朗多的直性子顯然奸猾得多。他在翼側的活動打開了湖人的陣形。防守端，他經常展示讓人驚訝的侵略性。但僅有這一點是不夠的。塞爾提克3輪20場以來的經驗：對上有速度的隊伍，他們很難拉開陣線。進攻端遠談不上流暢。然後就成了一場「典型的塞爾提克之戰」。拖慢節奏，保持泥濘之戰。但是皮爾斯受傷了！怎麼辦呢？五分鐘後……球場入口處傳來了喧騰聲。保羅·皮爾斯回來了。球迷們看見了他，

聲浪一級一級攀升。他回來了！他腿沒斷！我們還活著！然後，皮爾斯在22秒內連中兩個三分球，波士頓花園廣場的頂棚險些被掀翻。——1970年，湖人遭遇過類似的故事。總決賽，第五場，紐約隊長威利斯·瑞德受傷；第六場，張伯倫獨砍45分；第七場賽前，瑞德腿上纏著堆亂七八糟的東西上了場。史上最偉大的王者歸來。在紐約麥迪遜花園的狂野呼嘯中，尼克拿到了他們隊史第一個總冠軍。

——三十八年後，皮爾斯的王者歸來和兩個三分球，掐住了湖人的咽喉。

當然，勝利也屬於其他人。P. J. 布朗無數次在禁區左側迅速卡位，湖人的傳球無數次陷於人堆裡然後被斷。42對31的籃板，無數次滾倒在地的救球。每一次泥濘中糾纏滾打，球迷都齊聲高呼。這是拉索、麥克海爾和丹尼斯·強森等人贏球的方式。第四節剩2分鐘，凱文·賈奈特惡狠狠地補扣得分，鎖定勝局。堅韌、熱血和膽大包天這些非正常比賽範疇內的東西，是塞爾提克的氣質。98比88，塞爾提克拿下第一場。

然後是第二場：108比102。塞爾提克再勝。2比0。塞爾提克，如之前東區的20場鏖戰所示，其實並沒有過於快速流動的機械化進攻模式。純粹依靠跑動進攻，最見效的純跑動戰術是：

1. 朗多在翼側活動拉開陣線，艾倫在弱側底角站位，然後由凱文·賈奈特在腰位策應，橫傳直切禁區的隊友。
2. 經典的賈奈特－朗多擋拆二人轉。
3. 賈奈特和皮爾斯底線交叉掩護之後的底線禁區強擊。

對付這三套戰術，湖人自有辦法。法瑪爾固然被朗多一晃即過，但費雪很懂得把朗多往邊線逼迫——此時朗多就傻了一半；加索繼續壓迫賈奈特。於是，塞爾提克只得肉搏對肉搏。還好，湖人沒有人可以防好皮爾斯。第二、第三節，塞爾提克幾乎每一次陣線突破、引發湖人輪轉補位的，都來自於皮爾斯的個人進攻。直到最後時刻科比前來單防之前，皮爾斯都把湖人攪得七葷八素。他和鮑維就是兩個錯位點，而塞爾提克所做無他：就是盯著這兩點，打到死。

反過來，第一場已經證明，塞爾提克二人一線、前後呼應對付科比，效果不錯；這一場，前三節，科比都不甚琢磨突破的事。大量時間爭取近距離要位，然後是小幅度運球擺脫後的跳投。

第一場，可以說，塞爾提克放投不放切的策略壓制了科比的突破，而且讓他在兼顧全局時很少專注於個人攻擊（許多進攻都較潦草）。第二場，當科比顯然打算認眞進行個人進攻時，湖人卻無法將球合適地傳到他手上。射手群一字擺開固然視覺效果奇佳，但科比一個人在罰球線上下活動時，其他人的位置卻總是堆積在另一側——糟糕的是，球也在另一側。結果是，科比全場23投11中，30分。很不錯，但不足以贏球。

湖人一度落後23分之多，他們有過兩次追襲。第三節末，當科比一連串跳投把分差追到9分時，塞爾提克一個暫停。然後，皮爾斯的連續4分、艾倫的遠射、鮑維氣壯山河的扣籃。那一波11比0幾乎提前葬送比賽懸念。比賽尾聲，湖人排山倒海的三分雨，再次將分差逼近。如果不是波西的底角遠射，如果不是皮爾斯最後在人群中博得罰球，勝負未可知也。

「湖人一度落後24分，最後一節一陣三分球反敗爲勝！」這本來是可以被吹噓二十年的神話之戰。可惜，塞爾提克，如他們以前一樣，不解風情，拒絕被逆轉。

對湖人來說，「經典差點上演。」

對塞爾提克來說，「咱們扼殺了多少經典了？」

重要的是，塞爾提克2比0領先。

「我們不滿足於當下的2比0，」賈奈特豪氣沖天地說，「我們要去湖人的主場贏兩場球！」

時隔四年，又一次來到總決賽，第一場，科比卻僅有26投9中。而此前，在西區的征戰中，他的命中率卻高過50%。

塞爾提克的策略是，由詹姆斯·波西等人輪流地換防科比，以及科比每一次持球時，內線對應地轉移。眞正對付科比的，不是波西或艾倫或任何一個球員，而是背後那個傢伙：凱文·賈奈特或P. J. 布朗。

在波士頓花園廣場，異於湖人主場，身體接觸的尺度大。塞爾提克施展招牌的局部三人夾擊二人、弱側二人輪轉，合圍之後，可以破壞科比的投籃節奏。

在2004年或更早的時期，每次進攻，科比都會進入自己習慣的進攻區域，用大幅度的華麗晃動來進行；但在MVP的賽季，許多次，他都不在自己喜歡的地方持球。在和爵士的第一場第三節，很好的例子：連續四到五次進攻，他在右翼耐心等候進攻完成陣形兌換，在兩次弱側跑位失敗後他眼看時間將到，自己簡單跳投出手了事。

但這樣贏不了球。

第三場，湖人是這樣做的：他們放棄了四個月以來最行之有效的策略——加索高位策應，而讓大量的球員向底線滲透。加索扮演藍領，在低位拖住了賈奈特，於是，科比有足夠的空間在弧頂持球，一對一擊倒對手。

代價則是，湖人的其他人失去了加索的策應和傳球。湖人以所有人的低命中率，維護著科比的神勇。除了武賈西奇和法瑪爾利用層層掩護尋找遠射機會，其他湖人隊員完全淹沒在庸碌之中了。

這是一場絞肉機似的比賽。雷曼諾維奇的強硬身體接觸迫使皮爾斯14投2中，科比在大量的身體接觸下有18次罰球機會卻只中11次，塞爾提克除了賈奈特以外的四位先發合計16次犯規。直到最後5分鐘，雙方依然犬牙交錯。

就在忽然之間，湖人變成了塞爾提克。

全場庸碌的歐登和加索找到了進攻籃板，一波7比0。賈奈特和皮爾斯手感不佳，艾倫則在最後4分鐘體力不濟。湖人78比76領先時，科比運球到前場，賈奈特犯了他系列賽最大的錯誤：他跑向中線，雙人包夾科比。湖人快速轉移球，左翼武賈西奇射中空檔三分。81比76。此後的塞爾提克再也無力追趕。他們也已無法限制科比在最後2分鐘連續一對一完成跳投。連續第二場，湖人在第四節壓倒塞爾提克。科比全場20投12中，36分。

塞爾提克有問題嗎？雷・艾倫不這麼認爲。

「即便打得這麼差，我們不還是有機會嗎？」他說。

雷・艾倫沒想到的是，他們還有打得更差的時候。

第四場，禪師還是出手了。他派出了長手長腳的小前鋒亞瑞扎：這小子在第一節和第二節的8分鐘璀璨發揮，足以和鮑維並列本系列賽兩大驚奇。湖人提前把每場最後3分鐘的強力對球壓迫施展開來，於是塞爾提克第一節幾乎被摧毀。

加索不再沉於低位。他的自由活動和科比與他的輪轉，使湖人在第一節水銀瀉地：賈奈特早早兩次犯規提前下場休息，科比前5投1中卻送出6次助攻，加索提至上線，底線亞瑞扎的三分，歐登隨意空切。湖人總決賽四場以來首次打出令他們快樂的節奏。首節35比14領先21分。

之前的紀錄是1970年總決賽第六場：威利斯・瑞德受傷，湖人首節36比16領先。當然，那晚湖人贏了——張伯倫45分27個籃板。

但這次，首節的21分優勢只是神話的序幕。

塞爾提克開始了頑強的追擊。他們有足夠的牌可以打。賈奈特、柏金斯和P. J. 布朗繼續讓科比遠離禁區。皮爾斯則組織全局。豪斯、波西投出利刃般的遠射。第三節，塞爾提克重複了第一場的洶湧攻勢：一波31比15的高潮。

當然有過波折。塞爾提克一度追至只差13分時又被拉開。在瀕臨絕望的時刻，永遠的幸運兒老山姆．卡塞爾和凱文．賈奈特的怒吼讓球隊繼續保持著鬥志。賈奈特打出了系列賽最強硬的姿態：他不再用簡潔優雅的後仰跳投，他多次在右翼持球，左手運球切入，和西班牙人肩抗肩地碰撞，高位跳投。在第四節，皮爾斯和科比玩起了一對一，就像東區準決賽他和詹姆斯對決一樣。當科比對他射中跳投時，他回以跳投。當科比滿臉緊張時，他卻在微笑。

就是在這樣詭異的氣氛下，塞爾提克在第四節居然反超了。他們最多時落後24分，單節落後21分，卻在他們並不擅長的第四節讓打手機訂酒店的洛杉磯球迷們鴉雀無聲。他們的朗多、柏金斯和皮爾斯帶著傷，波西身背5次犯規。可他們似乎滿不在乎：老頭子P. J. 布朗甚至對著鏡頭拋媚眼，每一次犯規後都第一時間送上一個蔑視的表情。

但他們的確可以贏球。

賈奈特因爲首節過早犯規，提前下場，結果首節，湖人取下35分。

但後三節，賈奈特幾乎沒再休息過，結果湖人後三節得到56分，下半場33分。

這一切，彷彿只是爲了又一次證明凱文．賈奈特是21世紀最實至名歸的年度防守球員。歐登上半場空切、晃動隨心所欲，7投全中，但在下半場消失了；湖人在第三、四節每次進入禁區，都要挑戰賈奈特和P. J. 布朗高舉的四臂。

賈奈特記得他自己的誓言。他要在洛杉磯贏球。於是當歐登來防他時，他堅決亮出獠牙單打；在對上加索時，他沒有簡潔地用後仰跳投來結束進攻。他會在右翼持球，轉身，墊步試探，左手運球切入，肩膀對抗中起跳，高位跳投。

這是賈奈特系列賽以來最強硬的進攻姿態。

本系列賽的「矛與盾」主題：迫使科比不斷跳投的不是波西或皮爾斯，而是賈奈特。在防守端，很大程度上，是他和科比在隔著一個防守者進行一對一。只是這一晚，除了用移動控制湖人對內線的解剖外，在進攻端，他露出了系列賽以來最亮的獠牙。

皮爾斯繼續兇猛。最後湖人只能用科比防他，因爲換任何其他人，他都可以根據防守者的不同，採取對應的攻擊策略，而且聰明地騙取犯規。第四節，科比對皮爾斯發起挑戰時，皮爾斯還以漂亮的弧頂橫移跳投，外加弧頂若即若離的銷魂晃動，寸步不讓。

塞爾提克97比91，逆轉了首節21分的巨大落差。這是NBA歷史上，最偉大的總決賽逆轉，沒有之一。老奸巨猾如菲爾・傑克森，也只能啞口無言。在決定性的第三節，史上最狡猾的主帥什麼都沒做。

「還沒結束呢。還沒結束呢。系列賽還沒結束呢。」

他只是反覆地如是說。但是事實是：塞爾提克3比1領先湖人了。

湖人當然不希望在主場看塞爾提克歡慶。

但是，第五場，他們的確沒什麼可做。老把戲：猛烈的壓迫式賭博防守，賈奈特提前兩次犯規下場，湖人又是首節以39

比22領先。

但這次逆轉卻來得更快。

第二節，塞爾提克還了一個30比16。加索不在，皮爾斯獨自擊潰了湖人所有防守。在利用底線跑動拉開內線後，他的切入無往不利。禪師換回主力陣容爲時已晚：湖人防守端掩護亂作一團，聽任艾倫、皮爾斯等人不斷遠射，重新回到同一起跑線。

湖人在下半場徹底放棄了他們的三角進攻。科比在第一節用遠射獨得14分後手感盡失。他們在「雙塔」高低落位和高位擋拆的戰術中與塞爾提克消磨時光。他們聽任皮爾斯不斷摧殘湖人內線。第三節，整整大半節，在湖人其他人進攻委頓不堪時，我們可以看看科比做了什麼：在若干個集體不跑動的回合，科比利用掩護切入，一次塞給底角讓費雪神奇地跳投進三分，有兩次在使對手陣形鬆動後回傳給費雪，由他助攻底角三分；最後，快攻時，看準加索背對朗多，他迅速吊傳，製造了賈奈特第4次犯規。

科比在手感不佳的情況下，找加索打擋拆，不斷試圖突破，在第二節助攻了法瑪爾的三分，在第三節，科比突破分球，回傳給費雪。比賽最後時刻，科比斷下皮爾斯的球，快攻，扣籃。湖人扳回一城。

就像突然吐出一口氣，八百騎望見了星斗，辨明方向，破漢營而出。

「我們之前贏過客場比賽，」在談及第六場時，科比如是說，「我們能適應環境。」

但他還是低估了波士頓花園廣場。

第六場，雙方進攻端花樣已經技窮。塞爾提克使的是不厭其煩的底線雙掩護交叉、賈奈特右翼45度角單打和偶爾的拉鏈戰術，外加高位掩護所衍生的戰術；湖人則受制於塞爾提克內線的快速協防，幾乎已不再執行三角，只是一再重複主打高低落位後的擋拆。

湖人依然在第一節採取強勢壓迫，以及科比在攻防轉換或機遇戰中果決地遠射。第一節，科比又是一口氣11分。在防守端，他們放棄了朗多，聽任他前5投1中。前6分鐘，塞爾提克一度13投2中。而湖人則一邊倒地用上線掩護讓科比單人攻擊。

但在暫停後，瑞佛斯沒有如前兩場一樣換下朗多。

因爲這是波士頓花園廣場，是主場。在這裡，年輕的朗多也許不是個有效的得分手，但他是燎原烈火。進攻籃板、後場抄截、快速推進、侵略性。

艾倫的遠射和運球讓塞爾提克略醒，賈奈特則極具侵略性。湖人從正面利用身高保護籃框，讓皮爾斯無從得手，但塞爾提克卻屢屢從底角利用空切滲透。當科比沒有三分手感時，湖人開始軍心渙散。

湖人以進攻立隊，塞爾提克則依靠防守。後者在淘汰老鷹的生死戰已經知道了如何處理問題。命中率不高？那麼就在其他環節擊潰對手。進攻籃板，抄截，強勢壓迫。當波西上場後，科比的手感才開始眞正喪失。每次試圖擺脫波西，科比總免不了其手上的糾纏動作，於是投籃節奏感和平衡悉被破壞。

比賽在連續的進攻籃板、長傳中開始轉向。

當波西和豪斯連續命中底角三分後，湖人驟然崩潰。

塞爾提克球迷最早領會到了這一點。他們開始了20世紀80年代那經典的「打倒湖人」的怒吼。波士頓又回憶起那萬衆一心對抗湖人的年代。就像當初麥克海爾摺倒蘭比斯後他們揮舞拳頭示威，板凳席後的那幾個人對賈霸不斷地語言騷擾，以及柏德在擊倒1981年的J博士後憤怒扔毛巾時，全場球迷恨不能撲進場來把他舉上天空。他們的助威使湖人的崩潰加速。科比的急躁傳球被艾倫斷下，賈奈特空中滑行的得分加罰，以及此後的怒吼。分差閃爍：18分，20分，23分。

58比35。大局已定。

還有懸念嗎？湖人曾在第二場險些追回23分之差。但這一次，塞爾提克沒給他們機會。防守立隊，前車之鑒：老頭子們耐心地應對湖人的施壓，傳球找到空檔，穩穩地射中空位球。第三節過半，分差遠遠奔30分而去。

餘下的意義就是波士頓花園廣場的表演了。1965年哈夫利切克被撕扯到只剩內褲，1984年人潮奔湧入場，2006年挑剔地嘲罵皮爾斯的球迷，在最後時刻展示了他們的天才——他們開始對湖人高唱：「Hey hey hey, Goodbye!」

比賽結束前5分鐘，皮爾斯、賈奈特和艾倫下場。賈奈特依然盯著記分牌。他開始流淚。皮爾斯則將一桶飲料潑向了道格・瑞佛斯。湖人無暇他顧，他們正在竭力避免打破總決賽史上最大負分紀錄。

131比92，洛杉磯湖人大比分2比4落敗。

塞爾提克拿下了隊史第17個總冠軍。

科比·布萊恩，在場下仰頭望著大螢幕。分差在40分上下不斷閃動。塞爾提克的總冠軍正在倒數計時。這是和2006年被太陽31分血洗淘汰差不多的故事，只是這次更為慘烈。

「對於我們來說，總決賽是個不錯的系列賽，」科比如是說，「我們學到了許多東西，明年這時候，湖人會更強大。」

28 重新開始

2007-2008賽季，科比·布萊恩的命運在天堂地獄之間戲劇性地巡遊了一整年。

2004年夏，鯊魚東奔。自那之後，科比獨自支撐洛杉磯這座城市。2005-2006賽季的81分，2006-2007賽季蟬聯得分王，以及連續兩年止步於第一輪。西區歷史第一的湖人陷入歷史低谷。與此同時，宿敵波士頓塞爾提克的2006-2007賽季，創下隊史最差戰績。

2007年夏天，忽然之間，世界顛倒了。

2007-2008賽季開賽之際，科比還身陷交易流言中。芝加哥已經合成了他身穿公牛24號球衣的照片，他的半隻腳已離開洛杉磯。可是，他決定留在湖人。然後，安德魯·拜南神奇地崛起，2008年1月湖人躥升到西區第一；命運否極泰來之際忽然變臉，讓拜南受傷，然後，一悲之後忽來一喜，湖人依靠史上最神奇的交易之一，獲得了保羅·加索，就此一飛沖天。西區例行賽首席，科比第一個例行賽MVP。破金塊，斬爵士，克馬刺，直逼總決賽。

然後，2比4敗給了同樣一年間神速崛起的王朝宿敵塞爾提克，包括總決賽第四場被24分逆轉，以及最後一場39分慘敗。

以及，鯊魚落井下石，出了首曲子——「嘿，科比，我的屁股滋味如何？」

這就是科比跌宕起伏的一季：以半絕望到要求交易的命運低谷爲始，以驟然崛起、巨人受傷、新王牌來臨爲終悲喜交加的過程，以例行賽MVP爲人生頂峰。

2004年與鯊魚分手後，他一直處於一個黑暗的監獄中。世界的非議、偏見與指責構成的欄杆封鎖著他。他需要一座冠軍獎盃的光輝，來驅散這一切，但上帝彷彿刻意給他惡作劇一下：先眷顧了他，然後，當科比登頂世界之巔的前夜，卻在波士頓遭遇了宿命的滑鐵盧，被塞爾提克恥辱性地擊敗，重新打入地獄。

2008年8月23日，他即將滿30歲。

對大多數人來說，30歲是個難於定位的年紀。年少得志的才俊或許已度過高峰，開始其中年期；持重老成的智者磨礪完成，正要開始其輝煌生涯。好壞高下難有定論，唯一確定的是，30歲都不算年輕了。

最初的熾烈和囂桀都被時間磨洗過了一遍。有些人就此磨去鋒銳平和了，也有些人淬盡烈火開始嶄露鋒芒。30歲和20歲的最大區別是，30歲的人更懂得張弛有度、遊刃有餘。

30歲的喬丹完成了三連霸，厭倦了作爲籃球之神的地位，轉而去打棒球；30歲的張伯倫放棄了此前連續壟斷七年的得分王，成爲一個無私的領袖，然後截斷了塞爾提克的八連霸，取下自己的第一枚戒指；30歲的「大夢」歐拉朱旺拿下了自己的第一個例行賽MVP、自己的第一個總決賽MVP，成爲喬丹退役後的第一個奪冠巨星。

科比的30歲生日，卻在中國度過了。

那來自於他更早的一個決定：2007年7月，他的名字列在了美國男籃名單裡。

美國人從來不重視國際大賽。曾經，他們只是派出大學生來爲美國征戰奧運、世錦賽，因爲美國籃協和NBA永遠勾心鬥角，站在「業餘」與「職業」的立場上互不相讓。如果不是1988年漢城奧運美國人敗得太慘，而大衛·史騰又打算向世界推廣NBA，1992年那支神話般的隊伍根本就不會出現。

1992年參加巴塞隆納奧運的那支美國隊，幾乎可以被稱爲史上最強隊伍。除了還在杜克大學讀書的雷特納外，其他球員都是當打之年，年紀最小的是時年27歲的大衛·羅賓森及史考提·皮朋，其他的隊員如喬丹、史塔克頓、巴克利、穆林、尤英等都已年過三十，而魔術強森和大鳥柏德更都是33歲以上的老將。這一隊伍包攬了當時NBA的超級巨星，包括了10名入選NBA 50大偉大球員的名將。以至於魔術強森在大賽前開玩笑說：「若是無法拿到冠軍，便全隊自殺。」雖然在選拔球員的過程中依然有爭議，但並不妨礙他們每場橫掃對手44分奪取92年巴塞隆納奧運冠軍。「夢幻一隊」場均能夠獲得接近60%的命中率，同時將對手命中率壓至36%，每場平均勝出44

分，最少的一場亦贏了32分。他們每場比賽最忙碌的時刻並非在場上，而在場下：對手們無不以賽前與他們合影為榮。

但此後，偉大的傳統消失了。NBA與世界融合得過於緊密，以至於世界各隊的追逐近在耳邊。自2002年之後的美國隊再未獲得世界大賽冠軍。一則由於世界列強的崛起；二則由於FIBA的規則不利於NBA巨星們發揮；其三，也是最重要的，再也沒有超級巨星會犧牲夏天為美國而戰。

但2006年世錦賽敗北後，美國決定要玩真的了。

科比的加入是一種象徵：最頂級的巨星不再拒絕奧運會。美國隊打算卯足全力來展示威風。2007年美洲杯暨奧運男籃預選賽，他加入了美國隊，選擇了10號球衣，然後，在訓練開始那天，他便展示了對這支球隊的最大作用。他跑去對美國隊總教練K教練說：

「教練，我準備好了，每場比賽我都想對付對手最好的球員。」

2008年8月23日，恰逢北京奧運男籃決賽。關於美國隊的前景，科比回答得圓滑無痕：「沒有領袖……如果真要找一個領袖的話，我想應該是基德，他的國際比賽經驗最豐富。」但既然勒布朗·詹姆斯都承認他願意做科比的副駕駛，則科比在隊中的地位昭然：在進攻端，他也許依然甘做犧牲，但在防守端，他是當然的領袖和頭號王牌。

從某種意義上說，即便將到30歲，即便形象幾經變化，即便一路而來的成敗見證了他性情的轉變，但某些本性總是不變的……30歲了，但有些東西卻伴隨著他，彷彿從來沒有離開過義大利，或是費城，或是他曾經涉足過的天涯海角。他總是相信一些最基本的道理：拼命地訓練可以獲得成績，尋找挑戰和刺激可以增強戰鬥力。30歲的他和5歲的他的區別只是在於，如今他在洛杉磯的球館中投籃，而5歲時的他在義大利的陽光下投籃。他始終沒有很好的朋友，但他相信隊友，相信可以一起取得勝利的人。而勝利，是他生活唯一的目的。

他要重新上路了。

2008年8月，北京。科比身穿美國隊球衣征戰之餘，酷愛在各場館溜達：他去看了美國男足和女足的比賽，在游泳館看菲爾普斯，去沙灘看排球。奧運會期間最遺憾的是——「錯過了花式游泳！」他如是說，然後瞪起了眼睛，「你們以為我在開玩笑？那是我所見過世界上最難的運動！」

可是西班牙人相信，世界上最難的運動是防守科比。奧運會決賽最後2分25秒，西班牙前鋒吉梅內斯一記三分球得手後，西班牙只以104比108落後4分。於是，一切噩夢似乎要重現了：2000年後，美國再未獲得過大賽冠軍；美國籃球已經失去了對世界籃球的統治地位；全主力出動的美國隊是否會再次被美國之外的世界掀翻？

——科比將這一切扼殺了。

一記滯空的三分球，被犯規，依然投中。三分，加罰。科比將左手食指輕輕豎在嘴唇上：「噓。」黑曼巴的毒蛇一擊，美國讓西班牙斷送夢想的一擊。「每個人都在說NBA球員自私傲慢。今天你看到的，是一個球隊團結的表現。」賽後，科比說。那天，他滿30歲了。

2007年他加入了美國隊。因爲美國在國際大賽輸得太多，史騰需要塑造NBA的權威了。科比也的確做到了：奧運，他是美國隊得分第三，外加高品質的防守，以及諸如此類的關鍵陣地戰單挑。2008年，他的第一個奧運冠軍頭銜。他的那記四打和「噓」，彷彿在證明他依然是這個星球上最卓越的個人攻擊手。

在充滿榮耀與失落的2008年季後賽後，他在夏天平復了心情，重新品嘗了勝利的感覺，收獲了一個奧運冠軍。然後他回到洛杉磯，開始了30歲的人生。

2008年夏，而立之年，一切從零開始。

29「雙塔」

2008年總決賽，218公分的安德魯・拜南坐在湖人的板凳盡頭，零距離目睹了湖人敗北過程。「我看見那些波士頓球員突破籃下，在禁區爲所欲爲，我想我的存在會製造些不同。我應該在那裡，把投籃蓋飛，讓他們突破前三思而後行。」「如果2008年夏天，湖人擁有安德魯・拜南，故事會怎樣發展？」

你可以想像有了拜南之後，P. J. 布朗很難再綻放他邪惡的微笑，鮑維不會在總決賽第二場14分鐘內席捲20分，加索不必在內線形單影隻地與柏金斯、賈奈特、鮑維等人肉搏……。

自從2008年2月，科比與加索不斷推進湖人的連勝腳步時，這個題目就已被未雨綢繆過許多次：拜南，1987年生、

2007年聖誕節在史塔德邁爾頭頂得到28分12個籃板的拜南，幫助湖人在2008年1月就領銜西區的拜南，如果他和加索組成「雙塔」，會是一個怎樣的局面？

這也是2008-2009賽季開始時，湖人的信念所在：2008年總決賽，靈秀聰慧的加索和矯健全面的歐登，面對塞爾提克的剛硬綠牆，顯得過於輕逸。而解開2008年總決賽噩夢的鑰匙，是218公分、128公斤的拜南：一個道地的巨人。2008年1月受傷後，他一直在積極訓練：恢復膝蓋，每天練500到1,500個跳投。

對科比來說，2008年夏天的休息也很必要。2008年季後賽，手指受傷纏膠布的他三分球命中率僅有30%，包括對金塊第三場的8投1中，對爵士第三場的10投1中。整個季後賽，他從來沒有確切找到過遠射的手感。

——現在他把膠布拆了。

於是2008-2009賽季，湖人開局很美妙：賽季前兩週，湖人七戰全勝。如果這還無法體現他們的統治力，你必須追加一句：第一場，湖人勝拓荒者20分；第二場，湖人勝快艇38分；第四場，湖人勝快艇18分；第五場，湖人勝火箭29分。11月14日，他們主場敗給底特律活塞，賽季首敗。但這一場敗北像道小傷，沒擊倒他們，卻讓他們憤怒，於是又一波七連勝來了。2008年11月結束，湖人14勝1負。

對全聯盟來說，湖人太巨大了：先發陣容，加索和拜南的「雙塔」參天而立；年薪1428萬美元的歐登被發配去替補席，領導一群年輕替補——薪水合計還不如他多——做第二套陣容。

湖人並未因兩位巨人的先發便放慢步伐。2008-2009賽季第一個月，他們的節奏快到聯盟前五。得分聯盟最高，失分聯盟最少，籃板領先聯盟，抄截、火鍋、遠射及其他所有你能看到的指標，幾乎都是前三之列。甚至，他們的巨人前場還使得對手場均失誤聯盟第三多。

他們是怎麼做到的？

菲爾・傑克森的防守思路有其一貫性。從公牛到湖人，他都酷愛兩個戰略：一是依靠外圍壓迫，將對手逼進翼側的陷阱，施壓，對手倉促傳球，失誤，於是獲得快攻反擊機會；二是盡量填塞內線，防堵對手跳投不中，抓長籃板反擊。有了「雙塔」外加歐登這套高度、速度、技巧俱全的內線，湖人的防守根基極佳。就在29分擊敗火箭的比賽中，湖人在第二節靠翼側多人圍堵斷球一口氣逆轉了一度13分的差距；與快艇交手，第三節結束時湖人僅以72比68領先，但在第四節，湖人忽然發力，一波22比0。

湖人「雙塔」的可怕在於：他們不僅高，而且快。加索和歐登都能夠跟進快攻、高位策應，拜南則有年輕優勢。聯盟最高的他們，也幾乎已是聯盟中最快的球隊了。用10月底菲爾・傑克森的話：「我們打得不夠強硬……，因此我們需要快一點。」

這就是湖人屢屢在第三節就解決比賽的秘密：翼側防守陷阱，巨人壓迫，快攻，對方信心崩潰，替補們上場投遠射，給對手蓋上棺。湖人的高度不僅是「雙塔」而已，每個位置，菲爾・傑克森都準備了夠高的傢伙：三位小前鋒中，兩位（歐登、雷曼諾維奇）都高達208公分，亞瑞扎203公分而且具有驚人的臂長。這些高大的3、4號位搖擺人保證了湖人防守陷阱的高品質。何況，他們還有科比。2008年秋，禪師行走江湖二十年來的商標「三角戰術」，出現在他嘴邊的次數愈來愈少了。

很簡單，三角戰術需要一個低位進攻點，以及群體的流暢移動，對防守的解讀，其核心是空間和距離。無論是強邊的三角接應還是弱邊的二人攻擊，一切都以空間爲主題。湖人並不再大量使用三角進攻，但其核心精神——空間、移動、距離——依然存在。科比每場有七成以上的攻擊採用高位的跳投，他在罰球線以上活動頻繁，偶爾的罰球線以下移動也是迅速橫移後的投籃。很顯然，減少翼側活動和禁區活動後，他爲「雙塔」留出了移動空間，也爲亞瑞扎、歐登的空切騰開了地方。

這就是科比做出的犧牲。他遷就著「雙塔」，減少自己的個人突破，儘量用簡潔的跳投解決問題；他將精力集於防守端，負責將對手壓入陷阱，製造隊友抄截反擊的機會。——以前他擰著性子不肯遷就鯊魚，如今他主動開始遷就拜南了。當然，這並不代表他眞的清心寡欲了。如果湖人的對手通過了重重的危機——「雙塔」領銜的防守、瘋狂抄截、湖人的快攻——能夠和湖人熬到最後，湖人會發給你個獎品：恭喜你，你能看到科比的眞面目了。2008-2009賽季開幕戰，拓荒者在第三節曾經逼近湖人；11月10日，火箭在第三節和湖人膠著；11月2日，丹佛甚至在第三節結束還和湖人76平。然後，一如奧運最後那一記打四分，黑曼巴蛇露出毒牙了。對拓荒者的第三節，科比玩弄了奧特洛；對火箭的第三節，他摧毀了麥葛雷迪；「雙塔」的支撐，年輕厚實的板凳，這些只是讓科比不必每時每刻接管比賽，讓他把體力留到了需要的時刻。對金塊，第四節他取下14分解決比賽，賽後他說：「我們身處於泥淖中時，我得負責讓球隊向前推進。」

30 伏與起

2009年12月2日，湖人輸了2008-2009賽季第二場球。

本來，科比應該是比賽的主角：比賽之中，他成爲史上最年輕的22000分球員。第二節，他個人摘下11分。比賽最後時刻115比116落後時，他射進反超的跳投。唯一美中不足：他本有機會在比賽最後時刻徹底殺死溜馬，但那記跳投提早出手了，留給了溜馬12秒。

12秒並不長，但足夠丹尼爾斯做一次切入，足夠湖人內線漏給溜馬全場第19個進攻籃板，足夠印第安納球迷見證一次絕殺。

那本來是湖人的戲碼：第四節，湖人貓捉老鼠地讓對手把分差追近，似乎柳暗花明；然後鐵鍬當頭一揮，對手再度掉入坑裡，深感彈盡糧絕之際困於雄關之下的哀痛，最後崩潰。而這一晚，乾坤倒置：溜馬完成了絕殺。

這場比賽，湖人進攻最爲流暢的時刻，集中於兩個節尾：第二節末，科比接管比賽；第三節末，亞瑞扎等人的奔襲。這暗示著一個問題：當然，如果湖人願意，他們的半場進攻還是可以很漂亮——科比和加索的二人小組戰，歐登的空切，全隊花團錦簇的傳球。但是，拜南和加索並不足以以個人之力，擊破內斯特洛維奇等人的內線森林。而當對手內線不肯收縮時，湖人的外圍也失去火力。最後，只餘下科比日漸減少的個人突破，以及球隊華麗的空切。

到最後，湖人還是要靠抄截、防守籃板，外加防守反擊制勝。陣地戰，一旦「雙塔」打不開局面，依然要靠科比。

而湖人最大的防守漏洞也出現了。這一晚，聯盟最快的閃電後衛之一T. J. 福特，讓湖人的兩個控球後衛——費雪和法瑪爾——應付為難。第四節，湖人沒有能夠發動一次成功的反擊快攻，被迫和溜馬一一磨分。在這種磨礪之中，湖人沒挺到最後。

禪師賽後說：「這當然有點運氣成分，但如果你不用心，就是這樣的結果……他們很有活力，我們卻缺乏這一點。」

科比總結：「他們在進攻籃板上做得非常好，而且投了很多三分球。」

溜馬演示了如何擊敗湖人：19個進攻籃板，快速轉移後果斷地遠射，第四節低失誤，磨分。這一切指向湖人的弱點：不斷的勝利使他們驕傲。於是，或許不用心於防守，或許急於直接以抄球或壓迫終結防守。放鬆外圍防守，不注重卡位。於是，被溜馬的進攻籃板和遠射摧毀了。

溜馬開了頭。然後，湖人就迎來了艱難時期：對聯盟最弱的巫師，106比104僥倖獲勝；12月9日在沙加緬度，被對手瘋狂的快攻摧毀。科比苦笑：「我找不到節奏，我可能有點懷念（2002年的）牛鈴和食物中毒了……」。12月16日在紐約，科比在第四節最後7分半得到全場28分中的9分，但湖人只以116比114贏了2分。尼克總教練丹東尼給足了面子：「別搞得一副很緊張的樣子，他們是21勝3負，而不是11勝13負！」

但是，最艱難的時刻，還是如期而至：對邁阿密，韋德的突破絞殺了湖人，湖人87比89敗北。第二天在奧蘭多，103比106，湖人賽季首次二連敗。

敗北奧蘭多之夜，科比得了41分。魔術總教練史坦・范甘迪只好苦笑：「ESPN曾經做個專題說如何防守詹姆斯，可是沒人教我怎麼防科比。我們守不住他，只好爭取贏得比賽，不然我就得被解雇了。」

事實上，魔術做得夠好了。如科比所說：「下半場，每次拿球，他們就三人圍來。」

除了科比的41分，魔術還放任費雪得了27分。湖人全場103分中，68分來自先發雙後場。但是，他們賴以爲生的內線垮了：拜南被奧蘭多魔獸德懷特・霍華德轟垮，加索苦撐了42分鐘，歐登被路易斯遏止。三大內線合計只得了18分。而對面：賈馬爾・尼爾森針對費雪這個弧頂漏洞，16投11中27分。

湖人的連敗，是他們11月華美風格的負面效應。他們的風格一貫如此：縱橫奢靡，奔流鑠金。但結果就是，他們太注重於進攻端的華美，卻愈來愈放棄防守端所應有的堅韌與緊張。

二連敗後，歐登認爲，湖人與曾經的太陽有太多相似。「我們的節奏打得太快，我們得回到現實。我們得重新把精力投入到比賽中。」

12月，湖人的輸球方式如出一轍：他們過於驕傲，漏外圍遠射，漏防守籃板，矜持著優雅不願發出全力，當陷入泥淖中時，又急於一棍子解決對手。高傲浮躁，於是總被勤奮精確的對手擊倒。

禪師在努力喝止球隊內部的抄截數據競賽，因爲他深知，類似的輕慢大意只會使球隊懈怠；科比在12月末開始發威，但如你所知，當湖人需要科比發揮個人能力時，便意味著他們重新跌入了困境。

新的打擊隨後到來：替補控衛喬丹・法瑪爾半月板撕裂，必須手術。對湖人本已捉襟見肘的控球後衛位置來說，可謂屋漏偏逢連夜雨。

科比不允許湖人三連敗。

敗給魔術後，12月23日，科比在曼菲斯統治了灰熊。最後3分鐘，湖人還以88比93落後，然後湖人一口氣打出17比3，科比獨得10分。最後時刻，他一記扣籃讓灰熊絕望。全場36分。當然，贏球又是依靠他的個人能力。

就在這最艱難的時節，2008年聖誕節，湖人回到主場，迎戰塞爾提克。

2008年總決賽重演，宿命之戰。

歐登在勸誡隊友多防守，費雪在警告球隊必須多加努力，科比要求所有人找回勝利感覺……。他們依然是西區第一，但這顯然不僅僅是湖人的目標。他們眞正的對手氣勢洶洶而來，帶著隊史最長的19連勝紀錄，聯盟歷史最佳開局。

剛走出低潮的湖人，逆流而上，遇到了狀況正好的塞爾提克。

第一節，雙方你來我往，分差從未達到3分以上。第一節結束，24比23；第二節，科比和武賈西奇合計14分一波高潮拉開分數，一度39比29領先。半場結束，湖人領先6分。下半場，雙方繼續糾結，直到最後2分48秒，雙方81平，加索一記跳投讓湖人領先，隨即科比助攻加索再中一球，領先4分，全場18997名球迷瘋狂。全場14投11中的賈奈特投中自己的最後一球，但加索三分打成功、蓋掉艾倫的一記遠射，然後助攻亞瑞扎扣籃。科比投中最後一球，鎖定勝局。科比全場27分9籃板5助攻，加索20分，最後3分鐘得到7分。湖人92比83擊敗了塞爾提克，結束了他們的19連勝。「我們等候這機會很久了……我們贏了。」武賈西奇說，「很多人說我們軟，沒關係。我們知道自己可以幹什麼。」每個人都找到了自己：加索挽回了2008年總決賽的軟蛋形象，科比投中湖人的最後一球，湖人全隊在最後時刻，打出了偉大至極的防守。「我們打得很強硬。事實證明，我們可以打敗任何人。」

最大的主角，是菲爾・傑克森：彷彿他是特意爲了把這場勝利留到這一天。聖誕節，擊敗塞爾提克，而且是他的第一千場勝利。禪師讚美了湖人的第四節防守，對他成爲千勝教練則似乎沒太多著墨。

這就是湖人，永遠充滿戲劇性。當所有人以爲他們會高視闊步時，他們卻會展現奢貴的懶散；在硬朗的對手面前，他們巴洛克式奢華總會顯示出對新英格蘭冷峻現實作風的劣勢。但是，當所有人低看他們一眼時，他們又充滿戲劇性地復甦，在巨大的舞臺上給出風華絕代的表演。

他們總嫌自己一路一帆風順過於無趣，於是會給你一個最起伏、最曲折、最波瀾壯闊的結尾。

但武賈西奇並不認爲這是結尾：「去年我們輸了，今年……今年是屬於我們的。」

將時光向後推半年，當湖人站在2009年總決賽舞臺上時，回望2008年聖誕大戰，你會發覺，一切眞的是從這裡開始的。

31 61分

以聖誕大戰爲分水嶺，湖人度過了危機。2009年1月，湖人穩穩地把持著西區第一的位置。他們偶爾輸球——例如，敗給黃蜂、被馬刺絕殺、被魔術幹掉，但大體上，巨大的起伏沒有出現。

痼疾依然存在：敗北黃蜂之戰，克里斯・保羅32分15助攻，大衛・衛斯特神準命中得到40分，湖人靠科比前三節的37分撐局，但第四節科比被包夾，只得4分；敗北馬刺，湖人放任對手三分球20投10中，包括最後被梅森絕殺；再次敗北魔術，又是尼爾森的28分，德懷特・霍華德的25分20籃板這一外一內，外加全隊28投12中的三分球。

這是湖人輸球的方式：被對方優秀控衛突刺，被對方的中遠投擊倒。但是，大多數夜晚，「雙塔」＋科比可以穩穩地擊倒對手。主場遇到溜馬，科比以36分13助攻報了12月被絕殺的一箭之仇。比賽最後3秒，科比一記後仰跳投完成了絕殺，121比119。

他依然是那條好勝、記仇的黑曼巴蛇。

但是，1月最後一戰，湖人出了點意外。他們115比98輕取了灰熊，但中途出了點事。科比第一節不小心碰到了中鋒拜南，然後，上一年的噩夢重現——拜南受傷出場。賽後的消息：拜南休息起碼兩個月。

兩天後，在紐約麥迪遜花園，科比爆發了。

第一節，科比以一記三分球結束18分的表演。他在場上一聲不吭，像沉默的蛇。紐約的大衛．李賽後承認：「他不和任何人說話。但是看到他投進那兩個三分球時，你能看到他企圖想幹什麼。」

第二節歸來，他在1分15秒內連得9分。上半場結束，他已經34分。第三節中段，他得到第40分。麥迪遜廣場花園沸騰。紐約球迷預感到他要幹什麼了。他們集體倒戈，開始高唱：「MVP！ MVP！」

科比在比賽結束前4分鐘得到60分，打破了麥迪遜廣場花園的紀錄。最後，他的分數定在61分。這是2008-2009賽季NBA單場個人最高得分，是麥迪遜花園四十年來的最高得分紀錄。

從此開始，科比的2月屠殺開始了。

2005-2008年，每年初春，科比都有一波得分潮。觀者習以爲常，但每次情況都不大一樣。

2005-2006賽季，得分潮幾乎貫穿全季，但過程推演比較羞羞答答。開季頭3週，做低位三角軸心，一步不往三分線外挪。經歷一波1勝5負後，拿西雅圖開了殺戒，從此進入自由進攻模式。聖誕節始一波五連敗，新年缺陣兩場，攢足怒氣，之後的三連勝合計143分。從此進入不可阻擋的1月。直到1月22日，81分。

2006-2007賽季，因爲與太陽七戰的教訓，科比只在適當的時候發威：破爵士26投得52分、戰火箭延長53分時，都是如此。當時湖人一度西區前四。2007年3月一個七連敗，尤其是主場被小牛砍36分、客場被金塊血洗29分後，大怒。於是四場50分以上出現，就此揮劍決浮雲諸侯盡西來，一掃球隊頹勢。此後直到賽季結束，不到一個月，又三個50分以上，兩個40分以上。

2007-2008賽季，前車之鑒俱在，不踏進同一條河流了。開始是平穩的，直到2008年1月，只有一場過40分——還是開幕戰交易流言未定、芝加哥蠢蠢欲動那時。此後喊了兩個月年度防守球員口號，給拜南吊了兩個月空接。2008年1月拜南受傷之後，不假思索地給了超音速一個44投21中48分外加絕殺。半個月內，3次40分以上。包括2月1日以一場46分迎接加索的到來。

而2009年2月，同樣的故事：拜南受傷之後，他立刻出陣，親手屠殺，抖擻全隊。

但這也不是眞正的原因。

拜南之後，球隊再沒有一個會讓球隊心安理得走半場進攻的大個子。球隊的兩套成員不再用不同的節奏打球，雖然讓對手少點冰火兩重天的考驗，但對身處其中的人們，顯然就少了調整的程式。湖人在2月開始提速。

失去拜南的確令湖人內線空虛了些。但以61分之戰爲例，科比下半場不斷欺到中距離腰位，後仰跳投、跑投、急停跳投。相比起與「雙塔」配合時，他在罰球線以上的謹愼打法，顯然要自由得多。巨人的消失也許讓外圍空間稍微壓縮了點，但快節奏可以彌補。

拜南不在，其實有利於科比的個人發揮：他不用再規行矩步在上線遊弋。三秒區忽然加寬一倍，內線就此海闊天空，隨你奔逸絕塵。2009年2月，科比場均31分。61分之後兩天，在多倫多，他36分。禪師承認：「上半場他看上去手感火熱，我讓他休息了一會兒，他重上場時，狀態依然如故。他好像隨時可以調整到需要的狀態。」

就在沒有拜南的半低谷下，湖人再次遭遇了塞爾提克。比起聖誕節，這次更危險：作戰地是湖人的噩夢之城，波士頓花園廣場。2008年6月17日，湖人在這裡92比131被血洗，恥辱地目送對手奪冠。而這一晚，塞爾提克帶著十二連勝而來。

又是持續一整場的死鬥。科比全場手感冰冷，第三節和朗多糾纏各被吹了技術犯規。但是到第四節，他如期醒來，3記三分球，將塞爾提克的優勢逐漸蠶食。當賈奈特第四節後半段犯滿退場後，湖人占取主動。科比第四節最後一記三分球讓湖人101比100首次領先，但皮爾斯罰球追平比分。延長賽，科比沒再找到手感，但加索幫湖人壓住了比分。湖人延長賽110比109獲勝。科比26分10籃板，加索24分。

「走過波士頓的街，在同一家酒店住下，我昨晚一直在想這場比賽。好像一切都回到了那時。足夠了，我們已經可以和塞爾提克對抗了。」科比說。

沒有了拜南，但整個2月，湖人只輸了兩場球。他穩穩地駕馭著球隊在西區第一的位置坐著，進入到全明星週末。全明星賽前最後一戰，科比37分，但湖人依然在鹽湖城敗給了爵士。德隆・威廉斯解釋：「我們知道科比會投中許多球，但我們只要繼續拼鬥，總有希望。」而科比則很不高興：「我們防守很差，我們打得不夠努力。我們打得太懶。我們內線失分太多了。」

他當然也知道，那是拜南缺陣的結果。

帶著這腔怨氣，他去打了2009年全明星賽。2009年全明星週末在鳳凰城，鯊魚作爲全明星替補出場了。他興頭十足。第一節，6分3籃板3助攻。全場比賽只打了11分鐘，9投8中17分5籃板。

他像一個大頑童，忙於證明自己還是個明星，還是個MVP。他在明星堆裡大搖大擺地來回奔跑。他第一球沒進，但此後8投全中。第三節，鯊魚向全場觀衆展示了老一代的表演能力。他扣了一個讓球館顫抖的籃。他跑到外圍去，接球，搖頭擺尾、裝模作樣地玩胯下運球，招呼德懷特・霍華德出來和他單挑。秀完了運球，他又和莫・威廉斯玩了一個傳跑配合。

只有科比對這一切處變不驚。十年前，他就習慣了。

「我看見過這些。他以前就愛玩這個。」

最後，鯊魚和科比共同舉起了他們各自的第三次全明星MVP。

仇人？冤家？哥們？

鯊魚說：「我們是大傳奇兄弟！他很夠意思，他讓我把這獎盃帶回去給孩子們看！」

他倆似乎一笑泯恩仇了？天曉得。

32 最後的熱身

2009年初，拜南受傷前，湖人的陣容一貫是：費雪、科比後場，拜南、加索「雙塔」，小前鋒位置則時不時換手。偶爾208公分的射手雷曼諾維奇，偶爾203公分的白人路克・華頓。替補方面，歐登領銜第六人，喬丹・法瑪爾、香農・布朗雙後衛隨後，配上亞瑞扎的閃電手。總體而言，主力陣容因「雙塔」而尚穩，替補陣容因亞瑞扎的快速抄截、歐登的靈活機動而尚快。沉穩幹練加上閃電奔襲，大致如此。

但是，在雷曼諾維奇和華頓之間，禪師始終舉棋不定。雷曼諾維奇更高，射術更好，然而和歐登一樣，偏於3、4號位搖擺，靈活性欠佳。華頓是名門之後，名校出身，籃球智商優秀，傳、投、空切、運球都能上得了臺面，但哪樣都不是絕頂。賽季中期，雷曼諾維奇被交易，華頓坐穩了先發。但是3月初，湖人在鳳凰城敗北。華頓27分鐘內6投2中，只得4分。科比獨得49分，但太陽依靠鯊魚的33分獲勝。科比賽後認為：

「我們打到了這麼個階段，每個人都有些累了。我們必須掙扎出來。」一週後，湖人在波特蘭玫瑰花園敗北，而且很慘：94比111的敗北。客場三連敗。賽後，他什麼都沒說就離開了。

下一場，湖人變陣：203公分、長手長腳的亞瑞扎升任湖人先發小前鋒。

在休士頓，科比前三節射落19分。第四節還餘半節，他歸來時，湖人只以75比72領先，然後他就和防守他的頑石阿泰斯特扭成一團，各吃了一個技術犯規。

「很有趣。」科比賽後說，「我就在等這個，他真是個競爭者。」

科比投中跳投讓湖人領先，從阿泰斯特手中抄球，突破打三分，然後閃過阿泰斯特的抄截，射中三分。湖人85比80領先。火箭靠布魯克斯、阿泰斯特、韋弗的連續攻擊取回領先。科比再次突破姚明上籃，隨後又一個超級後仰跳投。然後，他朝著火箭板凳搖了搖手指——那是火箭替補中鋒，史上最偉大防守中鋒之一迪肯貝・穆湯波招牌的手勢。

休士頓球迷對此很不滿，而阿泰斯特倒無所謂：「這是比賽的一部分。說垃圾話，這才有趣。」

最後，科比在比賽剩下38秒時一記投籃，解決了問題。

全場比賽，科比37分，第四節18分，又是一場屬於他的比賽。但是眞正的功勞是湖人的外圍防守：火箭三分線內命中率達到驚人的48投34中，而三分球則是28投5中，失誤多達23次。亞瑞扎8分6籃板2抄截。

就這樣，亞瑞扎成了先發。他的抄截、防守和運動能力，爲湖人的先發增加了一些閃電因素。菲爾・傑克森就這樣下了決心：這就是湖人的陣容了。

賽季接近尾聲，各類獎項懸念重起。作爲例行賽衛冕MVP，科比自然在風口浪尖。實際上，在賽季初，他的確是這個獎的大熱門：賽季第一個月瀟灑寫意，猶如1985-1986賽季的賴瑞・柏德一樣閒庭信步。在拜南受傷之後，立刻以37分鐘內61分破掉麥迪遜花園歷史得分紀錄，回擊了所有「經過900場例行賽後，他總該累了吧」的猜疑，隨後2009年2月血雨腥風的場均31分。在例行賽那些可能成爲分區決賽或總決賽預言的場次，諸如對陣塞爾提克、騎士、馬刺之時，從不放過投進關鍵球、加深對手心理陰影的機會。依然是聯盟最難以防守的得分手、最好的2號位對位防守者。最後，可能依然是聯盟技術瑕疵最少的球員。

他把原本就擅長的後仰撤步中投和假動作晃動後交叉步跳投繼續練到爐火純青。讓他可以時常如3月11日對付火箭般，下半場用無數的跳投得到31分。

但是⋯⋯

1999年以來最少的個人上場時間（場均36分鐘），2005年以來最低的個人得分（場均26.8分），本世紀以來最少的個人罰球次數（6.9次），這些給他扣了不少分。湖人很強大，科比不必像騎士的詹姆斯或熱火的韋德那樣，獨自包辦一切。他入選了賽季第一隊、防守第一隊，但是，例行賽MVP歸詹姆斯所有。

當然，科比在意的是別的。他需要總冠軍。這是他的唯一目標。4月拜南複出後，湖人重歸完整。以下就是2009年季後賽的征途了。

首輪，湖人對陣爵士。前一季，湖人4比2擊敗爵士，而2009年，雙方趨勢南轅北轍。湖人多了個中鋒拜南，爵士則因土耳其中鋒歐庫受傷少了重要內線。

湖人輕鬆贏了第一場：上半場，湖人就轟下了62分，全場113比100。科比24分，亞瑞扎21分，加索20分。全場比賽用科比的話形容就是：「他們不斷敲門，我們沒讓他們進來。」爵士全場命中率低至39%。第二場，爵士兇猛得多：德隆・威廉斯覷準湖人的控衛破綻，35分9助攻4抄截。但是科比不斷找到內線隊友，送出9次助攻，另得26分。在他的傳球引導下，加索和歐登合計20投17中，轟到41分。科比承認，第四節一度被爵士追分，是因爲：

「我們想的太超前了，在琢磨第三場。」

第三場，科比的發揮非常糟糕。鹽湖城的噓聲偷走了他全部投籃手感。面對三年級防守者羅尼・布魯爾的長臂，科比24投僅5中。靠著罰球，他才得到18分。「我就是投不中球；他們的防守結合得好，我無法討到便宜。」爵士扳回一城，1比2。

禪師說：「科比今晚諸事不順，但這種事，每個人都會經歷。」

如你所知，科比是個記仇的人。

2006年，科比初次遇到布魯爾時，18投9中。賽後大家都拍拍布魯爾：「小子，還不錯。」但布魯爾第二次遇到科比，即2006年11月30日，他目瞪口呆地看著科比得了52分。

兩天後的鹽湖城，24號黑曼巴蛇不出意料地施以報復：他取下了湖人前11分，從此開始不斷齧咬布魯爾。第三節只打了4分鐘，他已經34分。全場，他24投16中，僅有5次罰球，只在三分線外出手2次。他只是一遍一遍用同一種方法懲罰布魯爾：接球，試探步晃動，跳投。

這是他最新的殺招：本季，科比場均罰球不到7次，21世紀以來的新低。但他依然場均26.8分聯盟第三。秘訣在於，他正在減少21世紀初的華麗大幅度拉球突破、2005-2007賽季強勢的運球擺脫跳投。他把原地後仰撤步跳投和假動作晃動後交叉步跳投，練到了爐火純青的地步。因此，即便速度已經不及25歲時犀利，他依然對抗時間，讓人忘記他即將31歲、打了超過1,000場職業比賽的事實。

「上一場那麼差之後，打這麼場比賽，感覺真好。」科比說。很多人都明白他要幹什麼。一旦他打算開始屠殺，就像2月1日在紐約的61分一樣，是有些預兆的。德隆・威廉斯說：「你從一開始就發現他來者不善。」

科比全場38分，湖人取下了第四場。然後是第五場：湖人不打算拖了。科比半場結束前後仰跳投，讓湖人56比43領先；第三節後半段，科比上籃、三分球、助攻加索扣籃，湖人領先到80比58。湖人場邊，諸位好萊塢巨星一派歌舞昇平：達斯丁·霍夫曼、傑克·尼克遜等影帝們喜笑顏開。

爵士做了最後的掙扎：他們一度將分差追至86比93。爵士愈近，歡聲愈小，直到科比用一記轉身跳投，史坦波中心才終於噓了口氣——他們知道不會輸了。但是科比不滿意：「我們防守端得繼續努力，不要讓對手輕易得分。我們需要糾正許多許多東西。」他知道冠軍需要什麼。依靠他第五場的31分，湖人106比97擊敗爵士，4比1淘汰對手。對湖人來說，一個不壞的開始：

亞瑞扎、拜南、加索、科比、費雪，這套先發證明，他們可以在季後賽運作自如，並且贏球。歐登作爲第六人，在淘汰爵士之戰中有僅次於科比的發揮。擊敗爵士並不艱難。對冠軍隊來說，這更像是熱身。

而接下來的對手，則是休士頓火箭。

33 湖人vs火箭，七戰

2009年3月11日的例行賽對決，湖人和火箭已經結了仇。阿泰斯特的挑釁，科比的搖手指，第四節18分。但是比起悠長歷史來，這真的不過九牛一毛。麥肯、張伯倫、賈霸、鯊魚——湖人是史上出產偉大中鋒最多的隊伍，但進入20世紀80年代，火箭的巨人品質並不稍讓。妙在火箭的每位偉大內線，都曾經完成過至少一次以弱克強的故事，而背景卻總是湖人。

1980-1981賽季，衛冕冠軍湖人首輪對上例行賽僅40勝的火箭。籃板大師摩西・馬龍帶著一隊殘兵敗將，首輪居然蒙了2比1過關，順便跌跌撞撞，鑽進了總決賽。雖然只是塞爾提克及賴瑞・柏德的奪冠配角，但這一幕足以令湖人咬碎鋼牙。

1985-1986賽季，摩西・馬龍已經走人，火箭湊足歐拉朱旺、拉爾夫・桑普森的「雙塔」，浩浩蕩蕩殺奔決賽，再遇湖人。對面呼啦啦抖開一串「62勝西區第一」、「衛冕冠軍」的旗幟，火箭初生牛犢不怕虎，只顧一頭撞去。39歲的天勾不敵火箭「雙塔」，老師傅被亂棍打死了，4比1遭淘汰。

1996年，火箭48勝結束例行賽，首輪對上53勝的湖人。當季的湖人正處於復興期。可惜，大夢非常不給面子：夢幻舞步統治內線，4場比賽平均27分解決湖人。

於是，傑瑞・衛斯特開始運作當年夏天7年1.2億美元引渡鯊魚的偉大計畫。

但從那之後，湖人開始報復火箭了。

1999年，湖人第一輪對上火箭。科比防住了老邁的皮朋，鯊魚在36歲的大夢頭頂耀武揚威。湖人3比1解決了火箭，順便把大夢和巴克利最後的夢境擊碎。歐拉朱旺時代的火箭就此熄滅。2004年，姚明二年級，經歷了休士頓火箭21世紀首次季後賽，遭遇F4列陣的湖人，火箭1比4敗北，順便結束了長達5年的「法蘭西斯－莫布里」時代，開始了姚明與麥葛雷迪的組合，開始了火箭5年內4次例行賽50勝的復興。

2009年的相遇，是姚明與保羅・加索FIBA第一內線之爭，是阿泰斯特＋巴蒂爾兩大防守大師與科比的矛盾之戰，是艾德曼和菲爾・傑克森1992年總決賽、2002年西區決賽之後的對決。新仇舊恨，一朝了結。

第一場，史坦波中心。

湖人的風度是優雅的。開場對姚明既不包夾又不繞前。湖人出了名的喜歡玩貓捉耗子，開場先讓拜南與姚明對耗。他們有足夠的信心：等候時機，挑個時間把火箭刺死了事。

火箭打法則追求強韌：當科比拉空突破時，姚明便出現了，補防，干擾。弱側已經紮好營寨，史柯拉在底線逡巡，等著湖人做強弱側轉移。

當湖人在翼側轉移球時，火箭施展那讓拓荒者頭疼的翼側包夾，控制傳球路線。大體上，火箭是深屯禁區。高築牆，廣積糧，緩稱王。

氣氛變化，是第二節：巴蒂爾被撞傷，眼角出血。彷彿這激起了雙方的鬥志。查克・海耶斯卡住了加索：本來按身高對比，這是天大的錯位，好比蛤蟆去對仙鶴。但這一晚火箭防守猶如泥潭，仙鶴總被蛤蟆絆腳。於是火箭占上風了：火箭迅速換防，不斷延阻，湖人半場進攻滯澀了。

內線被纏住後，湖人開始急躁。本來湖人氣度嫻雅，猶如頭戴綸巾，身著湖色棉袍，足蹬粉底緞靴。只是粉底靴被火箭防守黏爛了。湖人例行賽用力過度的毛病發作，撲得過甚，不斷漏空。而湖人內線受阻，只有靠科比一個接一個跳投。第三節，科比習慣性地抖擻神威，而火箭發現了費雪的防守破綻：艾隆・布魯克斯膽大包天，在湖人內線穿梭。

雙方第二節、第三節打平，火箭領先三分進入第四節。科比開始改變軌跡：他發現自己每到翼側時姚明便會干擾，於是下半場大量從弧頂及正面進攻，或遠距離跳投一對一，或直接切入找犯規。畢竟，巴蒂爾和阿泰斯特都跟不上他的速度。

直到轉捩點出現：

前三節，姚明很耐心地翻身勾手、後仰跳投，尤其是大量翻向底線方向的跳投。避免了身體接觸，手感也就保持平穩。但在第四節，湖人經典的對球施壓來了之後，他也無法輕巧寫意了。上罰球線時，以手按膝：始終沒休息，他也累了。

然後就是那一刻的到來：姚明與科比對撞了一下膝，倒了。他被扶出了球場。在走道裡，姚明拒絕回更衣室。他一瘸一拐回到了球場。

這不是湖人第一次看到類似場面。1970年總決賽第七場，威利斯·瑞德一瘸一拐穿過麥迪遜花園廣場走道出場，走向張伯倫時，全場山呼海嘯。「全場都狂野了！」這是當時紐約解說員喊給自己聽的，他後來承認自己根本聽不見；2008年總決賽第一場，保羅·皮爾斯走出走道，波士頓花園廣場又是山呼海嘯。

姚明回來了，得到了8分。一記跳投，6個罰球。加上巴蒂爾眼角的傷，湖人被火箭的鮮血震懾了。科比全場32分，但是加索、拜南和歐登三大內線合計33分，比起姚明一個人的28分來黯然失色。火箭贏下第一場，取下主場優勢。

這是姚明籃球生涯最輝煌的瞬間，真正的孤獨英雄。「我們隊今晚打得很好。」姚明說，「每個人都很好。阿泰斯特和巴蒂爾防守科比已經很出色。每個人都很無私。」

「我沒問題。」科比說，「我們只是錯失了一些關鍵時刻。」冠軍級隊伍不會踏進同一個陷阱。首場敗北，湖人的問題在於：完全對付不了姚明；上半場科比被限制；外圍防守未能貫徹始終；加索和拜南進攻端的不習慣。

第二戰，歐登代替拜南先發，加索主防姚明。加索對姚明採取繞前防守。加上湖人的翼側緊逼加三線協防搶斷這道出名的陷阱，湖人的防守端認眞多了。而科比從一開始就採取了第一戰後半段的策略：弧頂、罰球線左右不斷跳投，欺負姚明防不出去。於是，湖人第一節便39比25大比分領先。火箭在第二節打了壯麗的32比18，扳平比分。查克．海耶斯在防守端無所不能，換防延阻，卡位，防守籃板，地板球，抄截。整個第二節，他像強力膠一樣使火箭禁區的防守變稠。卡爾．蘭德里則打出職業生涯最好的一節球。從地板到3公尺高，任何球他都能夠摸到，然後匪夷所思地從一個詭異的角度把球擦板投進。

但是，第三節中段姚明犯規太多被迫下場後，湖人重掌局面，再未落後。加索、拜南合計25個籃板5次阻攻。當然，最大的功臣是科比：27投16中，40分。尙恩．巴蒂爾對科比的防守沒什麼瑕疵可挑——良好的腳步移動，壓低重心，不吃假動作，及時舉手干擾，這些有利於控制科比的切入殺傷。但科比很聰明：進入中距離，用敏捷的腳步擺脫出空間後迅速投籃。既不試圖強突也不太多遠投，就在中距離擊殺巴蒂爾。

「我們反擊過了。」姚明說，「每人都打得很硬，試圖控制節奏。」

「這是季後賽。」科比回答，「這個理由就夠了。」

火箭的尙恩．巴蒂爾，並不是一個壓迫性的防守者。作爲小前鋒，他的身高、速度和反應，都不過中人之資。他靠意識來防守：研究對手，解讀對手的偏好。比賽中，他逼迫對手往協防陷阱裡走，讓對手投籃時面前總有隻手在。在對手外圍活動時阻斷傳球路線，逼迫對手到不舒服的地方接球。他的身體接觸，是當對手到內線時才進行的。因此，他的打法總是很乾淨。在長達48分鐘的比賽裡，巴蒂爾是NBA最好的黏貼者之一。他將防守當作一門科學來解剖。

第一場，巴蒂爾完美執行了防守計畫：他盡量讓科比左手突破，陷入夾擊陷阱，不讓科比進罰球線，用遮臉防守干擾科比的視線，盡量讓科比投長距離的跳投。結果科比第一場面對巴蒂爾時22投8中，全場用了31次投籃才得到32分。第二場，巴蒂爾保持原計劃，結果科比27投16中得到40分。火箭管事的辛克爾說：

「這麼說有些丟臉，但其實巴蒂爾這場防守科比也守得很好！」他的確穿越重重掩護，跟到了科比的每個投籃，但當科比有手感時，無所謂對手如何防守。

每個球員都有他擅長的攻擊手段，但科比不同。他的突破有49%是右側，51%是左側，幾乎均等。他的各項技術，諸如：切出接球、繞掩護接球投籃、定點投籃、背框單打、一對一單打、擋拆和反擊，全都是聯盟前列的效率。布萊恩．蕭，曾經每天在訓練裡面對科比的前隊友，如今的湖人助教，只好搖頭：

「科比的進攻沒有弱點。」對許多人而言，科比的那種跳投是不合理投籃；但對他而言，那些球是正常的。馬刺偉大的投籃教練奇普・英格蘭說：「科比是我們時代最偉大的跳投手之一。」

巴蒂爾分析過，科比的弧頂三分球命中率只有25%，可以考慮讓他多投這種球，但並不如願。蕭補充說：「科比有時會讓對手產生錯覺，以爲科比眞的被他引誘到做了其他動作了，然後，科比會將計就計，攻擊對手最薄弱的點。」

科比根本不在乎巴蒂爾這種「手指會戳到我眼睛嗎」的防守法。於是，巴蒂爾承認：「有時我偶爾犯規，因爲許多射手不喜歡身體接觸，我會讓他們心亂，讓他們失去節奏，讓他們猜。」

但科比最可怕的一點，他的老對手、馬刺的布魯斯・包溫說過了：「科比一旦手熱起來，就不可阻擋。所以每當我下場，看見其他人去守科比，我會大叫。我可不想上場時，面對一個手感滾燙的科比。」

科比手感滾燙是怎樣的呢？

第一場，巴蒂爾頭兩節只讓科比跳投，科比12投4中；第三節，阿泰斯特守科比，科比利用阿泰斯特的抄截失位，突破打三分。找到手感之後，科比在第三節剩下的時間中9投6中，無法阻擋。

科比在第三場得了33分。28投11中的命中率不算高，但是第三節，他在10公尺外一記三分鎖定勝局，卻讓整個休士頓豐田中心的球迷心頭一冷，如遇刀刺。

第三場，巴蒂爾試圖更逼近科比。但是科比看清了這一切：他在第三場連續和加索打擋拆，然後分球。同時，科比自己投了極多的三分球：三分球6投4中，共得33分。並且，利用火箭對他的重視，不斷將球轉移到外圍。湖人全場三分球20投11中。

這場比賽後，姚明承認他撐不住了。對湖人第一戰的傷讓他左腳發疼，他不聲不響，帶傷撐了兩戰。

「我實在很想繼續打。明天的健康測試會得出結果的。我想繼續打。」

但他實在沒辦法繼續打了。

第四場，姚明缺陣，並就此開始他漫長的休假，直接缺陣了接下來的2009-2010賽季。但火箭並未屈服。巴蒂爾說：「我想，每個人都認爲我們沒有姚明就不行了——除了我們自己。」

火箭推出驚人的速度，一路狂奔。29比16結束第一節，再未落後。分差一度拉開到了29分。布魯克斯轟垮了費雪，20投12中得到34分。巴蒂爾三分球10投5中，23分。火箭99比87擊敗湖人，取下第四陣。2比2。

當然，危機激發出的活力，並不能抵消內線劣勢。

第五場第二節，科比一個三分打，讓湖人領先到29分。用了三節，科比就得到了26分。火箭以78比118慘敗，40分的差距平了火箭隊史紀錄。湖人3比2領先。科比賽後對火箭加以贊許：

「我們集中注意力。我們知道週四那種鬆懈程度是不夠的。因爲我知道，我們不是在對陣一些蝦兵蟹將部隊。我不管別人怎麼說，他們是支非常強韌的隊伍。他們有無數拼命打球的人物。」

這支「蝦兵蟹將」沒讓他失望。

第六場，休士頓豐田中心。開頭的儀式格外漫長。湖人還差一場勝利就晉級，這場貓捉老鼠的遊戲似乎到了結尾。火箭幾已無牌可用。於是，一開場，哀兵出征，六軍縞素的氣勢。

火箭以史柯拉的單打開始。勾射、罰中、假動作後投籃、背打歐登、背打加索。加上布魯克斯和阿泰斯特的攻擊，火箭一口氣17比1領先。

科比遭遇了巴蒂爾的嚴防和史柯拉的補位。當科比中路突進時，火箭五人一起收縮內線彌補。這種全隊優勢，令科比前6投1中。

湖人始終沒能找回狀態。第二節，歐登一度控制籃板，但史柯拉騙到他犯規下場。湖人36比52半場落後。第三節開始，湖人擺出冠軍級防守。對球攻擊，翼側緊逼，切斷傳球線路，反擊扣籃。錦囊中法寶全抖出來，火箭一潰千里。16比2的高潮，一度追到52比54。可惜，火箭撐住了：蘭德里的三分打，巴蒂爾的進攻籃板，阿泰斯特跌跌撞撞助攻了布魯克斯的三分球。狼狽、難看、腳步蹣跚，但火箭又站穩了。科比全場27投11中32分，但湖人除了他、加索和法瑪爾外，全部被火箭震懾住了。科比賽後再次讚美了火箭：「他們全都有驚人的心理素質，他們拼鬥到底，逼我們到了這個地步，他們始終不後退。第七場會非常令人激動。」

第七場，火箭終於到此爲止。科比沒有太多個人進攻，他只是利用主場優勢，盡量讓加索、拜南兩大內線進攻。湖人第一節22比12領先，半場51比31鎖定勝局。加索和拜南合計26投16中，24個籃板球。

「我想我們學會了，如果每晚都這麼努力，從防守端開始，我們才有機會贏球。我們會把這經驗帶進下一輪。無論如何，我們都要繼續。」

對科比來說，這是一個漫長而艱辛的系列賽。他和聯盟最聰慧的防守者巴蒂爾、聯盟最強悍的防守者阿泰斯特，死戰了一整個系列賽。前三場之後，他顯得有些疲倦。畢竟每夜和巴蒂爾鬥智、和阿泰斯特鬥力、和自己的跳投手感對決，是件疲倦的事。但是，這個系列賽讓他的身體緊張了起來。

誠如加索所說，科比已經能習慣高密度的作戰了。科比覺得這個系列賽很有意義，火箭讓湖人緊張起來，不再那麼自滿了。「去年眾人說我們無懈可擊，結果我們被對手蹂躪；我只想笑到最後，不想被對手高估。」於是，下一輪開局第一場，他就得了40分。

34 西區決賽

西區決賽的對手是丹佛金塊：「甜瓜」卡梅羅・安東尼在例行賽平了當時NBA歷史紀錄的單節33分；領袖昌西・畢拉普斯則是2004年總決賽科比的舊敵。而在第一戰前，科比的手指還出了問題：2009年1月，他的右手無名指曾經受傷；打完火箭後，他發現傷勢復發了。於是，他得將手指固定起來打球。

他用敏捷的移動輕鬆騙到對手鄧台・瓊斯犯規，然後用連續的中距離跳投懲罰金塊。雖然甜瓜在球場另一端折磨亞瑞扎，但科比依然隨心所欲：從巴蒂爾和阿泰斯特的防守地獄中鑽過來後，他不會再懼怕任何防守了。金塊第一節一度領先13分，但上半場失手9個罰球讓他們落後。第三節末，金塊以高潮結束，76比74領先進入第四節。但是科比解決了第四節：比賽還餘30秒，他兩罰得手，湖人101比99領先。然後，被甜瓜轟了39分的亞瑞扎終於醒了一下。

只有一瞬間，但夠了。

「安東尼・卡特扔球太慢了，我有足夠的時間判斷。」亞瑞扎說。

他抄到了球，掐死了金塊的希望。湖人105比103獲勝。

甜瓜39分，但科比28投13中得到40分。禪師承認：

「我們打得艱澀，但科比自己衝開了血路。」

第二場，科比依然隨心所欲。瓊斯盡了力：阻絕接球，站好定位，保持身體接觸。只是比起巴蒂爾，他的動作不夠精準，於是像提線木偶，被科比牽著走，整個防守節奏就失敗了。

所以，金塊派了甜瓜來防科比。他的策略，其實也無非敵不動我不動。不為科比假動作所騙，看科比投籃便試圖去遮眼，然後看運氣。這一度奏效了。可是，當最後時刻科比醒來時，面對甜瓜的遮眼依然兩記超級三分球，於是金塊再換人：畢拉普斯和努內的的協防，擔負了最後時刻金塊對科比的防守。

科比第二場20投10中32分，但甜瓜繼續轟垮亞瑞扎，34分。重要的是，老辣的畢拉普斯和布魯克斯一樣，轟開了湖人的控球後衛。畢拉普斯得到27分，用自己的步伐製造無數罰球。為了對付畢拉普斯和J. R. 史密斯，湖人的防守杯弓蛇影。此外，湖人對肯揚·馬丁和克雷札過於放鬆了：前者在內線撿漏10投7中，後者三分7投4中16分8籃板。金塊106比103獲勝，1比1。

「現在他們有主場優勢了。」科比說，「可是別忘了，我們是聯盟客場成績最好的球隊。」

雖然丹佛在高原，但金塊的風格卻像一條低窪的淤泥河。唯一堅硬的礁石是巴西中鋒努內，其他人都像淤泥一樣難於擺脫。第三場第二節，馬丁向科比展示了金塊多麼纏人：防守湖人進攻時，全隊逼出禁區攻擊球，科比擺脫甜瓜的繞前，擺脫後接球，用假動作晃飛甜瓜。當他準備再起手投籃時，原本空無一人的禁區忽然多了6條臂膀。

這就是金塊的驚人輪轉。他們有不夠高但足夠敏捷的鋒線群，有一群敦實不怕靠打的外線。他們的輪轉迅速而富有默契。如果你想快馬而過，註定會陷入泥淖中。

湖人有多艱難，只需參考他們對拓荒者和火箭小個陣容時的窘境。他們的傳切配合遇到金塊的淤泥，就像馬蹄被泥包裹。而且，踩進淤泥河，你還不能掙扎：愈用力，陷得愈深。整場比賽，湖人投進33球僅15次助攻。

於是，在41分鐘時間中，科比被迫翻來覆去做一對一進攻。

回憶第一場禪師的說法：「我們打得艱澀，但科比自己衝開了血路。」

這就是湖人的戰術：湖人眾將困於丹佛的淤泥河中泥足深陷，只有科比一人白馬銀槍獨往獨來，七進七出。過於複雜的戰術配合，例如費雪經雙掩護殺奔籃下人多處，只有被製造進攻犯規的份。於是，第二節，科比個人對安東尼·卡特的一對一；第四節，科比對J. R. 史密斯的一對一。但湖人至少做到了兩點：他們守住了甜瓜；加索站了出來。下半場，雙方的防守都硬朗堅韌。亞瑞扎的抄截、加索的強打，終於將時間拖到最後時刻。湖人暫停。費雪說話了：「這是我們確定自己地位的一刻！這一刻，你站出來，就能確定自己的地位！」科比一言不發。暫停之後，他在翼側面對J. R. 史密斯。湖人93比95落後，科比看了看籃框。然後，雙腳在三分線外，起手，投籃，出手。「這類事情，科比做了一遍又一遍又一遍又一遍又一遍……」歐登說到自己喘不上氣了才停住，「那是他的固定劇本。」三分命中。湖人96比95反超。亞瑞扎再次完成抄截鎖死金塊進攻，科比罰球鎖定勝局。科比系列賽三場中第二次得到40分以上，24投12中17罰15中41分，而加索20分11籃板。湖人2比1，取回主場優勢。當湖人可以在逆境中打出醜陋、硬朗並僵持的半場並贏球時，他們比那支水銀瀉地、奔放明麗的湖人還要可怕。

第三場後，馬丁和畢拉普斯都談到了這話題：金塊太容易被百事中心的球迷煽動情緒了。畢拉普斯總結說：「我們亂七八糟投了太多三分球，沒有好好把握機會，『捅刀』要穩準狠才行。」

當然，需要穩準狠的方面不只是投籃。系列賽到第四場，彼此的弱點一目了然。費雪、亞瑞扎防畢拉普斯和甜瓜有巨大問題，而科比可以隨意屠殺鄧台・瓊斯；湖人無法用傳切扯開丹佛的淤泥河體系，因此他們需要三分球、拉開單打和高速攻防轉換。而金塊所要做的就是把握這一切弱點，將匕首捅進心臟，一劍斃命。

第四場，甜瓜直到第二節才投進第一球，前11投1中。但是，畢拉普斯在第三節引領反擊：他自己三分打得手，隨後努內、安德森連續補進進攻籃板。第三節結束，金塊籃板以47比29領先。科比整個第三節被壓制到只中一球。第四節初，畢拉普斯再完成三分打，隨後一記三分球，湖人70比83落後。科比在第四節連續強攻、三分，但來不及了。

連續第二場，湖人只靠科比和加索解決問題。金塊控制了籃板，畢拉普斯打起了快節奏，拼得49次罰球。科比26投10中34分，但金塊全場轟下了120分。雙方2比2平手。第五場，科比只投了13個球。他將自己做成了誘餌，讓金塊的補防朝他湧來。結果：歐登19分14籃板，加索14分10籃板。「有點兒賭博。」科比說，「但我想改變比賽的方式。我發現金塊對防守我真的很在意，所以，我想盡力把機會給我的隊友。」

科比送出8次助攻，湖人第四節發威，104比93擊敗金塊。湖人3比2，第六場在丹佛。科比已經預感到會發生什麼了：「那地方一定像搖滾樂現場一樣激昂。我們得冷靜點，冷血點，好好控制自己。」

西區決賽前五場，金塊防守的看家法寶，是絆馬索淤泥河般的包夾和輪轉。系列賽前四場，湖人的艱難正在於此。空間擁擠，人多手雜，禁區附近遭遇馬丁、甜瓜和努內等人的包夾，被迫傳球，倉促遠射不進，被反擊。因此，前四場，傳跑扯不開，於是湖人幾乎靠著科比和加索的單打撐過了比賽。

而第六場，不太一樣。

科比和加索依往常慣例跑位，然後不等金塊包夾成型，就開始傳球。湖人上半場打出教科書般的內外傳遞。失誤不少，但金塊卻來不及抓住重點。湖人射手群在外圍空檔早早熱身完畢，於是，第二節開始，金塊不敢輕易放開外圍射手去干擾傳球路線了。

湖人的良性循環：從一開始就多轉移球，破解金塊預備好的包夾；外圍射手熱身完畢，亞瑞扎尤其手感不錯，於是金塊不敢賭博放棄外線。於是，金塊的輪轉鉗子就鬆動了，加索和科比獲得空間。

因此，上半場是湖人閱讀金塊防守所獲得的勝利，也得益於金塊輪轉不力的失誤。科比和加索沒有讓比賽陷入泥淖。拉開空間，內外傳遞，路線簡潔清晰。金塊的防守由一張網變成了幾個孤島。第二節後半段，科比得以自由進攻接管比賽，一舉拉開比分。

「冷血、控制」，這就是科比的方式。

湖人上半場以主力陣容爲主打慢節奏拼防守，冷卻金塊的手感，拉開分差；下半場則以快攻部隊和金塊拼進攻耗比分。

細節上，科比和加索開場的轉移球和大量助攻，嚇住了金塊的包夾輪換；科比隨即進入得分節奏，一對一擺平金塊。湖人在上半場打出線路清晰的內外傳遞，第三節加一個華頓—加索連線，繼續以轉移球剖解金塊的防守。第四節亂戰玩耍已無所謂了。

科比如黑曼巴蛇般精準，20投12中，9罰9中，35分外加10次助攻。加索20分12籃板6助攻。歐登從中獲益，20分8籃板。湖人119比92血洗了金塊。4比2淘汰丹佛。

連續第二年，湖人挺進總決賽。但是，對手並不是塞爾提克。

35 自己的戒指

2009年夏天，奧蘭多魔術是支佈陣奇怪的隊伍。年度防守球員、聯盟第一魔獸德懷特・霍華德在禁區虎視眈眈，閒人勿進，然後是路易斯和特克魯這對高而瘦的搖擺前鋒——打著小前鋒位置、長著大前鋒身高的傢伙。籃球網站專家凱文・佩爾頓說：「反正霍華德會給路易斯補位，他可以控制籃板和封蓋……」一頭巨獸蹲在禁區，兩個快腿蜘蛛俠四處遊弋，弧頂配兩個靈活型後場。霍華德的殘暴兇惡，令敵軍不敢擅入京師心臟，而邊塞作亂，又有路易斯、特克魯等人長臂伺候。如果敵軍企圖在弧頂作亂，那麼，魔術會施展他們最可怕的東西：信賴和合作。此外，他們是聯盟第一三分投射球隊。

他們的指揮官是小前鋒土耳其人特克魯。除了霍華德獨霸禁區，他們人人能投三分球。

就是這樣一支球隊，擊敗了缺少賈奈特的塞爾提克，擊敗了聯盟例行賽第一騎士，來到了總決賽。

例行賽他們兩度擊敗湖人，是因爲霍華德抵消了湖人的「雙塔」優勢，而賈馬爾·尼爾森這個控衛用自己凌厲的投籃火力射飛了費雪。對湖人來說，好消息是：尼爾森受傷狀態下跌，退出了主力陣容；例行賽對魔術兩戰，科比一場41分，一場大三元，擋者披靡。

誰都沒想到的局面是……

總決賽第一場上半場，還餘3分半。科比離籃框10公尺遠，他的表情像戴了面具般鐵硬。他向魔術後衛麥可·皮特魯斯運球走去，然後，變向、轉身、再變向，一記後仰跳投劃出彩虹般的弧線。然後，史坦波中心一片尖叫：又中了。

科比全場34投16中8罰8中40分。刨去開頭9投3中和末尾11投4中，也就是說，在眞正決勝負的第二、三節這段，他是匪夷所思的14投9中。在中間的16分鐘內，他得了30分。

開頭，康特尼·李模仿巴蒂爾照方抓藥：不讓科比突破，干擾他投籃，科比沒找到感覺，前9投3中。但第二節皮特魯斯來防，科比開始了。皮特魯斯的心思，是和科比全面一對一。魔術第二節一度以33比28領先，然後湖人一個6比0反超，接著科比接管比賽。

整個第二、三節，科比就是在魔術三分線皮肉與禁區大骨頭之間，遊刃有餘地掀翻魔術。除了第三節開始一個底線跳投單挑了一下霍華德，其他時間，就在中距離予取予求。對皮特魯斯是背框後用移動晃，對李是主打背框強投。第三節後半段，他開始和加索玩二人轉換。

與此同時，湖人也利用著魔術的劣勢：他們一大四小極盡靈活，但只有霍華德這一個純內線。華頓和歐登，不斷抓住魔術禁區的漏洞偷分。中距離、弱側突襲，湖人就這麼簡單地咬死了魔術。科比在中距離的打法簡潔乾淨，精確毒辣，咬住一點不放鬆。湖人以100比75完成血洗。

「我很想要冠軍。」科比說，「就這麼簡單。我太想要這個冠軍了。」

霍華德的評價則是：「我們甚至都不能阻止科比得40分。」

第二場，魔術調整了策略。翼側阻絕球少了，中距離開始佈防，以遏止科比的中距離跳投。第一節末，戈塔特和霍華德「雙塔」出陣；第二節初，巴蒂加戈塔特又坐鎮禁區。魔術很罕見地擺了長時間的二大三小，保持對整個禁區的控制。大體上，魔術的防守是放棄了亞瑞扎，弱側收縮，弧頂隨時準備關門防科比，霍華德負責底線。

但是，既然已經決定收縮，如果依然用康特尼・李來對位，很容易被科比一陣掃射打到灰飛煙滅。所以，第四節往後，特克魯和皮特魯斯輪番來防科比。以身高干擾科比遠射，以收縮來限制他的突破。至於湖人其他遠射手，那就隨便了。

相比而言，湖人在一開場就重拾壓迫型防守，直接把魔術交通線癱瘓；雖然路易斯全場得分風生水起，但湖人始終把防守重點放在特克魯身上。收縮內線限制他的上籃，第四節更是一等特克魯擋拆就包夾，費雪、科比等人適時收縮協防。

所以比賽進入第三節，就進入了肉搏模式：雙方底牌翻盡，招數變完，就靠赤手空拳硬打。彼此策略也心知肚明：收縮控制內線，魔術困科比，湖人夾特克魯。

所以，第四節有無數扼人咽喉的好球。特克魯進的每個球都是見血封喉，但歐登的上籃和科比的罰球線跳投，道高一尺魔高一丈地把壓力疊高。最後，比賽結束前0.6秒，雙方88平。史坦・范甘迪佈置了一個邊線戰術，觀察，再一個暫停，第二次佈置戰術。康特尼・李騰空而起，在空中接球，低手把球閃過加索的手指。——可惜，那個球沒進。雙方88平，進入延長。

J. J. 雷迪克在延長賽錯失了關鍵三分，一次被抄球。湖人101比96贏球。2比0。

第二場，科比22投10中，29分。更重要的是，湖人開始展示出自己贏球的第二件秘密武器了。湖人助理教練教練布萊恩・蕭說：「我們阻止了霍華德轟擊籃框。」東區的一位球探承認：「雖然湖人『雙塔』和霍華德不同，但他們顯然做好了準備。」第一場，霍華德任何時候接球，湖人都有一人封阻，一人來包夾。第一場，霍華德6投僅1中，16次罰球10次得手。第二場，他17分，10投5中，但有7次失誤。

很簡單，湖人知道霍華德的弱點。他沒有鯊魚那樣的體格，沒有柔和的手感。他們用勤奮的包夾和強硬的接觸，破壞霍華德的感覺。每次魔術持球，湖人「雙塔」就急退籃下，同時湖人其他球員盡量阻攔，不讓霍華德有快攻機會。一旦霍華德左翼禁區邊拿球，湖人的包夾方式多種多樣，讓霍華德必須分辨「我得把球傳給誰」。加索解釋：

「我們盡量讓他不知所措，讓他失去節奏。」

然後，每當魔術外圍投籃，湖人總有一個人放棄籃板，只顧死死卡住霍華德。加索承認：「我們肯定跳不過他。」所以，犧牲一堵肉牆，不讓霍華德起跳才是關鍵。最後，加索還發現了一個秘訣：「盡量逼霍華德朝底線突破，然後就可以騙他進攻犯規了。」

所以，第一場，拜南22分鐘內9分9籃板，加索16分8籃板，歐登11分14籃板；第二場，拜南5分1籃板，加索24分10籃板，歐登19分8籃板。數據上來說，歐登更好，但其實他是額外的得益者：加索和拜南的拼死卡位爲他取下了搶到籃板的機會。拜南和加索這「雙塔」才是湖人眞正的優勢所在。加上科比，就構成了湖人贏球的理由。哪怕路易斯在第二場34分，但魔術內線打不開。

第三場，魔術很緊張。開場半節，他們被湖人完全屠殺。科比早早開啓火力：晃過康特尼・李撤步離開霍華德的控制範圍，跳投；弧頂量了一下，三分球；右翼突破向外圍滑動後仰跳投。東尼・巴蒂蓋掉科比一個球後，下一回合他直接在皮特魯斯頭頂一記三分球進算加罰。第一節，他就得了17分。

直到史坦・范甘迪的那個暫停：「控制籃板！專注一點！活力！」然後魔術醒來了。上半場，他們32投24中。亞瑞扎的話：「他們投進了所有的球！」

除了開場給路易斯和霍華德的兩記強打，魔術幾乎再沒吊球給霍華德。前兩場湖人的包夾分別讓霍華德6投1中和7次失誤，魔術決定變花樣。他們開始把霍華德拉出禁區，擋拆，霍華德內切吸引，然後在運動中接球。

魔術第二節以32比23讓湖人狼狽，逼迫湖人變換防守。而他們自己則堵死內線，不給湖人機會。科比三分9投4中，並且不斷分球到弱側讓亞瑞扎得分，同時加索不斷中距離跳投得手。魔術執意收縮弱側：哪怕湖人第四節前8投8中，魔術就是不放出內線來。

於是，進入本場最後時刻：皮特魯斯補扣得手，科比左翼射失三分球。101平時，路易斯遠射得手。104比101。皮特魯斯再罰中球，鎖定勝局。魔術是不是投得太準了些？「為什麼不呢？」特克魯說，「我們相信彼此，我們有一整套體系。我們應該投得準。為什麼不呢？」

第四場，科比打了48分52秒，31投11中得32分。同時，針對魔術對他的防守，他不斷找到弱側三分線外的亞瑞扎及其他隊友，送出了8次助攻。亞瑞扎14投6中，三分4投3中，16分。

但是，主角卻不是他們倆。

比賽最後一分鐘，魔術87比82領先；湖人追回2分，87比84。最後一回合，湖人開球。魔術全隊都在跟著科比。然後，老將費雪後場運球，朝魔術三分線跑去。

——那一瞬間，特克魯有沒有想起2004年，他在馬刺時，曾經遭遇過費雪的「0.4秒」絕殺？

——費雪起手，三分命中。87平。延長。

還沒完！

延長賽最後時刻，科比突破，尼爾森包夾，科比回傳給費雪。又一次遠射。

94比91，湖人領先。下一回合，加索扣中，鎖定勝局。

你可以說，這是費雪一生最偉大的夜晚。一記三分進入延長，一記三分埋葬魔術。湖人上一次類似的表演是2006年第一輪，科比對太陽的雙絕殺——但這一次，舞臺是總決賽。這是歷史上最偉大的角色球員刺客謀殺故事之一。99比91，湖人3比1。

第五場來了。

因爲是賽季最後一個主場，也很可能是賽季最後一場，奧蘭多的氣氛格外悲壯。

魔術第一節用一連串轉換進攻打出了尊嚴，但湖人對他們的切入並不在乎。封鎖三分球，放任突破，拜南單節9投2中，科比早早接管比賽。湖人第一節用一堆進攻籃板熄滅了魔術。湖人的進攻籃板來得很輕鬆。

湖人表現的氣質，像極了對火箭第三場、對金塊第六場。他們耐心地防守，積極衝搶籃板，等候魔術的手感熄滅。第二節中段，決定比賽的時刻到來。亞瑞扎兩記抄球，科比兩記助攻，亞瑞扎兩記三分，科比一記跳投。16比0的高潮，比賽至此鎖定一半。

而另一半，則是第三節。湖人打出窒息防守，逼迫魔術前14投3中。歐登兩記三分球之後，其實一切已經結束了。

你很難去責怪德懷特·霍華德什麼，畢竟他只有23歲。路易斯和特克魯一直在戰鬥。阿爾斯通和J. J. 雷迪克都拿出了看家法寶。但當亞瑞扎、歐登分別打出系列賽最佳表現時，湖人就幾乎不可戰勝了。

在比賽結束前一分鐘的那次暫停時，科比坐在板凳上左顧右盼。這晚他23投10中得到30分，早早鎖定了勝利。有兩次，他兩手捂嘴偷笑，精力過剩一樣迫不及待地搖擺身體。餘下半分鐘的那次暫停，史坦・范甘迪拿著紙條給隊員們講戰術，科比已經在和武賈西奇、費雪等人擁抱。

然後，2008-2009賽季最後一場比賽結束了。99比86，湖人擊敗魔術。4比1，奪得2009年NBA總冠軍。

保羅・加索成爲了第一個戴上總冠軍戒指的西班牙人。拜南成爲史上第四個高中畢業生總冠軍——之前的三位：摩西・馬龍、賈奈特和科比。科比擁抱得最久的人，是費雪。他們甩開東尼・帕克和吉諾比利，成爲此時冠軍戒指最多的後場組合了。

當然，這一晚的主角只有一個人。

比爾・拉索將總決賽MVP獎盃遞給了科比。這是他的第四個冠軍，但這座獎盃，前三次都給了鯊魚。他終於得到一枚屬於他自己的總冠軍戒指，距離上一枚戒指已有七年之久。

2005-2006賽季，他證明了他是這個時代攻防兩端最好的個體球員。2006-2007賽季，他用半季證明了自己可以做一個團隊成員，用一個月（3月）證明了他還是這個時代技術最完整的得分手。2007-2008賽季，他證明了他可以適應幾種不同側重的球隊風格，並且把球隊帶進總決賽。2008-2009賽季，他證明了他可以帶領一支球隊奪冠。

「我再也、再也不用聽那些弱智的批評了。那實在很煩人。」科比抱著總決賽MVP獎盃說：「有一小段時間，我都覺得自己快發瘋了。然後，我開始狂喜，就像，一個孩子進了糖果店。」

36 「越獄」

從2004年開始，科比就彷彿進了一個監獄。監獄欄杆外面，是2004年夏天的傑瑞・巴斯，那張高興時眉毛依然聳起、皮笑肉不笑的臉：「科比，我不想再付錢給俠客了。他得走。我會圍繞你打造奪冠陣容的。」話音剛落，他便消失在監獄的走廊上。俠客・歐尼爾身穿獄警的服裝，嘴角帶著詭秘的微笑，推開了獄門：「那，先來認識一下你的新獄友……查基・阿特金斯、布萊恩・庫克、薩沙・武賈西奇、斯馬什・帕克、誇梅・布朗……你們多親近親近。」然後，鯊魚甩脫警服，從褲兜裡亮出一個話筒：「我愛邁阿密，我愛韋德！哈，熱火是他的球隊，我是來幫助他的！」

是的，從那時起，科比獨自坐在牢籠中心，看著那些無能的隊友們發悶。他努力尋找著牢籠的弱點。欄杆？牆壁？地板？查爾斯・巴克利在TNT直播間冷笑：「啊，他得了81分，可只有2次助攻……我難以想像這種事！」他看見了自己兒時的偶像，在義大利身穿8號的丹東尼，正坐在太陽教練席上對他微笑，2006年4月，2007年4月，湖人兩次被太陽淘汰。拉加・貝爾說：「科比？他沒什麼可怕的，我要做的就是盡力限制他。」丹東尼依然在微笑。巴克利在他身旁比手畫腳：「你看，在生死戰的下半場放棄投籃？他只是爲了怕別人說他自私而已！」

忽然之間，他發現這個牢籠堅不可摧，而黑暗又深濃如墨。鯊魚在邁阿密炫耀他的2006年總冠軍戒指。2007年年初，隊醫對他搖了搖頭：「華頓和歐登可能需要很久才能回來。」他回過頭來，就看見誇梅・布朗麻木不仁的微笑。

他曾經看著安德魯・拜南開始有一點像鯊魚的模樣，然後在2008年1月躺上病床。他覺得自己快麻木了。傑瑞・巴斯慌慌張張敲開了獄門時，他頭也不抬。

「科比，我給你弄來個幫手。」

「嗯？」

保羅・加索來到他身邊。他們夜以繼日地努力，度過了2008年的春夏，小心翼翼地避開了命運的種種障礙——直到一鎬敲上了綠色的幕牆。然後是2008年總決賽的敗北，是24分被逆轉，是39分被血洗。那時，他和加索在黑暗中面面相覷。他在黑暗中已度過了太久太久。他都30歲了。

所以……

2009年6月14日這天，他「越獄」成功。他救贖了自己。「這就像把一個巨大的包袱甩脫。」他說，「在這一刻，想到整個賽季你艱難走過的一切，現在都值得了。」

第四個戒指，第一個總決賽MVP，以及去年的一個例行賽MVP，六次總決賽之旅。這些足以把科比堆疊到高過偉大的傑瑞・衛斯特。

而這還不止。

他用職業生涯的前六年拿了三枚戒指，取下了足夠的團隊成就；之後的七季，湊齊了自己的個人榮譽。到此爲止，就像賈霸的翻版（職業生涯前十一年，六個例行賽MVP，後九年，五個戒指）。

無論是團隊成就還是個人榮譽，現在，你都可以這樣說了。30歲零10個月，經歷了職業生涯最長的一個賽季（例行賽加季後賽合計105場比賽），科比・布萊恩拿到了自己的第四枚戒指和第一個總決賽MVP，就此超過了衛斯特，超過了大O，超過了庫西、沙曼、山姆・瓊斯和微笑刺客。他現在是NBA歷史上前三的後衛了。在他前方，只有喬丹和魔術強森。

最重要的是，他等到了他想要聽見的。當天，他的冤家鯊魚在自己的Twitter（推特）上說：「恭喜你，科比，這是你應得的。你打得很好。享受這個冠軍吧，兄弟。」

37 阿泰斯特到來的夏天

2009年夏天，歐登與名媛卡戴珊成婚。趁著結婚喜慶，他開始和湖人談判——合約到期了，需要份新的。年將而立，他也需要份養老合約。湖人有些爲難：作爲一個替補，你不能再給他千萬年薪了。但是，他又的確是湖人內線不可或缺的人才。最後，4年3,280萬美元。

加上科比超過2,400萬美元、加索接近1,800萬美元、拜南接近1,400萬美元的年薪，湖人無力再購置新人了。他們也無所謂：冠軍不換陣。

可是，亞瑞扎合約到期了。

2008-2009賽季冠軍征途上，亞瑞扎是湖人主力小前鋒，他為湖人提供了許多閃亮時刻：對魔術總決賽最後兩場，他的弱側三分投籃；對金塊的關鍵時刻，他的快手抄截。他運動能力非凡，而且年僅24歲。

湖人沒有留他。

很奇妙的一個交換：湖人讓亞瑞扎去了火箭，簽了5年3,395萬美元的合約，卻接了火箭那邊的自由球員阿泰斯特，同樣5年3,395萬美元。

亞瑞扎的特長在於以身高臂長封鎖傳球路線、抄截、弱側協防、防守籃板、干擾傳球路線、敏捷、運動能力。總體而言，亞瑞扎擅長於無球的破壞性防守，而阿泰斯特則如磐石，是可怕的一對一防守怪物。

在進攻端，他們的功能又大不相同。阿泰斯特更笨重，定點遠射、略顯笨拙的強攻，偶爾的背框單打。亞瑞扎則有極好的空切、弱側奔襲，以及空位三分。

當然，阿泰斯特很歡樂：他是個有點愣頭愣腦的直性子人，他為來到洛杉磯而快樂。他的薪水並不高，但是，「我是來為湖人奪冠的」！

當然也有人質疑：小牛老闆馬克・庫班在2009年秋歡天喜地地說：「我說啥來著，現在他們搞到阿泰斯特了，我再想不到更好的事了。哇哈哈，你能想像嗎？阿泰斯特拿了球，科比站一邊兒，說：『把球傳給我，謝謝，朗・阿泰斯特。』」

當然，整體而言，這是個小小的賭博。長期以來，阿泰斯特就希望爲一支標準的強隊打球。2005年他要求離開印第安納時說過，他想和詹姆斯、科比一起打球，寧願跑去當他們的替補。如你所知，他想要個冠軍機會。在此之前，菲爾・傑克森有過類似的例子——「用冠軍機會當糖果，騙壞孩子們好好打球」。1996-1998年，他就是這樣馴服了丹尼斯・羅德曼。

科比沒有閒著。2009年夏天，他去拜訪了籃球史上步伐最超絕的巨人「大夢」歐拉朱旺，跟著他訓練籃下步伐。他很清楚：2009年8月他就31歲了。他已經不再是2001年那個飛奔如電的8號科比，他必須用更收斂、從容、聰慧的方式打球，以靜制動。

2009年10月，湖人季前熱身賽。拜南有很好的表現：他的下肢力量恢復了；他可以補防切入後衛了；他在禁區裡的爆發力彈速上升了。而科比展示了左勾射、翼側背身靠打等一系列新花招。

湖人在2009年秋天，提前上緊了發條。阿泰斯特到來是一小部分原因：他爲湖人添上歐登、華頓和法瑪爾遺忘的那部分注意力，以及求勝欲望。但是，2009-2010賽季開始，湖人必須面對的問題卻很明白：他們得度過一段沒有保羅・加索的時光。

38 一個人的艱難開始

2009-2010賽季開幕戰，湖人對快艇。賽前，洛杉磯球迷歡天喜地觀賞了2009年總冠軍戒指頒布儀式。然而，之後的比賽，湖人並無冠軍之氣。第三節打完，一貫給湖人做配角跑龍套的快艇，僅以75比76落後湖人。而且，他們新選進的狀元布雷克・葛里芬還沒上場。最後，湖人依靠第四節發力，99比92取勝。

「那類儀式之後打比賽本來就很累。」禪師一邊撫弄著自己第十枚戒指一邊經驗老到地說，一副炫耀自己有過多次經驗的模樣：「注意力會流失的嘛！」

三天後，湖人主場輸給了小牛，80比94。禪師賽後生氣了：「我們簡直開槍打自己的腳！我們得考慮給球迷退票錢！」賽季第三場，湖人118比110勝了老鷹。在第三節，他們還一度落後。科比承認：「一切從37號阿泰斯特開始。是他的努力防守改變了比賽。」

11月3日，湖人在奧克拉荷馬贏了比賽，101比98險勝。第二天在休士頓，湖人延長賽擊敗了火箭，103比102只贏了一分。又兩天後，湖人終於贏了場舒服的：114比98擊敗灰熊。

5勝1負的戰績。看來輕鬆嗎？一點也不。

加索養傷期間，湖人被迫靠科比一人獨撐。對快艇之夜，科比26投11中，33分8籃板4抄截。對老鷹，他29投15中，41分8籃板5抄截3助攻。第三節，他用一記扣籃引領了進攻浪潮，單節19分。賽後拜南認爲，激發科比的「罪魁禍首」是上半場發揮神勇的老鷹王牌喬·強森：「他把科比惹火了。」

對雷霆，科比發燒初癒仍取得31分。比賽還餘2分29秒時湖人還與對手97平，他的一記轉身跳投讓湖人領先。阿泰斯特說：「科比渴望贏球，這太美妙了。」對火箭，科比30投15中得41分。延長賽最後1分半，他關鍵的三分打讓湖人100比98領先。

阿泰斯特得意洋洋：「我唯一期待的就是站在旁邊，看科比得50分！」

對灰熊之戰的30投19中得41分，是科比開季六場中第三場41分，職業生涯第99場40分。他成爲史上最年輕的24,000分球員。賽後他終於聊到了自己近來的得分感覺：「看來很容易？因爲我盡量在低位找好位置再得分。我今年夏天休息得很好，有更多體力來繼續。」

自從2005-2006賽季初後，科比的背框單打相當罕見。2009-2010賽季初，這一切重現了：中距離靠底線，背身要球，單打對手。經過夏季跟隨大夢的苦練後，他的背框步伐圓轉如意，無愧於聯盟背框進攻最好選手的名號。按他原有的投籃、步伐和全面技巧，本來就不需要一對一教，大夢所做的，無非是稍微給了一點建議和指導。

此前兩季，他已經習慣於靜態的中距離原地試探步了。如今他又結合了背框要位、撤步和底線翻身等花招。他打得愈來愈簡潔流暢，舉重若輕。

反過來，他的面框投籃卻似乎始終沒找到感覺。畢竟已經31歲，他的速度已不如當年。他開始更多依賴技巧、節奏、晃動和手感，不再像當年電光爆發般突破了。

11月12日，他率領湖人輕取了太陽。湖人全隊在內線得了78分，三分球16投8中幾乎全是空位出手。科比打得很簡潔：禁區底線附近要位，測一下距離，腳步晃開理查森的盯防，直接跳投。太陽一旦包夾，科比立刻分球，歐登、拜南等人正面切進，隨心所欲暴虐籃框。科比的招數越發接近1996-1998年的喬丹，舉重若輕，大巧不工。

但是，這終究不是長久之策。而且在11月8日的比賽中，他還傷了腹股溝。

11月13日，湖人做客丹佛，遭遇了血洗。科比開場兩次背框單打阿法拉羅，出手太急沒找到手感，之後找到節奏，一口氣6投5中，包括第一節最後兩記匪夷所思的中距離後仰跳投。於是金塊開始包夾，科比隨即不斷分到空位的歐登和阿泰斯特。上半場，科比19分。

可是，第三節開始，金塊不再包夾科比的持球，而在他接球之前開始干擾。阿法拉羅、肯揚·馬丁等人拉起鐵絲網，拒絕湖人給科比吊球。科比在內線接不到球，被迫到外圍來面框進攻。於是，湖人的進攻運轉不起來。

湖人79比105慘敗金塊，兩天後又91比101敗給了火箭。然後科比發怒了：11月18日對活塞，科比拒絕三連敗。賽後，歐登指指科比更衣室的衣櫃：「避免三連敗？原因就是他。」科比得了40分，第二節過半就已經27分。他在內線隨心所欲背框調戲矮他半頭的班·戈登，但賽後他卻在討論防守：

「我們要集中注意力於防守端！」

這是他開季三星期內第四場40分以上。然後，他的40分浪潮暫時偃旗息鼓了。

此時，加索回來了。

39 不敗的幻覺與低谷

2009年11月19日，湖人對公牛，加索復出。湖人108比93輕取。隨後是一連串的大勝：101比85破雷霆，100比90勝紐約，130比97血洗勇士，106比87破籃網，110比99踩倒黃蜂。對太陽贏20分，對爵士贏24分，一路隨心所欲。

當然啦，他們也有艱難的時刻：12月4日主場對邁阿密熱火，湖人被熱火撐到了最後，靠科比一記匪夷所思的三分絕殺才以108比107贏球。12月16日在密爾瓦基，又是類似戲碼：最後一分鐘，公鹿罰球失準，科比一記後仰跳投，絕殺了公鹿。湖人一路贏到了12月25日聖誕大戰，對壘克里夫蘭騎士：騎士23勝8負，湖人23勝5負。

然後，在主場，湖人輸了自己這季第六場球。

科比得了35分10籃板8助攻，但33投僅有11中。阿泰斯特守得騎士的王牌勒布朗·詹姆斯19投9中26分4籃板9助攻，問題並不大。但真正的問題是：騎士的莫·威廉斯屠殺了費雪，13投8中28分；湖人的「雙塔」被騎士的鯊魚、大Z和瓦萊喬等人淹沒了。加索、拜南和歐登三大內線合計僅有21分13個籃板。

聖誕大戰後，湖人步入低谷。對國王，他們打了兩次延長才贏球，科比38分，關鍵時刻的三分球救了湖人；12月28日，科比34分，湖人依然敗給太陽。12月29日，科比用受傷的手指取下44分11助攻，湖人124比118艱難贏下勇士。禪師感歎：

「我們虧欠了他。這實在是他一個人努力贏下的比賽。」

2010年1月1日，湖人主場險勝國王，又是靠科比的39分及最後的絕殺。然後是勝敗相雜的時刻：連敗給快艇、拓荒者，敗給馬刺，敗給騎士，敗給暴龍。2010年1月，湖人一口氣輸了五場球。

問題何在？

招來阿泰斯特後，湖人的攻防體系都略做微調。畢竟阿泰斯特和亞瑞扎有熊與鴕鳥之別，不能簡單套用。防守端，以往湖人招牌的翼側陷阱，是科比負責單防，亞瑞扎負責截球；如今換阿泰斯特爲主單防挖陷阱，科比擔負起了亞瑞扎的斷球工作。進攻端，阿泰斯特比較安分，三角進攻的弧頂給球任務，偶爾突破，定點遠射，諸如此類。

但是，湖人並沒就此成爲2009年冠軍升級版。

開季11場，湖人8勝3負，但加索因傷休戰，參考價值有限。倒是此期間拜南一度打出場均21分11籃板的數據，隱隱有直衝西區全明星先發之勢。加索復出後，湖人一口氣打出16勝1負。然後，自聖誕大戰之後一波3勝2負。事實上，早在12月初，湖人的艱難已見端倪。

客場贏活塞之戰，末節湖人全上替補，被活塞替補打了個七葷八素。現實狀況是：歐登簽完大合約外帶結婚後，表現極爲不穩。

替補控衛法瑪爾遠射不加考慮，切入十次有七次是失誤，而且完全不懂得給內線「雙塔」傳球。

武賈西奇和亞當・莫里森兩大替補幾乎完全廢了。

如此這般，2008-2009賽季，湖人那套急風火電的板凳陣容，手握冠軍戒指後，養了一身大爺毛病。華頓受傷後，湖人替補能穩定做貢獻的只餘下一個半：一個是香農・布朗，半個是歐登。

替補變差，湖人沒了以往第二節和第四節一波速攻拉開分數的利器，順便給主力加了不少壓力。阿泰斯特始終沒太融入進攻端，基本滿足於投投定點三分，偶爾弧頂突破一下，或是給加索、科比和拜南吊吊外傳內，做做強弱側轉移，找找歐登。功勳幸運星費雪，定魂遠射和製造進攻犯規的本事還在，但每場只有那麼一小會兒顯靈，而且，他的防守實在讓湖人球迷血壓升高。

本來，湖人優勢在於「雙塔」和科比。而這幾位都需要外線的火力支援，以便拉開空間。可是，費雪、法瑪爾和武賈西奇集體呈半遊魂狀態，給湖人製造了巨大麻煩。三角進攻最講究拉開空間。而湖人，三位後場遠射失準，阿泰斯特又是個半吊子射手，湖人的對手都敢於收縮內線。拜南和加索這對「雙塔」在內線本就擁擠，遇到外圍不爭氣，對手咬牙狠心收縮時，進攻更打不開。沒有穩定射手，對手敢於收縮，進攻跑不出來，於是12月後半段，湖人的進攻就是科比一次又一次單挑，以及「雙塔」一次次衝進攻籃板之後的補進。

對陣熱火、公鹿和騎士的比賽，之所以艱難，就在於湖人的「雙塔」被對方的內線纏住後，湖人進攻打不開。反過來，湖人的中距離防守有破綻：

拜南防守不出來，歐登輪轉意識時有時無，阿泰斯特擅長對球防守不善補位，費雪被後衛當樁子繞著玩。於是湖人中距離空檔變大了。此外，拜南宣稱自己懷念去了灰狼執教的蘭比斯。實際上，以往湖人負責教導防守和一些細節的就是他。

因此，2009-2010賽季的湖人，比上一季更笨重。進攻靠內線、科比和外線時靈時不靈的三分手，防守則堵禁區、單防對方王牌，漏空中距離放對手投籃。湖人還能贏球，只是靠以下幾點：他們依然是聯盟中最擅於打硬仗的球隊，或者乾脆點，科比是全聯盟最擅長處理生死時刻的球員。他們反敗為勝到絕殺甚至已成慣例，所有比分接近的比賽全都可以順利拿下。

他們畢竟是衛冕冠軍。

40 花園的絕殺

2010年1月21日，湖人開始一個漫長的連續八場客場。敗北騎士、輸給暴龍之後，1月31日，他們來到波士頓花園廣場。

塞爾提克和湖人，曠世冤家都沒在最佳狀態。前者自聖誕節後4勝7負，後者在東區溜達了一圈急著回家。他們像一對憔悴怨偶相遇在寒風凜冽的早上，時令季節氣候氛圍都不大對，彼此道個早安然後各自回家睡覺才是正途。

可是他們畢竟是塞爾提克和湖人：他們不需要動員懸賞，看著彼此就能夠打出好球來。仇人相見，分外眼紅。

第一節，柏金斯早早因犯規下場。拜南於是隨心所欲，統治了塞爾提克內線。第一節後半段，科比跑去防守年輕迅疾的塞爾提克控衛朗多，以避免他繼續折磨費雪：於是塞爾提克眼睜睜看著湖人揚長而去，第一節19比30落後。

可是第二節，湖人替補的毛病來了。歐登帶著替補群遊山玩水般拱手送分，把先發陣容辛苦取來的優勢刷飛，直到第二節過了2/3，禪師才想到換人。已經晚了，第二節塞爾提克得到的33分裡，有27分和朗多有關——因為第二節科比沒在防守他。

下半場，禪師幾乎做了一個斷送湖人的決策：他將加索和歐登的組合長期放在場上，好像忘了這對組合2008年夏天在波士頓花園廣場的所作所為。事實上，除了鬱鬱寡歡的拉希德·華勒斯，加索在塞爾提克的任何人身上都沒揩到油。

無數次，科比跑去翼側接球，無數次塞爾提克閃電包夾，無數次科比回傳球後，塞爾提克乾坤大挪移完成了輪轉補位。直到最後4分鐘，湖人換上拜南，局勢才開始倒轉。

然後比賽進入最後1分鐘：只有終場前27秒，皮爾斯做了全場唯一的錯事。他的左手動作多了一點點，於是120公斤的阿泰斯特直接跌進了觀眾席。漂亮的誇張動作，騙到了皮爾斯的進攻犯規。於是，湖人來得及進入最後時刻。88比89落後。

在此之前，科比19投7中。

他全場都沒太多機會展示背框，撤步面框，原地一對一的戲碼，每次他背框接球，都引來包夾。所以他只能面框一對一擺脫後跳投。上半場，他落地時小心翼翼，腳踝似乎並不順溜。全場比賽，他都在和自己的手感做掙扎。

弧頂，科比出手。餘7.3秒，跳投沉入籃框，整個波士頓花園廣場靜了一瞬間。湖人90比89領先。

「我沒有說多給我一次機會，我說把球給我。我不想給他們任何機會。」科比說。

繼2008-2009賽季後，他再一次報了仇，刺激了波士頓花園廣場的球迷。這場比賽可總結的有很多，主要包括：

科比是湖人唯一能防守朗多的人。

19分11籃板的拜南是唯一能克制塞爾提克內線的人。

阿泰斯特讓塞爾提克第一單打王牌保羅·皮爾斯11投4中，15分。

那時，他們當然誰都不知道，這個球館會在四個多月後見證偉大的時刻。世界只來得及記住一件事：

這已是科比單季第四次絕殺。

41 年將32歲的絕殺手指

2009年12月，科比的右手食指尖端兩次撕裂。12月12日，接獲法瑪爾傳球時，他的傷勢加劇，只得纏上繃帶。隊醫說，科比的食指韌帶處出現了碎骨。然後，他拒絕了手術和6週休養。等他的無名指中間關節開始發炎時，他反而無所謂了。他盡量改用大拇指和中指控球，調整投籃手型。對一般球員來說，投籃手型是終身不變的。但對他，只是稍微一點調整而已。

比起手指，左腳踝、右膝蓋、背部痙攣、腹股溝等傷情，他都已不放在眼裡了。傷痛對他來說簡直成了習慣。

就在這樣只能自由運動7根手指的情況下……

2009年12月4月，史坦波中心對熱火。最後3.2秒，湖人105比107落後。科比三分線外接球，轉身試圖擺脫，韋德緊追不捨。科比被壓到三分線外一步，角度已被封死。時間即將走完，科比側向跳起，身體扭曲，完全來不及擺出投籃姿勢，幾乎是橫身一甩，球飛了出去，然後擦板而入。三分球。零秒絕殺。108比107，湖人獲勝。

12月16日，密爾瓦基。科比在下半場到延長賽已經得了25分。105比106落後，湖人還有最後一次進攻機會。科比運球沿球場左側向前進。正規時間，他剛失手了個絕殺。「我用平常的手勢投了那個球，沒進，所以我換了一下手勢。」他談論著他那布滿碎骨的右食指，像在說一支無生命的槍。「我很高興我投進了，不然就白費了我的訓練。」他是這樣投進的：他背靠著公鹿的查理・貝爾運到前場，然後一記翻身後仰跳投。然後，他冷靜地高舉雙手慶祝。107比106，他絕殺了公鹿。

2010年1月1日，史坦波中心。一度落後20分的湖人，追到僅以106比108落後國王，還剩4秒。禪師叫了個三分戰術。「國王守了聯防，外線無人防守。」科比說，「所以，菲爾就要求把球傳到我這兒，然後投進。」

在此之前，科比已經得了36分，三分球6投4中。國王忘了這一點。球快速傳到左路，科比用極快的手法出手，出手哨響。三分穿網而過，109比108。然後，就是科比又一次高舉雙手的慶祝。

2010年2月24日，曼菲斯。科比因休養踝傷缺陣五場後歸來。剩54秒時，他一記三分球讓湖人追至96平。然後，終場前4秒，他一記三分球得到自己第32分。湖人99比98解決了灰熊。

「他持續不斷投進這類球。」灰熊總教練霍林斯搖著頭，「偉大的球員製造偉大的演出。很傷人，可是你得讚美他。」

會厭倦這感覺嗎？

「每次絕殺，都像是第一次。」24號黑曼巴微笑著說。

「這種感覺像好萊塢。有趣極了。關鍵時刻打出好球是我的責任。我愛這事。」

2010年3月9日，史坦波中心。剛剛三連敗的湖人，被多倫多暴龍逼到了最後時刻。克里斯·波許一記三分將分數追到107平，給科比留了9.5秒。兩天前在奧蘭多，科比剛失手一記絕殺。

又一次？「我的責任就是這個，終結比賽。」科比聳肩。他運球到邊角，面對暴龍防守，一記投籃劃過對手指尖。個人全場第32分，第四節第14分。湖人109比107解決暴龍。加上1月31日在波士頓花園廣場的制勝球，這就是2009-2010賽季例行賽科比·布萊恩的演出。他的絕殺直接給湖人帶來了6場勝利——而且，只能動用7根手指。

他傷痕累累，但他堅決拒絕手術或休息。這種做法其實頗不理智，但有老年代球員的遺風。歷史上的偉大硬漢，例如：微笑刺客、賴瑞·柏德、1987年整支塞爾提克、喬丹這些人物，也與科比的選擇類似。對這些習慣帶病或是帶傷強行作戰的人來說，情緒大概可以這麼歸結：他們了解自己的卓越，他們自信自己一路走來，經歷過遠比對手更多更艱辛的時刻，他們壓抑得比誰都深，所以他們隨時隨地都能夠憤怒起來，一個球就能讓他們的情緒爆發。他們早已經過了爲錢打球的年紀，他們用常人難以想像的努力去容忍了無數痛苦，來捍衛自己的榮耀，因此，他們不會允許身體垮掉，來侮辱他們的尊嚴。

2010年3月，在《運動畫刊》雜誌的球員評選中，科比被評爲第五「髒」的球員。理由是他的手肘，他的強硬對抗，他的垃圾話。本來這些是老式學院派的特徵，但在這個年代越發少見了。用洛杉磯媒體的話，這從側面證明，科比打得非常硬朗。的確，2009-2010賽季，科比已經給人製造了這樣一種幻覺：「你的最後一攻最好不要失手，否則我就能絕殺你。」事實上，他也這麼做了。

42 重新開始的冠軍征途

2010年4月，科比只打了三場比賽。他開始提前休息，爲季後賽蓄力。湖人取下了57勝25負的例行賽戰績，西區第一。對湖人來說，這就夠了。

例行賽第十四個賽季，科比場均27分5.4籃板5助攻。他的手指連累了遠投，不到33%的三分命中率是2004年以來的新低。但是，他依然入選了聯盟第一隊和防守第一隊。加索入選了聯盟第三隊。

西區季後賽第一輪，湖人對陣年輕的奧克拉荷馬雷霆。

一開始看來，這似乎是組無懸念的對決。雷霆有聯盟歷史上最年輕的得分王、21歲的凱文・杜蘭特，有勤奮團結的青年才俊傑夫・格林、威斯布魯克等人，有聯盟前十的防守，有聯盟防守第二隊的瑞士人薩博・塞弗羅薩。但他們唯一夠檔次在季後賽肉搏的純內線是伊巴卡，而他還不過是個以靈活見稱的大前鋒。比起湖人龐大的內線群，他們過於年輕瘦弱。三年級的杜蘭特和格林，二年級的威斯布魯克和一年級的詹姆斯・哈登第一次踏上季後賽舞臺，就對陣六次總決賽四度總冠軍的科比——乍行小駒和識途老馬的差距。

但是，過程卻相當出人意料。

湖人艱難地贏了第一場，87比79。科比在瑞士人塞弗羅薩的照顧下，19投僅6中。雷霆的閃電後衛威斯布魯克16投10中24分，硬生生羞辱了費雪。湖人贏球，靠的是拜南和加索合計32分25個籃板球的內線優勢。科比賽後認爲，他的手指還是感覺不對。

「我有些不知道怎麼調整這玩意。」他說。

雖說第一場敗給湖人，但場面上，雷霆並不難看。對球施壓、遏止節奏、逼迫湖人與他們打半場拼防守，目的多少達到了。只是，內線劣勢實在太大。杜蘭特與科比分別被控制，湖人靠「雙塔」對內線的壓迫力決勝。

於是，第二場，雷霆打得更拼命。反客爲主，拼身體，強對抗，塞禁區，奮戰到底。

第二節，雷霆開始賭博：內線拼死繞前，卡住湖人「雙塔」；有機會就執行反擊，快攻條理清晰。於是，湖人只能靠外圍遠射及科比的單打。科比在第二節幾次突破，企圖製造犯規，然而雷霆身體接觸兇猛但精確。硬碰硬之下，湖人命中率大跌。

下半場，湖人轉變戰略。科比和加索清出場地，開始玩2008年的撒手鐧：擋拆。

雷霆的防守依然是退守禁區爲主。上半場16投6中的科比，下半場冷靜下來之後，效率劇增。當然，他還是期待先把全隊進攻喚醒。怎奈多次擋拆吸引包夾後分球，費雪和阿泰斯特卻只顧左一個右一個將大空檔三分球投丟。於是分差緊咬。

第四節極富戲劇性：開場科比突破，遭遇包夾，被塞弗羅薩蓋下，大怒之下，科比領到第四次犯規暫時下場。此時湖人情勢危急：內線被堵死，外圍無人可用。但是，雷霆自己的進攻出了大問題。科比第四節再度歸來後，接管比賽：連續兩個跳投外加罰球連得5分，對面杜蘭特右底角強投拉回分差；科比晃開格林得到個人第30分，右翼強投再拉開到84比80，杜蘭特還以一個強投將分差再拉到2分。88平後，科比繞一個掩護跳投直接90比88領先，之後罰球鎖定勝局。

全場科比28投12中15罰13中39分，而杜蘭特擺脫了阿泰斯特的糾纏，26投12中32分。湖人除了科比外，只有加索的25分到達兩位數。道地的雙人比賽。

雖然贏球，但湖人的問題暴露了：一旦雷霆緊守禁區，「雙塔」就失靈；而湖人外圍三分火力貧弱，難以轟開對手。關鍵時刻，只有靠「雙塔」死守禁區和科比在進攻端的經驗解決問題。

於是，第三場移師奧城後，雷霆開始反擊了。

第三場一開始，湖人占盡上風。阿泰斯特開場不斷繞前阻擋杜蘭特接球，湖人收縮兩翼控制禁區，費雪與科比在弧頂正面對球施壓。雷霆連續失誤，被反擊。落到陣地戰後，加索和拜南一左一右強攻內線，外加費雪等人三分如雨，雷霆無能爲力。

可是，湖人的替補又出問題。

第二節初，法瑪爾和香農・布朗組織的低效進攻，讓湖人「雙塔」癱瘓，雷霆開始轟分。加索在第三節之後成爲湖人進攻的發動軸心，但他也發動不了；科比在第二節找到三分手感，但雷霆青年軍不吃他的投籃假動作，寧可讓他中距離跳投。

湖人進攻癱瘓，雷霆卻開始發揮了。

瑞士人三分球，伊巴卡跳投，前兩節半15投3中的杜蘭特在第三節發威。快攻中急停25尺三分球，將分數追到74平。自這記投籃開始，他後9投5中。一節半內，取下20分。最後，他全場29分，19個籃板。

以及，第四節和科比一對一，賞了科比一記火鍋。

當然，還有威斯布魯克繼續血洗費雪，21投11中的27分。

雷霆101比96擊敗湖人，科比賽後承認，第四節高他10公分的杜蘭特來防守他，讓他吃驚不小。「這個對位讓我驚訝。他做得很好。」

這場賽後，禪師發出了警告。對29投10中的科比，他說：

「要就投少一點，或是投聰明點。」

第四場，科比一改往日習慣。前9分鐘無一次出手，每次投籃選擇都很謹慎。不斷耐心地指揮隊友跑位，分球，突破尋找包夾，分球向弱側。在他的傳球下，加索第一節6投4中，拜南上半場11投7中。可是，湖人卻沒贏球。他們守不住雷霆的快攻。威斯布魯克18分，杜蘭特22分，哈登15分。雷霆拼命加速，而湖人外線三分只有可憐的22投4中。第三節，分差就已到了20分開外。湖人89比110敗北。雷霆和湖人意外地打成2比2。

賽後，所有的矛頭都指向科比——他是故意不投籃嗎？

「我在盡量策劃好一切。不幸的是，比賽沒隨我們的意思走。他們打得太快。我無法像我慣常的一樣來結束比賽。」科比說。問題其實只有一個：如何遏止雷霆的反擊快攻？

科比給出了答案。第五場，雷霆的反擊推動器威斯布魯克13投4中，8次失誤。雷霆上半場就以34比55落後。理由很簡單：科比主動要求去防守他。

「我喜歡挑戰。我可不想輸球後再去琢磨我當初做錯了什麼。所以，我接受了挑戰。」第六場，湖人絕殺了。只不過，操作的不是科比而已。科比在第六場25投12中，32分。最後時刻，前10投3中只得7分的加索，點進了進攻籃板。95比94，湖人獲勝。4比2淘汰雷霆，直逼準決賽。眞正的隱藏功臣是阿泰斯特。最後一場，他守到杜蘭特23投5中。整個系列賽，他讓杜蘭特場均25分，但命中率只有35%。阿泰斯特感覺相當不錯：「每個人都覺得我們應該快刀斬亂麻，但我們沒做到。對我們來說，這經歷很好，因爲我們已經緊張起來了。我們知道該怎麼好好打。」西區準決賽，湖人將連續第三年遇到老冤家猶他爵士。「我們會準備好的。」科比說。

43 衝出西區

2009年西區決賽，丹佛金塊曾和湖人大戰六場。2010年西區第一輪，金塊被爵士4比2淘汰了。2010年西區準決賽，湖人將如何面對爵士？結果出人意料。科比喜歡和爵士這樣的學院派硬骨頭球隊對抗，因爲「他們很硬朗。硬朗的球隊特別容易讓我找到感覺」。

爵士第四節一度領先4分，但科比一口氣連得7分，包括最後23秒一記上籃，挽回了分數。湖人104比99贏下第一場。全場科比19投12中得31分，11分來自第四節。

第二場，科比打得更沉穩。如果說第一場他注重進攻，第二場的聰明則在於：背框進攻時，他並不忙於得分。每次背框持球，他都眼觀八方；隊友弱側空切，便直傳籃下助攻；爵士包夾過來，他便快速分空檔。第一節過半，他已有6次助攻。

湖人穩穩地把持著優勢，上半場即以58比46領先，爵士始終未有機會追近。科比全場30分5籃板8助攻。加索22分15籃板，拜南17分14籃板，歐登搶了15個籃板。湖人內線得分達到64分之多。科比讚美了自己的大個子隊友：

「他們打得極其出色。加索和拜南今天控制了籃板。連歐登替補出場都有15個籃板，簡直不可思議。我們的大個子完全控制了內線。」

回到鹽湖城主場，爵士不願再倒在內線。第三場一開始，爵士對內線的保護就清楚了：湖人讓科比和拜南兩側背框時，弱側遊弋做包夾狀；一旦球到禁區，爵士全體立刻放棄三分線集體收縮。湖人面框進攻時，提前堵塞住中路突破，逼迫湖人外圍走底線，隨後弱側壓迫集體保護籃框。

而湖人的防守策略，或是說禪師的風格，一向是收縮保護內線爲主。於是，雙方內線群都遇到了障礙。

內線互相抵消，接下來就看外線了。湖人投出近期罕見的高水準：全場三分球29投13中。對面爵士絲毫不讓，22投10

中。但是，到了最後，爵士無論派馬修斯還是邁爾斯，都無法抵擋科比鋒芒。科比本場做得最妙的，是他的投籃選擇：24投13中得35分，極少陷入包夾；7次助攻是他聰明分球的展現，打得耐心、精確而簡潔。最後時刻，他和費雪連續三分，鎖定了勝局。湖人111比110險勝，3比0。

於是大勢去矣，第四場了無懸念。湖人第四場上半段即以58比41領先，之後無非將分差保持到最後。加索18投12中33分，科比23投11中32分。湖人111比96輕取爵士，完成了4比0的橫掃。科比賽後只好這麼表示：

「我們挺注意細節的。」

平心而論，爵士實力在雷霆之上，然而雷霆拖了湖人六場，爵士卻挨了橫掃。爵士所欠缺的無非以下三點：長人鋒線群，反擊速度，翼側防守專家。

雷霆能多拖湖人兩場，也就是靠這三點。

與湖人的系列賽，爵士不可謂不拼命，但邁爾斯、馬修斯、米爾薩普等人浴血奮戰，終究還是攻不下湖人內線群林立高塔。第三戰爵士豪賭收縮限制湖人內線，卻遭到了費雪、阿泰斯特等人一通遠射轟擊；第四場科比、加索兩人的低位單打，直接絞殺了爵士。

最可怕的是，科比已經找回了手感。第一輪對雷霆，他的命中率僅有41%；可是對爵士四戰，他場均32分，命中率50%。他確實已找回了隨心所欲的得分感覺。

而且，正愈來愈熱。

西區決賽，湖人的對手是老對手鳳凰城太陽。2006、

2007這兩年的季後賽，科比的湖人都倒在太陽手下。時光飛逝，1996屆最好的控球後衛奈許與最好的得分後衛科比再度相遇了。只是，這次科比身邊多了些幫手。

第一場賽前，科比去抽掉了膝蓋積水。然後，他開始發威。面對曾經同樣身背「喬丹接班人」名號的格蘭特・希爾防守，科比前8分50秒內2投0中，只靠罰球得到2分。希爾搬出了杜克大學同門巴蒂爾前一年的防守法則：站位，不輕易吃假動作，追求隊友補防，控制距離，遮臉封投籃。總之，不對科比施壓，只是靠經驗老到的意識讓科比每次投籃都艱難。可是8分50秒時他兩次犯規下場，太陽派上了杜德利，年輕人遇老江湖，繳了無數學費：科比在第一節剩下的3分10秒內隨心所欲，狂攬11分。

第二節，希爾歸來。科比5投1中，合計3分。半場結束，科比14分。第三節前幾分鐘，科比跳投掃落11分。希爾第四次犯規。然後，科比開始了：在科比連得11分的過程中，希爾也沒有失位。科比的接球後仰、科比的右翼強投，純靠逆天的投籃手感。杜德利上場之後，不到10分鐘內，科比再掃落15分。

上半場科比沒發威前，太陽一度有機會領先。但是，他們錯信了弗萊的三分球。湖人展現內線優勢壓住比分，到下半場科比開始發力，太陽崩潰。科比全場23投13中12罰11中轟下40分，湖人128比107大勝。

「只是打得有侵略性點，打我自己的比賽。投進球，上籃。」科比說。

第二場他變了個花樣，不再瘋狂得分，改玩傳球。全場他只得了21分，但送出13次助攻。但是，他的傳球讓拜南5投5中13分，加索19投11中29分，歐登10投7中17分。湖人內線徹底轟碎了太陽。124比112，湖人取勝，2比0。

「加索在內線接獲我的傳球得分，讓比賽變得很容易。我們特別擅長對付來包夾的球隊，就這樣。」科比說。

第三場，太陽施展出了雷霆的絕招：對付湖人「雙塔」＋科比時，收縮內線賭湖人三分不進＋反擊，這招已經是大衆祕笈。太陽使出了聯防，剋死了湖人內線。科比24投13中36分9籃板11助攻，但湖人內線打不開，防守則擋不住史塔德邁爾的面框進攻。史塔德邁爾42分，太陽118比109贏回一陣。1比2。第四場，科比再取38分10助攻，但太陽繼續聯防。106比115，湖人再敗。2比2了。

第五場，湖人回到主場。太陽變了點策略：不再站聯防，而用三個鋒線站區域，後衛在弧頂盯人。科比首節提早兩次犯規下場，湖人被內線堆積，分數落後。禪師派上費雪突擊，湖人扳回。科比歸來，第二節連續取分重新領先。

這場比賽，科比非常疲倦：他要負責外圍投籃，要給歐登送空切傳球，要保護防守籃板。比賽最後時刻，他和奈許作爲雙方領袖，開始華麗對決。全場比賽，他30分11籃板9助攻。

但是，最後時刻解決問題的卻不是他。

101戰平，湖人邊線開球。科比右翼強投三分，球沒沾到框。然後，一雙大手撿到了球，將球點進籃框——朗·阿泰斯特。

103比101，繼加索進攻籃板補進絕殺雷霆後，湖人季後賽第二次絕殺。

「這對他而言意味著很多。」科比說。

「我一開始打得很不好。」阿泰斯特承認（的確，在補籃之前，他一共8投1中），「下半場，我稍微找到點感覺了，傳好球，抄截，搶籃板。然後我猜，嗯，打狠一點，所以我就抓到那個籃板啦！」

好運氣跟著阿泰斯特到了第六場：他16投10中，三分7投4中，25分。湖人上半場65比53領先，再未落後。當然，王牌依然是科比：他得了37分。歐登說：「他這傢伙實在是太棒了。他讓那些不可思議的事變得尋常了。」

湖人111比103擊敗太陽，4比2淘汰對手，連續第三年進總決賽。

「我們能看看我們多成熟。」科比說，「總決賽對手以前挑戰過我們。如今，我們可以看看自己成長了多少。」

因爲對手是2008年的宿敵，波士頓塞爾提克。

44 王朝的宿命

總冠軍17對15，總決賽相遇11次。NBA六十多年歷史，一半是他們在招搖。麥肯剛統治完20世紀50年代前期，塞爾提克就接過來一路輝煌到60年代末尾，70年代湖人剛打出69勝奪冠，塞爾提克立刻再攬兩個冠軍。80年代你來我往，90年代一起沉寂。湖人三連霸，塞爾提克2008年奪一個，湖人立刻

2009年奪一個。公牛、費城、馬刺、活塞這些諸侯世代固然輝煌，可是歷史主旋律還是一半深綠一半紫金（當然，60年代前期湖人還穿過藍色）。

塞爾提克vs湖人。NBA永遠的主旋律。

帝國時代的好處在於，他們不會跟小豪門一樣隨風倒，今天打巨星戰略，明天玩鐵血防守，後天又快打旋風去了。王者之師們有自己的宗旨。塞爾提克有階梯般的傳承（1975年威斯特法爾說：「每個塞爾提克先發都要經歷我這樣從第七第八人開始磨練的旅途。」），無私的團隊傳統（隊史有助攻王無得分王，最高單場不過是柏德的60分），硬朗防守老爺們（拉索、考文斯、麥克海爾到賈奈特），垃圾話高傲全能王（柏德到皮爾斯），教科書射手（山姆・瓊斯、魏德曼、雷・艾倫）。湖人有冠絕當時逸倫超群足以成爲聯盟標誌性人物的天才後衛（衛斯特、魔術強森、科比），以及大個子（麥肯、張伯倫、天勾、鯊魚、如今的內線群），外加聯盟頂尖的觀賞性。

塞爾提克vs湖人，你每次總能看到最堅韌、扎實、硬朗、強悍，如寒帶針葉林般整肅的軍隊，對上最華麗、天才、奔放、揮灑、流暢，如藝術大師般的演出。這次也不例外。2010年，塞爾提克踏過了例行賽第一（騎士）和第二（魔術），擊敗了東區最強的三個人（韋德、詹姆斯、霍華德）。他們沒有一個全聯盟前三隊的球員，團隊幾無破綻。他們有兩位三分球王（艾倫、皮爾斯）、抄截王（朗多）以及聯盟歷史上活動範圍最大的蜘蛛補防怪物（賈奈特）。湖人擁有讓整個聯盟無從對抗的超級內線群，外加季後賽迄今最耀眼的內外線單兵人物（科比和加索）。

塞爾提克和湖人的交戰，不需要2006年小牛對熱火、2007年馬刺對騎士那樣刻意找賣點。把鏡頭向穹頂掃一掃，看看那合計32面冠軍旗，歷史的氛圍就夠了。整個20世紀60年代湖人被壓制的往昔，1984年總決賽麥克海爾對蘭比斯的晾衣繩犯規和第七場的花園之戰，1985年總決賽第一場的紀念日大屠殺，1987年魔術強森在塞爾提克三大鋒線頭頂的小勾射——把這些都忽略掉好了，因為，就在兩年前，就在這批人的記憶裡，上演了2008年總決賽第四場的超級大逆轉和第六場的大屠殺，甚至今年科比在波士頓花園廣場的那次絕殺表演。甚至新加入的球員也可以聊出一堆恩仇史——拉希德．華勒斯的拓荒者歲月最痛苦的瞬間，就是2000年西區決賽被湖人擊倒，而他一生的巔峰，就是2004年在活塞擊敗湖人奪冠。

他們最著名的對決，發生在1969年。1968年夏，張伯倫去到湖人，和同樣被塞爾提克壓制多年的埃爾金．貝勒、衛斯特同隊，組成史上最華麗的三巨頭，打算和拉索一決勝負。1969年，塞爾提克筋老力衰，東區第四進季後賽，可是一到季後賽便耳聰目明，老馬識途一路躥到總決賽。那時拉索和山姆．瓊斯已基本確定退役。似乎支撐他們的念頭就是：對面湖人那些舊冤家，在等他們。

回到1969年那一次：那時拉索、瓊斯、張伯倫、貝勒和衛斯特都老了。對湖人三將來說，再不報仇，就沒機會了。類似的：科比將滿32歲，賈奈特34歲，皮爾斯33歲，艾倫35

歲。他們都要老了。朗多還有久遠的未來，但老一代的恩怨則需要盡快解決。

2010年，難得冤家聚齊，來一次了結吧。

45 第五枚戒指

2010年夏天，科比面對的挑戰，全都來自歷史。

本季例行賽，他成爲了湖人隊史得分王。出場時間、投籃次數、抄截、罰球數、罰中數、三分球出手及投中數，這一切，他都在逼近湖人的歷史之巔。他正逐漸接近洛杉磯湖人──聯盟史上最偉大的兩支球隊之一──歷史上最偉大的球員。

在此之前，他需要一些東西：

與天勾、魔術強森平起平坐的第五枚戒指；在三連霸後嘗試衛冕一次總冠軍（魔術強森只做到過一次）。他每多得一枚戒指，鯊魚給他職業生涯投下的陰影就淡一點。

他的舞臺很完美：

他的對手是塞爾提克。遠有1959年至今11次總決賽血案，背後有塞爾提克總冠軍17比15領先湖人的故事，近到2008年夏天，他被24分逆轉、39分血洗的傷痕猶在隱隱作痛。

凱文・賈奈特、保羅・皮爾斯和雷・艾倫合計102歲，未必再有機會來到總決賽。

對科比來說，這是最後的、最好的機會：舊恨新仇，皇圖雄業，一朝解決。

比起2008年，他老了兩歲。黑曼巴蛇已不再那麼迅疾，但敏銳、精準和狠辣則有過之。

總決賽第一場，他庖丁解牛般卸開了塞爾提克，有步驟，有計劃，牽著整個塞爾提克走。具體步驟如下：

他知道塞爾提克對湖人「雙塔」的忌憚，知道塞爾提克開場會選擇堆積籃下，於是他連續對雷・艾倫施展突破。他巧妙地尋找身體接觸，等裁判的哨子把雷・艾倫趕下場。塞爾提克的攻防計畫全部崩潰了。科比回頭看看費雪：好了，他們後場沒有遠射威脅了，你可以放心了。

當塞爾提克內線群被迫壓出，黏連外圍來補位他的突破時，科比的水蛇腰傳球發動了。塞爾提克內線壓出陣去，發現科比的球不再朝籃框飛去，而是傳到籃下。第一節，加索7分；第二節，拜南連續扣籃。塞爾提克內線成爲了尷尬的夾心：外科比，內「雙塔」，中間是科比的傳球連線。你防守哪一個？

塞爾提克策略再變：一個人專堵科比，一個人死守籃下。一外一內，但罰球線一帶被迫放空。於是科比繼續玩弄——他和加索的靈犀暗通開始了。加索站回罰球線啓動中軸功能，科比開始和他搭檔，串起2008年橫行天下的「科比－加索二人轉換」。至此塞爾提克防守策略全面癱瘓——科比點中破綻，塞爾提克變招；再點，再破。科比如影隨形，成爲塞爾提克背上的芒刺、喉中的魚骨。

順便，他看死了朗多：他像個經驗豐富的老保姆，哄著朗多進入湖人的陷阱，上半場就讓「雙塔」送了朗多三次封蓋。

雷・艾倫不在，科比可以自由自在地扮演上季亞瑞扎的角色，不必擔心去補費雪的缺。

於是湖人完成了第一場的大勝。科比有條不紊地在自己的長弓短匕之間選擇，偶爾扛起「雙塔」做長兵器，將塞爾提克的堅韌防守瓦解。勝利不是來自2006-2008年那讓人感歎「完全無法防守」的超逸能力，而是節奏、把握與老謀深算。30分6籃板7助攻，他給了塞爾提克狠狠的一刀。

可是塞爾提克這叢巨大綠色植物的生命力，五十年如一日地堅強。

第二場，科比的想法很直接：主場優勢，內線優勢。第一節他5投1中，但是送出了5次助攻。他將球不斷傾灑到內線，讓「雙塔」去居高臨下，轟擊塞爾提克。

可是湖人很不幸，趕上了總決賽歷史上最偉大的三分球演出。

雷・艾倫半場創紀錄的7記三分球全中，讓塞爾提克領先。內線被湖人「雙塔」腳踏實地地轟擊，命運全懸在那一個個劃空而過的三分球上，塞爾提克硬撐住了。實際上，從第二節開始，科比已在展開進攻：他的連續跳投催起了湖人的大反擊。尤其是，半場結束，塞爾提克疏失了一點點——科比抄截，射進半場壓哨三分球，塞爾提克一度12分的領先，到半場已變成咫尺之遙的6分。這是又一課：永遠永遠，不要給黑曼巴蛇反咬一口的機會。

幸好，下半場的他，也的確沒獲得多少機會。

科比上半場防雷・艾倫時被吹第三次犯規，第三節邊線與朗多身體接觸被吹第四次犯規，第四節一開始被吹進攻犯規。他的出場時間被切割得支離破碎。裁判的哨聲在暗示他：這場比賽，你得不到什麼東西。

於是，他的進攻只延續到比賽結束前4分鐘。一次三分打後，他再未能左右大局。全場打平11次、交替領先22次的戰局，在最後殺到了血肉模糊的慘烈境地。科比小心翼翼地躲避著犯規，這讓他無法傾盡全力。於是湖人輸了：朗多最後時刻狠辣的出擊解決了一切。

接下來，就是洛杉磯整個賽季最艱難的旅途。

1985年，紅衣主教和大衛·史騰商定了總決賽2-3-2的賽制。理由是：主教大人不喜歡「總決賽期間還經常飛來飛去」。說來是爲隊員們著想，免得他們長途勞頓，也是好事。但實際上，這是個巨大的陷阱。2004年的活塞和2006年的熱火獲益匪淺。

連續三個主場，這意味著勝負優劣的變化。2004年總決賽，湖人甚至沒來得及打最後兩個主場：他們以1比1踏去底特律，然後倒在了鋼鐵絞肉機下，來不及喘息。2006年，熱火以0比2回到主場，然後依靠主場優勢，將韋德的突破功能最大化了，一舉扭轉了局勢。

在波士頓三戰，湖人所有角色球員的表現都會依律打對折。因此，科比反而需要比在洛杉磯付出更多。

自1985年以來，以1比1進入第三場的總決賽案例有十次，贏第三場者全部奪冠。這是提早的天王山，提早的決戰，科比當然知道。

和第二場一樣，雷·艾倫沒有犯錯誤。他的防守與進攻一樣精緻、細密、準確。科比第一節4投1中。幸而柏金斯早早下場，而塞爾提克被連吹掩護犯規。於是，科比不斷突破。他打得很快，不希望過多停留。他知道慢下來一步，塞爾提克就會開始圍捕。

波士頓花園廣場的防守掐死了阿泰斯特，於是雙方進入了單挑之戰。下半場，塞爾提克的防守抖出了2008年的特質：

雷·艾倫和東尼·艾倫上一步貼防，勒住了三分線，逼科比朝左突破；大個子們塞住禁區，不再讓科比深入籃下。在這兩重枷鎖之間，只有一線藍天：罰球線一帶的中距離。二分球跳投，這是籃球場上最不划算、最古典的一種進攻方式。

整個第三節，就是科比的單打演出。單調的、枯燥的、高難度的表演：他一次次殺過三分線，急停，在中距離擺動，一線空間出現，跳投。在第三節的對峙時刻，他7投3中。他撐住了湖人的第三節。然後，他沒有體力了。第三節末尾到比賽結束的最後9投，他只中2球。

但也幸好，他撐住了前三節。

到比賽最後時刻，雙方都已燈盡油枯。科比和賈奈特爲首的單打，都到了難以爲繼的時刻。結果，費雪出現了。他讀到了塞爾提克防科比的破綻。連續4次繞掩護後的跳投，4投4中，外加一次反擊。第四節他獨得11分。塞爾提克的防守沒來得及回應：他們防守了整三節的科比，拖垮了他，沒想到湖人還能站出另一位持劍的刺客。

可是第四和第五場，他就沒這麼幸運了。

科比在第四場取下了33分，在第五場取下了38分。第四場，他三分11投6中；第五場他三分10投4中。他有令人驚豔的遠射表演，雷・艾倫只能勒住他的突破，跟到他，無法每個動作都符合節拍地跟住他。

可是第四場，拜南只打了12分鐘就出場，歐登和加索的內線被塞爾提克的綠色浪潮完全淹沒了。到下半場，比賽進入這樣的景象：科比在這一側用無數華麗技藝擺脫投進一個跳投，塞爾提克就在另一邊強行突破、吊傳、摘下進攻籃板完成一個籃下進攻。哪一個更持久，實在是一目了然。

實際上，從第二場起，湖人招牌的科比—加索擋拆基本消失了。因爲，無論是雷・艾倫還是東尼・艾倫，都從三分線開始壓迫科比；在這麼遠的距離，一旦加索來掩護，塞爾提克可以完全無視他的跳投，徑直包夾科比。

第五場，科比動了點腦筋：繼續和加索只擋不拆，突破吸引塞爾提克內線的注意，然後吊傳給內線的拜南。

但這招也就是在一開始起了點作用。

從第二節起，塞爾提克的防守宗旨，基本上可以用下半場瑞佛斯暫停時的喊話表達：讓科比得他的分，看死別人。塞爾提克放出了三分線，密集空間，癱瘓湖人的前場內線。外圍三分，隨你去吧。

第二節剩下4分23秒，直到第三節剩下2分16秒。這漫長的14分鐘，是2010年總決賽最絕望的單人秀時間。科比一次次地無球切出。如你所知，這招數雷・艾倫舉世無雙。居然要靠艾倫的看家絕技對付艾倫，不免有李廣面前秀弓箭的嫌疑，只能說塞爾提克密集內線後，湖人進攻員沒辦法施展了。上半場，還能靠科比的突破拉開一些空間，但下半場科比體力下降，他只好這樣來尋找空檔。

整整14分鐘，科比連得23分。第三節過半時，他已經得到單節19分。整個第三節前10分鐘，湖人萬馬齊喑，沒有人出來接手。你甚至懷疑科比將打破總決賽單節得分紀錄——1988年第六場，微笑刺客的25分，可是這其實相當悲哀。

科比簡直回到了2008年。在那個對他而言如噩夢般的總決賽中，第五、六場的悲劇是這樣的：科比總是在第一節連續面框進攻，依靠三分球敲開局面，但此後三節就虎頭蛇尾。因爲他已經沒有體力了。

以第四、五場合計得到71分迎來兩場敗北，以2比3落後回到主場，退一步就是深淵。成王敗寇，沒有路可走了。

說這是科比職業生涯最關鍵的兩場比賽，並不爲過。

第六場，科比打得很果決：第二到第五場，他一直在用投籃假動作、轉身來製造擺脫機會，但在生死之際，他沒有這些多餘招式。一開場他便堅決地面框進攻，和拜南、加索連續做擋拆後強突籃下。第一節，他發動湖人絕大多數進攻。假動作減少後，他早早進入投籃節奏，第一節7投5中11分。下半場，他即便背框接球，也是第一時間轉到面框進攻。全場比賽，他都充滿侵略性，26分。而且，他全場抓到11個籃板，完成4次抄截。他似乎已經明白：在波士頓的四、五戰，他21投10中的三分球也沒能挽救球隊；球隊需要內線優勢，他必須衝鋒在前。

湖人挽回第六場，而且終於等到了最幸運的時刻：山姆·柏金斯受傷了。

如果說，湖人在第一場的大勝是因為科比的有條不紊和老謀深算，那麼第六場則是靠咬牙死拼而來。從一開場，湖人就從各種侵略性方面表現出了你死我活的態度，而且咬牙持續全場，始終不肯給塞爾提克一點機會。柏金斯的下場讓湖人的硬度優勢更明顯。關鍵的時刻，湖人爆發出了他們理應爆出的戰鬥力。至此，優勢重新回到湖人這一邊，然後是：第七場，主場，更健全的陣容。

只有一點點不利因素：1962、1966、1969、1984——這些年份，塞爾提克vs湖人都打到了第七場，塞爾提克全部獲勝。1962年塞爾維絕殺失手，1969年唐·尼爾森神奇的彈框入球，1984年馬斯維爾的神話發揮，塞爾提克對湖人有著可怕的第七場魔咒。

而且，從第七場上半場來看，這魔咒的確有效。

科比打了他職業生涯進攻端最差的季後賽場次之一。可怕的不只是他半場14投3中、第三節6投2中、第四節4投1中的低命中率，也不是他的4次失誤，抑或是他前9次罰球失手4次的表現，而是他的投籃態度。他似乎被魔咒所困，回到了2003年之前的那個科比：獨斷專行的個人英雄主義。他一次又一次地強行投籃，沒有絲毫配合的意思。

你可以說他想當英雄。這是他一生最大的舞臺。湖人vs塞爾提克，總決賽第七場，第五枚戒指和第二座總決賽MVP獎盃正在前面閃光，他從2007年開始的無私老辣，在這一晚被好勝和偏執取代了。前三節結束時，他20投5中，湖人以53比57落後4分。

解說員馬克．傑克森提了個名字：

「科比的表現，猶如約翰．史塔克斯。」

你知道，1994年總決賽第七場，史塔克斯18投2中，包括三分球11投0中，徹底葬送了紐約尼克。這是他一生的污點。這一夜，科比似乎也將背上他的污點。如果湖人敗北，世界會如何描述？「在一生最大的舞臺上，科比用職業生涯最糟的表現葬送了湖人？」

第三節中段，禪師出手了。他不再穩坐釣魚臺，而是連叫兩次暫停。

「科比，不要太勉強自己。要相信球隊的進攻，等球隊的進攻找到你！」

第四節，科比只投中一球：罰球線擺脫艾倫，跳投得分。但這是湖人反超的一球：

66比64。此前，費雪的三分球扳平了比分。之後，他突破籃下，罰球。68比64。

局勢開始扭轉。

第四節，科比只做了兩件事：罰球，搶籃板。這也是他全場做好的、僅有的兩件事。

但是，夠了。

15個籃板，23分。歷史不會去記住他第七場的24投6中，而會記住：繼1985年湖人首次贏下塞爾提克，25年後，湖人第一次在第七場贏下了塞爾提克。科比在第三節開始前還可能是千古罪人，但在一節之後，戴上了自己的第五枚戒指，成為了喬丹、大夢、鯊魚之後，又一位蟬聯總決賽MVP的球員。

整個總決賽，科比並不像前一年那般瀟灑。場均28.6分8籃板5.5助攻2.1抄截，但命中率40.5%和三分命中率32%則有些尷尬。他得分最高的兩場（第四、五場），湖人並未取勝；在第七場的24投6中更被波士頓球迷叨念著：「我們明明守住了科比……」。

但是，如你所知，你無法剝奪掉一個人的特質來談論他。科比的偏執、好勝成狂甚至偶爾小氣，是人們一直詬病他的原因，但也是逼迫他一直走到如今的動力。在2比3落後的絕境之中，他用兩場合計26個籃板的死拼取下了勝利。他領銜著湖人，用防守、肉搏和拼命完成了逆轉。

他不是神，有人的各種缺點。但也正是憑著這些缺點帶給他的倔強，他度過了職業生涯最大的危機，用一場慘烈的勝利贏下了最大的舞臺，將鎖在湖人頭頂的宿命枷鎖敲碎，而且追平了魔術強森與天勾五枚戒指的地位。他拿到了屬於自己的兩個戒指。科比・布萊恩，將滿32歲時，也許還沒踏上神壇，但是，毫無疑問，他是人中之王。

賽後，當被問到這個冠軍對他意味著什麼，科比流露出了邪惡的微笑。

「我比鯊魚多一個冠軍了，我可以把這個戒指存到銀行去了。你們了解我是什麼樣的人，我什麼都沒忘記。」

鯊魚在推特上說：

「祝賀你科比，你配得上這個冠軍。你打得很好。享受吧，兄弟，享受吧。我知道你正在說『鯊魚，我的屁股滋味如何』呢。」

第六章　夕陽西下

46 結束

2010年夏天，科比給右膝做了手術。上季中，膝蓋的傷痛一直在牽絆他的移動。西區決賽前，他甚至得去抽膝蓋積水。總決賽期間，他覺得自己是靠一條左腿在打球。2010年9月底，準備訓練營時，他的膝蓋還無法自如運動。

「當膝蓋準備好時，我會去打球。我不想給出時間表。我只覺得膝蓋比以前強壯了。」爲什麼不急呢？因爲「我不想進入那個輪迴——別人急著叫你打球，於是你就一頭衝出去了。如果你一直趕時間急匆匆，你會開始走下坡路」。

之所以他能如此鎮定，也許是因爲從右手食指上得到了啓示。夏天，醫生診斷，他右手食指的關節炎已經嚴重到了一個程度：單靠一個關節鏡手術或休息治療，已經無法解決了。慢性病、長期疲勞、日積月累，以及過度使用。他的NBA生涯投籃超過兩萬次，還不算罰球加上百倍、千倍於此的訓練量。

他也許終於承認了：自己32歲了。接下來所做的，不是挑戰身體的極限，而是讓這副身體還能多打幾年球。所以，他覺得自己不必匆忙。

但他顯然也明白了，人生必須有取有捨。

禪師在2010年拿到自己第十一個NBA冠軍戒指後，對繼續執教有些猶豫。但湖人老闆巴斯挽留他，科比和費雪則不斷給他發短信：「我們再來拿個三連霸吧！」於是，禪師簽了一年合約，回來了。

與2003-2004賽季一樣，這又是他的「最後一季」。

2010-2011賽季，湖人開季八連勝，但在11月底，遭遇了第一次四連敗。聖誕節前後，又是一個三連敗。禪師稍後表達了他的苦惱：

球隊失去了武賈西奇和法瑪爾，失去了姆本加和鮑威爾。當然，費雪、科比、阿泰斯特、加索、拜南、歐登這些王牌依然在，但他們都不年輕了。因為失去了那些年輕的熱血，湖人被迫和對手打規規矩矩的半場陣地戰，這可不是什麼好事。

科比在11月成為NBA歷史上得到26,000分的最年輕的球員。2011年1月30日，他得到自己第27,000分，依然是史上最年輕。整個賽季，科比從NBA歷史得分第十二躍到第六，連續翻越諸位巨星。這像是他的豐收之年。但事實上，他開始跟球隊脫節了。

科比的右膝軟骨，幾乎已經磨損殆盡。醫生的說法是科比的右膝，基本是骨頭在磨骨頭。禪師不得不讓科比減少訓練量，於是多多少少，科比與球隊開始割裂了。

2011年全明星前，湖人賽季第三次三連敗。輸給山貓之後，禪師說：「我就覺得我們隊太丟臉了。謝謝。」

敗北騎士的一戰第三節，禪師叫暫停後怒吼：

「就現在，這一切必須停止！」

他將這話吼了三遍，湖人全隊靜默。對禪師來說，這表現太失態了。

阿泰斯特是問題的核心。他是湖人專門拿來對付塞爾提克的季後賽大鎖，但他依然沒融入湖人進攻。有他在，湖人能拼贏硬仗（比如三連敗前啃贏了塞爾提克），但總是磕磕絆絆。這麼一個更像祕密武器的球員，做常備軍？進攻太不順。讓他打替補？衝著他的脾氣，湖人不敢。交易？沒什麼人敢要。

阿泰斯特的連帶效應是：由於他的鈍和慢，湖人被迫打慢節奏的、笨重的籃球，於是湖人總是鼓不起熱情，無法推進速度。

而2010年，恰好是個全NBA都在推速度的年頭。湖人的老對手聖安東尼奧馬刺與達拉斯小牛，都開始提速了。

2010-2011賽季例行賽結束，湖人57勝25負西區第二，科比場均25.3分5.1籃板4.1助攻，再一次NBA年度第一隊、年度防守第一隊。季後賽首輪，湖人4比2幹掉了紐奧良黃蜂。

但在系列賽中間，發生了一件可怕的事：湖人總管庫普切克通知全隊，除了訓練師加里・維迪，其他助理教練、訓練師、按摩師、營養師等，都不會在2011年夏天續約湖人了。本來，這是在2011年秋天NBA停擺前，提前通知諸位，好讓他們找新工作，但這個宣布消息的時機，極爲糟糕。

禪師無暇多想了：他自己被檢查出了前列腺癌，已經決定賽季後做手術了。

季後賽首輪，加索狀態低迷。究其原因，他與拜南搭檔，彼此進攻依然不順，加之湖人空切過少，無從發揮他的策應本領。因爲將內線讓給拜南，逼得加索得去三分線附近圍觀。一向喜歡打流暢輕快的加索，在如今這沉滯的湖人體系裡，心情可以想見。

湖人的外圍老化了。阿泰斯特還在努力做著尷尬的空切，費雪也在拼老命突破上籃投三分，但球隊的活力實在是太欠缺了。

助理教練查克・佩森說服禪師，用一套全新的防守體系，解決湖人防擋拆的難題。

就是在這片妖異的氛圍中，湖人迎來了達拉斯小牛。

2010-2011賽季的達拉斯小牛，是一支這樣的球隊：用大量換防和聯防，制約對手的轉移球。科比的老冤家傑森・基德，是球隊的大腦，負責指揮反擊。

陣地戰80%的戰術，都圍繞著德克・諾維茨基——圍繞他的高位擋拆，或是背框要球。

很少人在意的細節是德克成爲了一個背框大師。一如科比2009年夏天，經過大夢的訓練完成轉型似的。德克也完成了背框單打的進化，完全成爲小牛的戰術中樞和靈魂，他得在三分線、高位、低位到處作爲小牛的進攻啓動點。由於他的存在，小牛得以在陣地戰，完成無數高品質的擋拆、轉移球和定點遠射。

聯防＋快攻＋擋拆＋投籃＋無球移動……耳熟嗎？看看小牛的陣營：波多黎各人、德國人、美國人……小牛從打法到人員，都很國際化。

湖人與小牛首戰，第三節一度領先16分。但忽然之間，小牛用泰瑞、佩賈・史托亞柯維奇與巴里亞開始追擊湖人。小牛的靈活與速度，讓湖人顯得笨重，第四節聲勢盡失。最後時刻，湖人落後1分，還剩5秒。科比試圖擺脫傑森・基德的防守，但38歲的老基德黏住了他，科比接球失誤。

本來，他還有最後一個機會，但三分不中，湖人94比96敗北。

比輸球更可怕的是，直到一年後，禪師提起這場比賽，依然不知道發生了什麼。第二場，小牛知道怎麼對付湖人了。180公分的波多黎各人巴里亞獨得12分，一個人頂掉湖人整條板凳，德克面對加索得到24分。雪上加霜的是，阿泰斯特又犯了老毛病，對巴里亞一次惡意犯規，被處以一場禁賽。

第三場，禪師用歐登打小前鋒，全隊不斷將球吊到內線，比賽剩5分鐘時，湖人還領先7分。但此後，小牛的三分球再次發威：泰瑞和佩賈火力十足，德克在最後時刻也隨心所欲，小牛98比92取勝，3比0。

NBA歷史上，從未有球隊從0比3扳回過。

發生了什麼事呢？

小牛並不比湖人年輕，但他們有足夠多的射手，足夠靈活。第一場的泰瑞、佩賈和巴里亞，第二場的史蒂文生和巴里亞，第三場的泰瑞和佩賈，火力十足，數量、品質皆優，硬用遠射把湖人投死了。反過來，湖人的三分球很糟糕：第一場，除了科比外，湖人三分球10投1中；第二場，湖人三分球20投2中；第三場，湖人三分球13投3中。

第四場，什麼都沒有改變。小牛全隊命中率60%，三分命中率是殘忍的63%。傑森・泰瑞射中9個三分球，獨得32分，佩賈三分球6投6中，巴里亞22分。湖人半場39比63落後，全場86比122，湖人0比4被淘汰。

某種程度上，一切都結束了。

湖人的2010-2011賽季結束了。他們以西區第二殺入季後賽，西區第一馬刺被灰熊首輪淘汰後，他們本是最大熱門，卻終於就此崩潰。禪師不相信他的戰術有問題，認爲一切都在於疲憊。過去三年，湖人三次闖進總決賽，他們打了太多比賽，他們老了，他們不再有2008年總決賽敗北後的復仇熱血了。

2011年夏天，小牛最終奪冠。禪師退休，離開了湖人。然後，因爲勞資糾紛和停擺，漫長的夏天到來了。

47 厄運

2011-2012賽季開始前，ESPN列了個表：33歲的科比・布萊恩，是NBA排名第七的球員。

當然，你可以說，33歲，科比已經不在巔峰期了。

自從2008年之後，科比有意識地減緩進攻。一方面，他更多融入體系去打球，增加移動、空切和定點投籃，這是他愈打愈合理的體現；但另一方面，他的面框進攻少了。他開始更多地利用擋拆，而不再強橫地一對一。他的體前拉球變向愈來愈稀少。

2008-2009賽季開始，科比有一個突出的變化：他愈來愈注重大巧不工的原地動作。背身接球，撤步面框，試探步，跳投。他愈來愈依賴爐火純青的中距離跳投了。2009年夏天他去跟大夢練了一個假期，之後，投籃假動作＋後轉身成了他的新招牌。

2009年秋天，科比開始大量用背框單打。經過夏季跟隨大夢的苦練後，他的背框步伐圓轉如意，無愧於聯盟背框進攻最好的選手。本來，按他原有的投籃、步伐和全面技巧，他不需要一對一教，大夢所做的，無非是稍微給了一點建議和指導。此前兩季，他已經習慣於靜態的中距離原地試探步了。如今他又結合了背框要位、撤步和底線翻身等花招。他打得愈來愈簡潔流暢，舉重若輕。但是，反過來，他的面框投籃卻似乎始終沒找到感覺。畢竟已經31歲，他的速度已不如當年。他開始更多依賴技巧、節奏、晃動和手感。他的遠射穩定性開始退步了。

以往全方位的攻擊手科比，在32歲時成爲一個精純的中距離大師。他在中距離可以予取予求，但是破壞禁區和三分球殺傷力這兩方面，他稍微退化了。與此同時，他的遊動、破壞、空切功能逐漸減少了。他還是那條黑曼巴蛇——精確、迅疾、突然，但巔峰期那種肆恣汪洋的破壞力已經遠去了。

事實上，這也不是他的問題。他的巔峰期其實在2008年就已慢慢過去，之後的他一直在用勤奮、技巧和聰慧來彌補傷病削奪他的跑跳能力。

科比開始不爽了。

2011年夏天，湖人請來了麥克・布朗做總教練。這位

2008-2009賽季年度最佳教練，前克里夫蘭騎士主帥，出了名的不會教進攻，但以防守見長，很會給隊員留面子。待上待下，一團和氣，能調集球員的積極性，對抗逆境，拼防守，熬到底。當然，臨場應變、排定輪換時，他就優柔寡斷了。

科比遭遇了其他壞消息：禪師走了。歐登也走了。湖人本來已經搞定了聯盟第一控球後衛克里斯・保羅的交易，但被NBA以「籃球原因」給取消了。科比去德國休養自己的膝蓋，但也沒得喘息：美國這裡，他得打離婚官司了——凡妮莎要跟他分家。帶著憤怒，科比重新回到了籃球場。2012年1月10日，33歲又141天的科比・布萊恩，在鳳凰城頭頂取下了48分。「對ESPN認爲的聯盟第七名球員而言，還不錯啊！」科比沒忘了嘲諷ESPN。

一天後，在鹽湖城，科比40分。然後是對騎士和快艇，科比各得42分。

這時的湖人，開始讓人憂慮了。

因爲整個2010-2011賽季，科比最高得分不過42分。而在2011-2012賽季前15場，科比已經有三場超過42分。

——實際上，前一次科比類似的飆分潮，已是2009年11月初那開始四場：41、31、41、41。衆所周知，那時加索受傷，於是科比端出夏天剛跟大夢練的背身步伐來了。

再往前推，就是2007年3月那連續四場65、50、60、50了。衆所周知，那時他還在泥淖中掙扎。

事實證明，麥克・布朗教練，的確愛壓榨巨星能力，讓角色球員們圍觀幫襯。33歲的科比，被迫爲了幾場例行賽勝利，出場單挑，大包大攬，彷彿老將軍扔了令旗，披甲跨馬，親自陷陣：對史坦波中心的死忠球迷，這固然有種快感，彷彿轉型文藝片演員的老電影明星，又回來拍武打戲了，但科比33歲了。

而且，對本季這個得了48分的科比，你無法說「科比還沒老」。實際上，你看得出歲月流逝的痕跡，他的打法不一樣了。

麥克・布朗的戰術是：儘量保持四外一內或三外二內，拉開空間。弱側底角永遠有射手埋伏。

利用加索的高位掩護策應，和內線的拜南形成高低位連線。科比利用高低「雙塔」走位，接球單挑。

主攻點兩個：拜南在內線要位，四人散開，盡量給他塞球；科比遊弋走位，面框或中距離單打爲主。加索接應著他們二位。

而科比的得分方式，則有了巨大的變化。

十年前被鯊魚痛恨的「一個人運球不給我投籃」，被禪師詬病的「拉空後一個人持球晃動然後強行跳投」，都稀有了。科比的三分球，從2009年就有點退化，但中距離日益爐火純青。現在，科比不想多持球了。他不斷遊走，靠著拜南的掩護，靠著加索的走位牽制，甚至和布雷克打起了擋拆，總之，靠走位和背框，進入自己的攻擊區域。底線，兩翼腰位，接到球後，他假動作，晃動，後撤步，強行拔起投籃、後仰投籃。他很少起飛了，純粹在用自己嫻熟如流的地板技巧玩對手。

以前的科比著力於強行突破，現在的他就是一系列的假動作、後仰、後撤步。持球少了，面框少了，不及以前那麼鋒銳繁華了。到了科比這個年齡，已經懶得再拼速度、面框、爆發力之類的筋骨之勇。他的籃球招數，愈來愈像是腦力和技巧的猜謎語遊戲。

好在，他還在乎著別人如何談論他。他願意表露出自己還在乎這一切。他的好勝心，他的報復欲，他想贏球的心，一如2010年奪冠之後，他說鯊魚那句「我什麼都會記得」，這些是黑曼巴蛇毒牙上，眞正的鋒芒。

到2012年2月5日，湖人14勝11負，之後，湖人打出9勝3負，回到西區第三。當然，問題依然繁重：防守尙可，進攻沉鈍。拜南鐵錘砸低位，加索高位接應穿針引線。費雪和世界和平（2011-2012賽季開始前，阿泰斯特改名爲慈善・世界・和平，簡稱世界和平）已經沒有空位移動了。

科比在3月份，戴上了鐵面具打球。湖人嘗試提速，並試圖用年輕後衛塞申斯先發。塞申斯先發之初，科比喜滋滋地說：「我終於可以去打2號位了。」之前，湖人得靠33歲的他去穿針引線。

但湖人的問題，依然存在：

拜南成爲了西區最兇猛的低位怪物之一，但他依然不會策應傳球。加索依然打得不算愉快。世界和平在球隊愈來愈尷尬。湖人依然沒辦法跟對手拼速度。

湖人想要年輕化，於是2012年3月，他們做了個決定：交易戴瑞克・費雪，送去火箭，換來了喬丹・希爾。你可以想像，對科比而言，這是個多麼巨大的打擊。

麥克・布朗教練在賽季最後一個月，朝令夕改地做各種試驗。而一切試驗，都是以「科比、加索，你們倆就遷就著球隊來吧」爲前提的。不妨想像一下此時科比與加索的心情。對灰熊，科比一度連打14分鐘，然後被按在板凳上，度過了第四節最後時段；下一場，對勇士，拜南投了個三分球，然後被布朗按在板凳上，算是懲罰。此前，布朗宣布古德洛克退出輪換，更像是在哄好塞申斯和布雷克；麥克羅伯茨對媒體公開宣布，說不知道自己的角色爲何，布朗沒有加以回應；墨菲和麥克羅伯茨輪流被選用棄用，最後在季後賽，幾乎完全被放棄。麥克・布朗顯然一直在儘量哄好老將，但問題是，他似乎在慢慢失去湖人更衣室的控制權。

3月中旬湖人一度有傳言要調回三角進攻，就是個證據：球隊已經沒有方向了。

2011-2012賽季例行賽，湖人41勝25負。科比打了58場比賽，場均打到38.5分鐘，得到2008年以來最高的場均27.9分。值得一提的是：他每場投籃23次，職業生涯第三多。

顯然，不是什麼讓人愉快的數據。

湖人在西區季後賽首輪，花了7場才幹掉丹佛金塊。在對金塊第七戰前，魔術強森公開出來說話：「如果湖人被淘汰，布朗會立刻被炒。」

一個主帥被公開談論被炒，你可以想像此後是怎樣了。

沒有意外。湖人次輪1比4被雷霆席捲。兩年前與湖人爭鋒的幼虎，已經長大了。

湖人1比4被雷霆淘汰，過程並沒比分那麼慘烈。事實上，如果湖人把握住第二和第四場的勝局，他們本可以在第四場之後3比1領先雷霆。平心而論，除了第一場被雷霆風捲殘雲打出十萬八千里外，湖人的二到四場打得不壞：緊守禁區；內線延阻；把雷霆硬生生逼成了一支跳投大隊。但是第二場最後兩分鐘領先7分，被雷霆強行逆轉；第四場最後湖人失誤，杜蘭特一記寒冰三分定了局。平白無故送給雷霆兩場，運氣實在欠佳。當然，你可以說：麥克・布朗進攻戰術貧乏，導致湖人最後就是靠科比翻來覆去的單挑。對雷霆後三場，科比合計投籃86次，得到116分，完全是昔日重來。

但歷史告訴我們，當湖人只能依靠科比獨自接管比賽時，他們是無法奪冠的。

48 「四巨頭」的幻影

2012年7月，兩屆NBA例行賽MVP、五屆助攻王、過去十年最好的控衛之一史帝夫・奈許，與洛杉磯湖人簽約，與科比・布萊恩組成下賽季湖人後場。

如你所知，NBA歷史漫長，獲得過例行賽MVP的後衛一共不過八人——喬丹、魔術強森、鮑勃・庫西、奧斯卡・羅伯森、科比、奈許、艾倫・艾佛森、戴瑞克・羅斯，而他們之間，從來沒有在同一隊效力過。現在，科比加上奈許，MVP級的後衛陣容，史上第一次。

華麗嗎？還沒結束呢。

2012年8月，一波三折的肥皂劇結束，奧蘭多魔術放了手，把過去五年雄踞聯盟第一中鋒、三屆年度防守球員、四屆籃板王、兩屆阻攻王、聯盟第一魔獸德懷特．霍華德，讓給了湖人。就在這交易宣布一天後，湖人王牌科比和二當家保羅．加索分別代表美國和西班牙，在奧運會上演巔峰決賽。

也就是說：

喬丹和魔術強森以外聯盟史上最好的後衛科比＋NBA當下第一中鋒霍華德＋FIBA第一內線加索＋過去十年最好的控球後衛奈許——2012-2013賽季的湖人，光這些名字就足以閃花人們的眼睛。

這次交易，自然有別的參與者。丹佛金塊插了一腳，得到了費城76人能飛善跑的伊格達拉，可以繼續貫徹他們的閃電戰略，把血液當汽油燒乾爲止。費城76人得到了洛杉磯的巨人中鋒拜南，只要躲開傷病，再微調費城的小快靈體系，76人大可以讓東區各隊頭疼。魔術在這筆生意裡的作爲則很怪異。他們出清掉了德懷特．霍華德，也送走了克里斯．杜洪、厄爾．克拉克、傑森．理查森，但他們所得甚微：阿法拉羅、哈林頓都是不錯的球員，但合約偏長；麥克羅伯茨、艾恩加和武切維奇都是替補資質；哈克利斯是個有前途的前鋒，但僅此而已；三個選秀權也不是什麼了不起的事——總而言之，魔術的算盤打得不算精明。

但在新聞價值上，這一切都無法和湖人相比。

德懷特．霍華德的到來，對湖人來說，更像是傳統的延續……列出歷史上偉大中鋒的名字：喬治．麥肯、比爾．拉索、威爾特．張伯倫、賈霸、俠客．歐尼爾。他們是各自時代毫無疑問的內線帝王，都可以宰割天下，分裂山河，左右冠軍的去向，在各自的時代裡所向無敵。如果需要列NBA史上十大中鋒，他們會毫無疑問地占據前五位，而其中三人的球衣，都高懸在湖人主場的上空——至於歐尼爾，那自然是遲早的事。這是洛杉磯的偉大傳統：他們精心培養出NBA歷史上最恐怖的幾台後衛得分機器——總決賽單場61分紀錄的保持者埃爾金．貝勒、單次系列賽場均46分的紀錄保持者傑瑞．衛斯特，以及不必再多加介紹的科比．布萊恩。除了得分怪物，他們還撫育了NBA史上最偉大的控球後衛魔術強森。同時，他們總能妙手豪取，從別處弄來當世最偉大的中鋒——這些巨人，他們匆匆西來，穿過走廊，低頭鑽進更衣室，和隊友一一握手，作爲一個外來者介紹自己，然後開始征服世界……這是麥肯、張伯倫、賈霸、歐尼爾、加索，以及如今霍華德即將面對的命運。

1947年，喬治．麥肯從芝加哥來到明尼阿波利斯時，戴著厚達0.6公分的鏡片，披掛的是老式風衣和卷邊帽。隊上的王牌、20世紀50年代的飛人吉姆．波拉德暗想：「23歲的人怎麼這麼老？」湖人給他的記憶有一個黑色的開頭：他的前五場比賽全敗。由於他在內線的壟斷，湖人前王牌吉姆．波拉德沒有了突破空間，湖人的進攻陷於困頓。此後，性格和善得甚至常被誤會爲中庸的教練約翰．昆德爲他們量身定做了「J & G」擋拆戰術，而且，在各個場合緩和這對球星的關係。於是，湖人開始了第一個王朝：麥肯爲湖人拿到了五個總冠軍，而且統治了24秒限時出現之前的NBA。因爲他，NBA將三秒區擴大，設置24秒限時，這可以看作一種絕望的投降：因為其他手段已無法阻止他的壟斷。

1965年，NBA第二次擴大了三秒區，依然沒能阻止張伯倫連續第七年摘下得分王。所以1968年夏天，當時的史上第一得分機器張伯倫透過一換四的大交易轉投效湖人，身邊還伴有史上第二得分怪物貝勒和第三得分魔王衛斯特時，你可以想像聯盟多麼恐慌。湖人時期的張伯倫已非1962年單場得100分的霸王，但他專心於防守、籃板和傳球，成為球隊沉默的領袖。當人們質疑他是否廉頗老矣時，他可以在1970年總決賽第六場砍下45分27個籃板，可以在1972年總決賽決勝戰十指僵硬地抓下24分29個籃板，並且不時像直升機般垂直起跳，將對手的一個上籃筆直蓋落。這種團隊至上的球風使他的老去不露痕跡：在湖人的五年間，他四次進入總決賽，在1972年用例行賽69勝破了自己在費城創造的歷史紀錄，拿下了自己的第二枚戒指。

1969年「天勾」賈霸作為大學籃球史最偉大球員進入NBA——那時他還叫作盧·阿爾辛多，第二年就代表公鹿拿下總冠軍，到1974年，他已拿下三個例行賽MVP。1975年，與張伯倫類似的大交易後，他來到洛杉磯。在1975到1980年的五季間，他又包攬了三座例行賽MVP，成為史上例行賽MVP第一人。1979年夏天，湖人得到了魔術強森，然後就是那盡人皆知的傳奇：1980-1988年，魔術強森和天勾搭檔，讓湖人得到五座冠軍。天勾在晚年接受了魔術強森和派特·萊里的快打作風，並修習瑜伽和武術，保持身材與身體的柔韌性，

38歲那年夏天，他可以在總決賽裡倒地爭搶出界的籃板，在塞爾提克群狼圍撕下場均25分拿下1985年總決賽MVP，而且一直打到42歲退役。

1996年夏天，湖人以創紀錄的七年1.2億美元哄到鯊魚西遊，同時以老中鋒狄瓦茨換到第13順位選秀權，換到了高中畢業生的科比・布萊恩。後來的一切衆所周知：1999年，隨著禪師菲爾・傑克森來到洛杉磯後，歐尼爾忽然變成了一個在內線呼風喚雨、隨意劈碎無數人包圍的破壞者，一個恐怖電影中的外星生物。但與此同時，他也和野心日益成長的科比開始了漫長喜劇：他們是史上最無堅不摧的組合，在2001-2004年間每場可以合力貢獻50分；他們也是史上最愛吵架的伴侶，漫長的十年，他們一直在媒體上互相開扯，中間順便拿了2000-2002年的三連霸……但無論如何，鯊魚的雄偉身軀、天賜神力和縱躍如飛的能爲，讓任何一場球賽都像重量級拳擊手對上中量級挑戰者。湖人時期的他是史上最有統治力的怪物之一，也是除了喬丹以外，NBA歷史上僅有的總決賽MVP三連霸選手。

2008年2月，湖人用誇梅・布朗換來了保羅・加索，然後是三年內三晉總決賽，兩次奪冠。加索沒有麥肯、張伯倫、賈霸、鯊魚那樣不朽，他在FIBA規則下是最偉大的內線之一，而在NBA則是一個靈秀聰慧、技藝精純的長人。但這不妨礙他輔佐科比，拿到了2009、2010這兩年的總冠軍。

而2012年呢？

2012年5月，湖人還是一支老邁、緩慢、依賴科比、舉步沉鈍的隊伍。忽然間，他們變了模樣。奈許＋科比＋加索＋霍華德，這可以變出多少花樣？

奈許是史上最好的擋拆後衛之一，而霍華德是當今最有爆炸力的擋拆怪物；奈許的防守有些紕漏，但霍華德的封阻和籃板可以覆蓋整個禁區；霍華德需要外圍傳球，而奈許、加索都是外傳內的大師；湖人需要速度，霍華德恰好是超人＋魔獸般的怪物；有了奈許和霍華德，科比不必每次進攻都強行承擔，可以把體力留到第四節，展露他的黑曼巴蛇毒牙。實際上，科比和鯊魚搭檔過，知道如何陪巨人打球；科比身邊從來沒有過奈許這樣偉大的組織者，你可以想像他如今可以打到多麼得心應手。簡單說吧，有了霍華德和奈許後，湖人從一支「有技巧，但老，但慢的半場隊」變成了「快攻、半場、高位擋拆、低位單打、高低位連線、連續掩護擋切……天哪，他們現在可以打一切你可以想到的戰術了」！

但是……我們還是要說一聲：「但是！」

2010年，勒布朗．詹姆斯剛去邁阿密熱火時，世界有個理所當然的思維模式：「詹姆斯獨自帶群平民球員，都能把騎士帶成60勝開外掛的隊伍；把他的隊友換成韋德和波許，那不就是自動冠軍嗎？」事實沒那麼簡單，2011年，熱火敗給了小牛這更出色的團隊，之後一年，熱火的「三巨頭」也是臥薪嚐膽才得回冠軍。湖人如今擁有歷史級的豪華，但歷史已經證明了，湖人有個「中鋒＋後衛＝成功」的魔咒：

麥肯需要波拉德的配合，張伯倫需要和衛斯特哥倆好，賈霸和魔術強森情義相投，鯊魚和科比再有冤仇關鍵時也得齊心。而現在，同樣的道理，霍華德必須和科比同心協力，才能成就霸業。

僅論攻防兩端對比賽的綜合影響，全NBA可能只有詹姆斯能和霍華德相比。但已有匿名的「魔術隊前隊友」發表評論，認爲霍華德有如大孩子一樣的脾氣，科比未必喜歡。事實是，比起科比、加索、奈許這些好勝如狂的老瘋子們，霍華德還是個樂呵呵的大男孩。而且，洛杉磯是一個如此紙醉金迷的城市，下季的湖人一定會變成世界媒體的焦點。而湖人的總教練麥克・布朗，衆所周知，又不是一個善於平衡明星的教練。假設以廚藝做比喻，布朗擅長炒的是一樣名貴食材＋大量普通配料的菜；但遇到兩樣以上名貴食材，比如同時撞見鮑魚海參、熊掌排翅，他就會愣神。而他現在，得一口氣面對四道珍貴食材——他眞能調得好嗎？

2003年，湖人擁有鯊魚和科比，同時得到卡爾・馬龍和蓋瑞・裴頓時，其奢華並不下2012年的湖人，但最後，這支明星陣容並沒得到冠軍——2004年，他們被一支毫無明星、純粹藍領氣質的活塞幹掉了。那是歷史上最偉大的「團隊戰勝明星」的經典之一。2012年，湖人當然不想重蹈覆轍，但麥克・布朗眞能把這四位超級大牌結合起來嗎？

等著瞧吧。

2012-2013賽季NBA例行賽剛打了五場，洛杉磯湖人，夏天攬盡世界話題的洛杉磯湖人，就換帥了。麥克・布朗灰匆匆下課，丹東尼走馬上任。

遠遠看去，這調整順理成章。下課的麥克・布朗，姑且不提他2005-2010年間在克里夫蘭騎士不痛不癢的戰績，不提他那比眼鏡款式還少的進攻戰術，不提他上季後半段已開始失去湖人軍心，只說本季——湖人得到了過去十年最好的控球後衛、兩屆例行賽MVP、五屆助攻王史帝夫・奈許，招來了當下聯盟第一中鋒、三屆年度防守球員、四屆籃板王、兩屆阻攻王德懷特・霍華德，加上科比依然寶刀不老、加索依然是FIBA規則下第一球員，如此歷史級的華麗陣容，居然被布朗帶出了1勝4負的開局。而且在敗北爵士那場，明眼人都看得見：科比坐在場邊時，眼神如刀鋒般陰冷，已經把布朗戳到千瘡百孔。如果那時你來個畫外音，或是像漫畫似的配個對話方塊，你可以聽見科比的心聲：「我要殺了這傢伙！」

而新上任的丹東尼，於湖人也算良配。眾所周知，他是過去七年NBA最擅長調教進攻的教練。2004年奈許到太陽之前，不過是個年屆而立、進過兩次全明星的控球後衛。但和丹東尼相遇後，兩人天雷勾動地火。2004-2006這兩季奈許蟬聯例行賽MVP，而丹東尼榮膺2004-2005賽季年度最佳教練；究竟是奈許成全了丹東尼的7秒快攻，還是丹東尼的進攻體系扶起了奈許，這是NBA史上最無解的謎題之一。但無論如何，丹東尼的進攻體系，能夠讓所有控衛鳳翼天翔、自在飛舞。繼捧起奈許後，他又讓克里斯・杜洪這樣碌碌無爲的控衛、大衛・李這樣優缺點明顯的白人前鋒，都打出了明星數據；最新的故事是，2012年2月，他的進攻體系，在紐約把華裔後衛林書豪從一個板凳扶成了聯盟矚目的傳奇「林來瘋」。毫無疑問，如果世上還有個教練能用好奈許，那也就是他了。至於他和科比的關係，則更一言難盡。2008年科比隨美國隊出征北京奧運會時，丹東尼正是助理教練。甚至更早一點，丹東尼年輕時當球員，在義大利聯賽打球時，少年時的科比——那時，他隨他爸爸喬・布萊恩住在義大利——是他的球迷，傳說科比初進NBA時選8號，也是因爲丹東尼在義大利時穿過8號。似乎一切都天造地設，煞是完美。

但是，在布朗下臺、丹東尼上任之前這一週，主角卻不是他們中的任何一人——甚至，也不是科比、奈許、加索或德懷特・霍華德。事實上，就在丹東尼上任前後，全世界都在咀嚼這個緋聞：菲爾・傑克森，老謀深算的禪師，可能要出山重掌湖人帥印了。丹東尼的上任結束了這段謠言，但這一週，圍繞這些莫須有的緋聞，卻可以理出一整段漫長史話。

49 宮廷鬥爭

衆所周知，禪師是NBA史上最成功的總教練。他手上有11枚總冠軍戒指，NBA史上最多——曠世梟雄「紅衣主教」則在1956-1966年帶領塞爾提克十年裡拿到過九枚冠軍戒指，但那是另一個故事了。禪師尤其善於調教明星、塑造王朝。1991-1993年、1996-1998年，他帶領公牛完成兩個三連霸，創立公牛王朝；2000-2002年，他讓鯊魚和科比這對歡喜冤家邊吵架邊奪冠，拿了三連霸；2009-2010年，他又帶領湖人拿了兩冠，讓科比達到人生巔峰。以他老人家戰無不勝的履歷，請他出山帶湖人這明星球隊，簡直是順理成章。

但是，爲什麼不請他出來呢？

另一組背景：

當我們聊到洛杉磯湖人，很容易想到科比、魔術強森、天勾、衛斯特、鯊魚這些偉大的名字。但實際上，球隊並不歸球員所有。真正掌握洛杉磯湖人的，是巴斯家族。

老掌門人傑瑞・巴斯，在2013年已經78歲了。

老巴斯也算一代天驕，24歲就拿了博士學位，之後經營家族企業有成，除了湖人，還掌握洛杉磯多支職業球隊。老人家平時還玩德州撲克，贏過世界錦標賽，精明之極，但畢竟上了年紀，如今垂簾聽政。

有兩位關鍵人物：大女兒珍妮，家族裡的交際花，是禪師的女朋友，所以禪師基本上可以算老巴斯的女婿；次子吉姆・巴斯，如今主管湖人日常事務——雖然接位未久，根基還未穩固。

一種傳說是，湖人拿到第五個冠軍的2010年，禪師與吉姆・巴斯彼此間沒說過一句話。2010-2011賽季被小牛4比0橫掃，難說不是上下交征之禍。禪師走後，吉姆・巴斯做主，找來麥克・布朗繼任，並長期力保他。實際上，就在麥克・布朗下課前，吉姆・巴斯還在呼籲：

「多給他五場比賽的時間，讓他試試看！」實際上，布朗當時已失人心，吉姆還在竭力挽回，可以這麼理解：他真的非常不希望禪師回來。

吉姆・巴斯和禪師，究竟血海深仇到了什麼地步呢？

媒體捕風捉影，說禪師曾經提出苛刻無比的條件：要他回來執教，得年薪過千萬、對球隊事務有話語權。錢和權，一樣都不能少。但這不過是江湖謠傳。事實是，吉姆・巴斯並不太想給禪師機會。

菲爾・傑克森，NBA史上最成功的總教練，並不像UCLA的約翰・伍登或前爵士的傑瑞・史隆那樣，是令人敬佩的學院型名帥。事實上，總有人在叨念。讚美他的人認爲他是偉大的教練，冠軍和王朝就是證據；厭惡他的人認爲他是投機者、抱大腿、江湖騙子：「他總是看準了有喬丹、鯊魚和科比這些巨星的球隊，才去執教！」

禪師喜歡跟球員保持距離。比如，送點書讓隊員自己琢磨，比如，比賽中長時間不暫停。用1993年公牛一個球員的話：「我們剛開始習慣某種生活，他就會逼迫我們做些變動。總而言之，他就是希望我們人人都提心吊膽，不知道他的所作所爲是什麼意思，最後只好一切聽命於他。」

禪師喜歡讓球員和管理階層之間有隔膜，比如，1994年，助理教練巴赫偷偷告訴喬丹「你用不著三角戰術」，立刻被禪師解雇。

他是個善於玩弄人心的梟雄，知道如何擴大自己的權威。而且，他還是珍妮的男朋友。而這就是吉姆・巴斯最忌憚處：禪師如果歸來，可能以巴斯家族女婿的身分，掌握更多東西。而他，巴斯家族的太子，話語權會被削弱。

要知道，禪師善得球員人心，完全可以用球迷和球員做籌碼——實際上，當年在公牛，他就利用了喬丹的威信，在媒體面前把公牛管理階層描述成一群小丑。

比之於丹東尼，禪師可能是更好的選擇，但老巴斯也明白：禪師如果歸來，他和珍妮這一對，會和吉姆·巴斯水火不容。巴斯家族內部，無論誰勝誰敗，都不是什麼好事。所以，老巴斯做了個最平衡的選擇：開除麥克·布朗，的確很不給吉姆·巴斯面子，但請來丹東尼，也算把潛在的內亂給平了。

顯然，在德州撲克老玩家巴斯爺爺的眼裡，他不一定要最好的牌，但一定要最安全的牌。他選了最穩妥、風險最小的一張牌。哪怕丹東尼無法爲湖人帶來成功，至少，他爲自己和兒子吉姆·巴斯贏得了時間。

雖然換帥風波暫過，可是圍繞湖人、巴斯家族的這場宮廷權力鬥爭，還遠未到結束的時候。

丹東尼接任教練後，湖人還是解決不了防守問題。2012年12月11日賽季第13敗時，湖人任由騎士的天才後衛，2011年選秀狀元凱爾·厄文得到28分11助攻，還被對手的巴西藍領瓦萊喬得到20分。當晚，無數次發生以下情景：厄文接傳球弧頂起速，此時湖人5個人裡有4個在底線處發呆；厄文逛大街一樣殺到禁區，面對霍華德補防，順手傳球給瓦萊喬上籃。那場比賽裡，湖人的問題纖毫畢現：散、慢、亂。

事實是：加索受傷後，湖人進攻滯澀。新來的前鋒賈米森，進攻端技藝嫻熟，很合丹東尼教練的口味，但防守稀薄如空氣；長人喬丹·希爾，有肌肉夠努力肯防守，但他和霍華德站在禁區，湖人進攻就像下班高峰期，市中心平地出現兩個噴水池，擁擠不堪。只好失誤，然後就是退防不力，挨對手反擊。

事實是：自從亞瑞扎走、世界和平來，湖人就是這麼個格局——「雙塔」出不了禁區，而世界和平就像個石獅子，可以活吃一切企圖單挑他的對手，但無法遊走巡邏。如是，湖人全隊都顯得笨重而遲鈍。12月13日，湖人在麥迪遜廣場花園被紐約幹掉當晚，問題暴露得淋漓盡致：第一節就被紐約轟了41分；科比全場31分10籃板6助攻、霍華德11投8中高效率的20分、世界和平拼命般得到23分，可是擋不住對面尼克53%命中率、三分球25投12中、甜瓜30分的個人表現。最要緊的是：那晚紐約僅有6次失誤——湖人防守，就這麼柔弱無力。那時，紐約在東區第一，湖人在西區底層。

2012年聖誕大戰前，久違的奈許歸來了。12月25日，聖誕大戰，湖人主場再戰尼克。

首節湖人25比23壓倒尼克，次節世界和平從板凳上奮起，瘋狂得分，湖人半場以51比49領先；第三節湖人一度昏了頭，落後8分，但節末科比和加索連續發揮讓湖人追到77比78進入第四節。末節，湖人打出兇惡防守，讓尼克只得16分，湖人完成逆轉，100比94取勝。獨得34分卻依然無法挽救尼克的甜瓜說：

「那些傢伙知道怎麼打球。他們一直在等的其實就是這個：奈許歸來，和科比、加索一起打球。」

賽後媒體忙於收集一些細節。比如，本場34分後，科比以聖誕大戰累計得到383分成爲NBA歷史聖誕節得分王；比如，湖人本季第二次達到了50%勝率；比如，科比連續第九場得到30分以上；比如，這是尼克隊史第47次出現在聖誕大戰之上，NBA最多，而湖人第38次，史上第二……。

但對湖人來說，真正的意義在於：

在奈許歸來之前，湖人用無數的敗局作爲學費，終於確定了輪換，爲了保證靈活性把科比推上小前鋒，讓世界和平主宰板凳，湖人疑似找到了他們應該有的樣子，那是從8月以來，世界一直幻想的樣子——每個人各安其位，打出統治級的籃球。

處在湖人最中心的科比，最明白發生了什麼。贏下聖誕之戰後，他沒有得意洋洋討論擊敗尼克。他討論的是：「如果你整季都很爛，但贏了總決賽，人們就不會在意那之前發生了什麼。只有你在總決賽裡所做的才有意義。你週一做了什麼、週二做什麼都沒關係，只有你在總決賽裡的發揮才有關係。」50%勝率的湖人隊，34歲的科比・布萊恩，還在考慮2013年總決賽呢。

50 倒下

進入2013年，科比又轉型了。1月25日之後，湖人5勝1負。微妙的是，5勝1負期間，科比投籃出手數：10、12、12、17、13、20；得分14、21、14、17、17、18；助攻則是14、14、11、9、8、5。不知者看這數據，會以爲奈許和科比各自元神出竅、換過了軀殼。這是科比開季之後，第四種形態了。剛開季時，麥克・布朗短命的主政期，科比融進了普林斯頓體系，是一個遊走的得分手：側翼啓動、無球走位、空切襲框。頭四場，他分別14投11中、20投10中、23投14中、10投5

中，持球少，效率高，如黑曼巴蛇，狠而且準。證據之一：對爵士雖然敗陣，他靠空切襲框博得了17次罰球。

布朗下課，比克斯塔夫接任過渡期暫代教練，又逢奈許受傷，科比遂進入第二形態：擔當主控，持球攻擊，兼分球。那四場，科比得到32次助攻，湖人4勝1負。然後，丹東尼到來，科比進入第三形態。科比的第三形態，可以簡單歸納爲：無條件、全方位、隨心所欲、自由攻擊。最初，他還保留些普林斯頓體系遺風，多空切，多襲框；持球進攻時，多叫掩護，然後或跳投，或跨步上籃；他也更聰明地躲在弱側，利用無球走位擺脫，然後襲框。整個12月，科比只有兩場得分低過30。但湖人戰績，除了聖誕節前後略振之外，並無起色。

進入2013年，經歷了交易謠言、加索放歸板凳、霍華德抱怨等一系列故事後，科比進入第四形態。數據上，很明顯的——投籃少，助攻多。戰術上，則有許多變化。科比進入第四形態的這六場，湖人平常戰術，可以如是歸納：科比罰球線右翼持球，眼觀六路，尋找空切抄後門的隊友，餵球。丹東尼體系下招牌的「V字進攻」，科比和加索高位擋拆，加索如果接球，就想辦法轉移弱側。科比和霍華德的邊線擋拆，加索弱側高位接應，科比和加索合力尋找機會，給霍華德低位傳球。其他零星戰術，比如世界和平左翼單挑、加索高位接應；比如米克斯和杜洪的二人輪轉。

然而好景不長。德懷特．霍華德和科比處不來。一種事後說法是，科比認爲自己該教導霍華德，如何成爲一個冠軍球員，但霍華德覺得科比太嚴酷了。

這是又一次溝通失敗。科比習慣殘忍地對待隊友和自己，也希望每個隊友都搏命；而霍華德，28歲的大男孩，希望有一個更寬和的氛圍。他倆彼此不相容，於是湖人也就繼續起起伏伏，徘徊在西區季後賽邊緣。

2013年2月18日，湖人老闆傑瑞・巴斯逝世。遺命將自己掌握的66%湖人股份均分給六個子女。珍妮・巴斯成了湖人主席，吉姆・巴斯繼續擔當湖人的籃球事務主管。彷彿命運還嫌給湖人的厄運不夠，2013年4月12日，對陣金州勇士時，科比倒下了。

倒下前三秒，科比企圖擺脫巴恩斯，突破籃下：他用身體倚著對手，突破前拉開架勢，邁左腿，右腳蹬地。動作幅度大，他顯然想過得乾淨些。然後，左腳掌落地之前，右腳軟了一下，科比倒了。

沒有碰撞，沒有踩在哪裡絆了腳。那一下，更像是他的右腳到了極限，保持不了平衡，倒下去了，左腳掌落地，被拉到，於是跟腱撕裂。彷彿稻草放上了駱駝背，成了帕里斯的箭，射中阿基里斯的腳。

科比傷了跟腱，也就是阿基里斯腱。

阿基里斯腱很容易發炎，負荷過大就會出事。科比的阿基里斯腱撕裂，便不只是負荷過大的問題。賽後，科比在社交網路上，說他做這動作都一百萬次了。

實際上，如果需要理由，看這些事實即可：

受傷前兩天，科比在波特蘭打了48分鐘，27投14中18罰18中47分。

此前，對黃蜂，41分鐘；對快艇，科比全場歇了40秒；對灰熊，科比打了42分半；對達拉斯，科比歇了56秒；對國王，歇了23秒。

對陣勇士這場，在受傷前，他一分鐘都沒歇。即，此前七場比賽，科比一共只歇了17分鐘。受傷前，整個賽季，科比一共打了3013分鐘，聯盟第三多；每場38.6分鐘，聯盟第二。

這是他第十七個賽季，例行賽到季後賽，他打了超過53000分鐘。

於是，就此結束了科比職業生涯最詭異的賽季。

前一年夏天，奈許和霍華德到來時，湖人儼然要創造歷史。但開季之後，奈許受傷、霍華德缺陣、換帥、換打法、加索的交易流言、宮廷鬥爭、老巴斯的過世、球隊縱橫跌宕，起落無常，到最後，科比以這麼驚人的大傷做爲結束。這感覺像「死神來了」似的：

當周圍許多事都出了問題，你會情不自禁懷疑：

「科比被厄運盯上了嗎？哪裡出了問題呢？」

在受傷前，科比場均27＋6＋6，2008-2009賽季以來最漂亮的數據，個人進攻端表現，也是2008-2009賽季以來的最好。科比說他受傷簡直莫名其妙，用了這個詞：

frustrated（令人沮喪）。拿這詞歸納他本季，其實也不壞：

出問題無所謂，但他不知道問題出在哪兒。

最後還糊裡糊塗，把自己弄到重傷。

整個賽季，科比都處在爭議中。他是黑曼巴蛇，史上最好的得分手之一，而且能憑其全面技術，兼做些別的——只要球隊能贏球就成。整個賽季，他頻繁轉型，到處奔走，就像個急著進門的人拿一串鑰匙試著開鎖，但每次都吃力不討好。

他顯然明白，以湖人的糟糕狀態，哪怕進了2013年季後賽，前途也不甚光明。所以，科比七場歇了17分鐘，為例行賽拼命，簡直過於執著。更進一步，他在為什麼而戰呢？

他有五枚戒指，榮也夠了，辱也夠了，但在這門將開未開、衝過去也未必上天堂、跌下去未必下地獄的兩可之際，他還是一踩油門衝過去。一個季後賽席位？相當渺茫的冠軍指望？還是說，為了他那偏執的好勝心，他完美主義的尊嚴？

古希臘英雄阿基里斯和科比有一點相似：無從屈折、到死都要逞英雄、深蘊戾氣的勇猛。這是他們的優點與缺點。阿基里斯的憤怒，開啓了《伊利亞德》：他和阿伽門農的私怨，幾乎斷送了希臘人；但隨後，當他決意為帕特羅克洛斯復仇時，可以幾乎不假外力，幹掉河神，單挑赫克特；最後，他去到特洛伊之前，早知道命中註定自己將死在那裡，但他和奧德賽的選擇不同——奧德賽願意裝瘋來逃避命運，而阿基里斯迎著命運去了。

科比人生中的主要轉折——他和鯊魚的矛盾、他在2007年低谷中的崛起、世界一邊讚美他無所不能的進攻招式一邊批評他的投籃選擇，直到這次因拼命而受傷——都來自這點：他的偏執好勝。有困難要克服，沒困難製造困難也要克服。剛則易折，盈不可久，但科比就是這樣，盛而且烈，現在，和阿基里斯一樣：腳踵上中了命運的一箭。

性格即命運。科比的性格——執拗，神經質，殺意瀰天，熱愛敵圍千重，孤騎破軍而出的姿態，心懷戾氣，偏執好勝。他在順時遂意時，就是2008-2010那兩賽季的冠軍；遭遇逆流湍亂，就是2005-2007兩個賽季的單騎橫行，以及2013年的慘烈收局。為了湖人的西區第八，科比能拿出一副奪冠軍的架勢去爭取，最後終於受傷。這可以說是魯莽，也可以說是勇決。

這是他長久以來的性格，你可以說成是偏執狹戾，也可以說是好勝如狂。科比在賽後接受採訪時，被問到腳的狀況。他擺了個很常見的姿勢——舌頭在嘴角左右劃拉，然後說他當時在場上「能走，能走」，「只要不對腳跟發力」。

禪師說過，科比和喬丹有一點是類似的：「你拿根竿子，橫在七英尺半高處，問他們跳不跳得過；他們一定說能，然後，不管實際上能不能，他們都會去拼命嘗試的。」

「有一天，一段新職業生涯的開端會呈現，但那不是今天。」

「『如果你看到我和熊對打，為熊祈禱吧。』我喜歡這個。那就是『曼巴精神』，我們不後退，我們不退縮，我們不逃走。我們堅持，然後征服。」

One day, the beginning of a new career journey will commence. Today is NOT that day.

"If you see me in a fight with a bear, prey for the bear". I've always loved that quote. That's "mamba mentality". We don't quit.

We don't cower. We don't run. We endure and conquer.

科比在社交網路上留了這段話，其實並不讓人意外。對他性格稍有了解的人，都明白他不會就此退出。

他迅速放出這段話，不只是爲了向球迷表達自己的熱血鬥志，順便給湖人一個信號：他斷絕了退役的可能性。受傷之後，他是堅持獨自走回更衣室的。當時他在想什麼呢？他一定已經明白，他的時代將要過去了，這次大傷彷彿是一切的終點。但他的第一反應依然是：「我不要退役。」

51 歸來

28歲、從來沒跟職業體育搭過邊的聖地牙哥居民西蒙・布蘭德利，在2013年12月初成了美國媒體的寵兒：他取消了原定在加州濱海村舉辦的婚禮，辜負了60位預備出席的賓客，跟未婚妻梅麗莎允諾「會在未來重新確定個日子」，只爲了不錯過科比・布萊恩的2013-2014賽季出場儀式。

當然，迴響可以想見——所有轉載了這條新聞的網頁下面，評論無一例外是以下三種口吻：「兄弟，我猜你沒機會重新確定個日子了……」、「其實他是想找個藉口悔婚對吧？」、「我們要看新娘的照片！這一定是爲了拋棄新娘設的藉口！」

話說回來，科比的歸來，有多大的誘惑力，令布蘭德利先生視科比爲手足、妻子如衣服？

在他漫長的十七年職業生涯裡，雖然時遭傷病，雖然在2003-2004賽季還時時要跑去科羅拉多州出庭，但科比・布萊恩，總會趕上湖人的賽季開幕儀式，除了1999-2000賽季——那是整整13年前的事了。2013-2014賽季，湖人已經打了6個星期，科比才第一次上場。

對洛杉磯乃至全加州人民而言，這胃口吊得太足了。

更何況，在此之前，科比剛經歷了他人生至今最嚴重的一次大傷。

那之後，一整個星期，世界在懷疑他的偉大生涯是否到此結束。他面對的不利因素如下：

他快35歲了，打過了17個賽季。在許多理論裡頭，專家都相信，職業籃球手打到40000分鐘後就會退步，而科比已經打了53000分鐘比賽。

尋常的跟腱恢復需要6到9個月，而且，1998-2011年，18位跟腱斷裂的球員裡，只有8位在復出後，還在NBA繼續打滿一年以上。

2013年12月9日，科比復出了：在洛杉磯主場史坦波中心，在洛杉磯湖人vs多倫多暴龍的這一晚。

了解科比的人，會立刻感受到他的寓意——2006年1月22日，科比就是面對多倫多暴龍，拿下了他傳奇的81分。

這一晚，史坦波中心滿座，雲集了不知道多少推遲了婚期、放棄了休息，跑來看科比的人。當播音員念到「24號，身高6尺6寸，來自勞爾梅里恩的……」全場已經歡聲沸騰，全然淹沒了之後的「……科比・布萊恩」。科比走了出來，神情嚴肅，和每個隊友擊掌。

他胖了一點：如今他102公斤，比受傷前多了4公斤；但沒什麼可指責的。他睽違球場達8個月之久，在傷病中度過了35歲生日，在他而言，這是從未有過的經歷。

而且，比賽從一開始就很不尋常。

第一個回合，科比就在左底角持球；已經沒有傳球空位，是個非常道地的單打機會，但科比，籃球史上最熱衷於單挑的黑曼巴蛇，選擇了投籃假動作——然後直傳，塞給籃下的隊友薩克雷，助攻得手。

自那以後，你可以看到一個全然不同的科比。

防守端，他的移動積極而細心，就像個怕犯錯誤的新秀；開場不久，他就在右底角壓迫對方，造成一次抄截。他一度負責盯防對方射手諾瓦克，但因爲時刻注意球的動向，預備補防，所以漏掉起碼兩次諾瓦克招牌的底線無球跑位；但他發覺之後，便立刻撲出去補位了。因爲注意了補防對手突破，外加移動積極，雖然整個人的移動還顯得滯重帶鏽，但他的防守端大致過關——甚至還抓了8個籃板球。

但進攻端，他卻打得非常不同。

開場第一球，科比跳投假動作後助攻薩克雷上籃；此後，他每次持球，都是繞過掩護、切出接球，然後找保羅・加索打擋拆，然後試圖給加索傳球。當不跟加索擋拆時，他會試圖送出一些中長傳，意圖拓寬球隊空間。直到送出兩次助攻後，他才嘗試了一次投籃——一個斜向切出，接球，施展一記他平時罕用的勾射投籃，結果投了個麵包。

他的得分機會很快就來了：隊友衛斯理・強森長傳，科比前場接球，面對空檔，背後暴龍補防已經跟來。科比考慮了一下——在以往，他有一百種方法把這球投進，他可以隨意選擇來一記滑翔扣籃、一記招牌反身扭腰上籃，或是一記晃飛對手後的急停跳投——但這一次，他運了一步球，感覺到對手的退防正飛撲而來，於是沒選擇起飛。他把球反手遞給了後跟上的隊友布雷克，布雷克助攻衛斯理・強森，一記霹靂火爆的扣籃。

這個球很無私——簡直有點太無私了。在此之後，他面對蘭德里・費爾茲，招牌的變向運球突破籃下，在所有人都覺得他要上籃之時，科比低手把球傳給了加索。史坦波中心的球迷們依然歡聲雷動，雖然有點不及開場時。在科比一個底線突破製造犯規後，球迷們一度歡鬧了一陣，但他第一球沒進時，全場一片唏噓之聲。

但在第二節，史坦波中心簡直要爆炸了：科比終於決意進攻。他左翼遊動，晃過一個防守者，來到一個區域：那是他慣常得分的所在，這裡他理所應當該以一記急停跳投解決進攻，但科比停頓了。他做了一個投籃假動作，然後是第二次，最後，對手開始合圍，科比才快速地左手投籃，一記擦板得分。他復出後正式投中的第一球。全場爆炸了。解說員們大嚷：「科比這才是正式復出了！」

幾回合後，科比右翼背框要球，撤步到面框；前一個球給了他信心，於是他先做了左手突破假動作，再連右側試探步，然後，強行起跳，射出一記強拔跳投，再度得手——全場的歡呼聲，就像他進了總決賽絕殺似的。

但這就是他全場所有投中的球了。

下半場，科比繼續給加索送擋拆傳球，射丟了若干記後仰三分，暴龍看穿了他的心思，開始專注對付他的傳球，導致他連續失誤。他靠突破製造了5個罰球，進了4個；全場比賽，有若干次失誤。全場比賽，他9投2中得9分，外加8籃板4助攻8失誤。而且，暴龍贏了湖人。

多倫多暴龍上一次在洛杉磯贏球是什麼時候？那是2001年12月28日的事了——都快12年了。

科比一生最風光的下半場，是2006年1月單場81分時，半場獨得55分；而一生中最鬱悶的下半場，便是這一天下半場只靠罰球得4分——這兩場，都擔待在暴龍身上了。

「我打得很悲慘。」科比說，「要評分嗎？我給自己這場的表現打F。」

他承認，8個月的休假是太長了點，「我上一次8個月不打球？那時我還在子宮裡呢。」所以他認為自己的節奏「完全脫軌，從傳球到投籃都如此」。所以賽後，他迫不及待地宣布：「我要去重看錄影，我要開始挑剔每個細節了。」

湖人教父衛斯特所言：「這種傷病是很嚇人，但世上若還有一個人能征服這傷病，那就是科比了。」

對科比這種好勝如狂的偏執者，對這種有困難克服困難、沒困難自己製造困難來克服的怪物，這一晚回到球場，他已經贏了。

52 日暮途遠

2013年12月，復出打了4場後，35歲的科比・布萊恩，就像個開著新車、行駛在陌生城市街道上的老司機。

他知道關於開車的一切祕訣，了解一切加速、煞車、甩尾的技藝，但他不熟悉的，是這輛車（他的身體）和這個街道的規則（這整支湖人的樣子）。

12月9日：湖人主場敗給暴龍，科比28分鐘9投2中7罰5中9分8籃板4助攻8失誤2抄截——我們已經知道了。

12月10日，湖人主場敗給太陽，科比29分鐘內11投6中8罰8中20分2籃板3助攻2失誤。

這一晚，科比不在外圍玩擋拆了。賽前他自稱會得到20分，說到做到：他移進了內線，開始施展2009年後慣用的背框單打技。他的移動變好了，爆發力也在恢復——居然還玩了個底線突破扣籃。

開場，他先助攻布雷克一個底角三分，之後的一次突破被蓋，於是他進入了招牌的背框模式：腰位接球，撤步面框，底線突破一個扣籃。之後，他和加索一個二人轉接球完成上籃得分，再用一個招牌的投籃假動作騙到罰球。之後，他失手了一個背框後仰投籃，但彷彿在兩腰的步伐移動讓他找到了手感，之後的撤步面框跳投他毫不猶豫——半場下來，他已經得到了10分。

下半場，他開始敢玩多一些花樣了，比如一開始的翻身強行後仰投籃，雖然略短，卻是他復出以後第一次嘗試複雜的進攻單挑。之後他再次嘗試背框接球＋面框撤步＋跳投擦板得手，這招過於好用，以至於他之後連續靠這招騙罰球；然後又是腰位背框接球後翻身跳投。等太陽開始緊張起來，意識到「科比在腰位簡直無所不能」，開始試圖包夾後，他很果斷的一個背框跳投假動作，傳球給加索製造了罰球。之後他用一個上籃結束了全場得分。當然，一記麵包的翻身三分球，顯示他還沒找到遠端手感。

跟第一場比起來，科比進入了另一個模式。如果說第一場的科比前所未見地謹慎，不斷嘗試組織，那這一場的科比姑且可以叫作「2009年後的科比」：極少面框運球，大量背框要位，撤步面框，用簡潔的試探步＋跳投解決問題——高效率的得分模式。

12月13日，湖人客場敗給雷霆，科比23分鐘內6投2中得4分，送出13次助攻2抄截，7次失誤。

法瑪爾和布雷克都缺陣，所以科比出任了控球後衛，結果就是他簡直進入了基德模式：全然不找得分機會，一味傳球，三節送出13次助攻。

他做了什麼呢？一個亂軍裡掉球的場合，他撿到了，助攻喬丹．希爾一個扣籃；一個長傳給米克斯，製造了罰球；擊地傳球助攻給內切的加索一個上籃。自己快攻完成一個上籃。背框單挑老隊友費雪，輕鬆地繞過，然後助攻給加索一個扣籃。嘗到了甜頭，他再次去背框單挑費雪，然後助攻弱側切過的尚恩．威廉斯，完成一個上籃，然後又是一個擋拆之後的擊地，讓加索完成跳投。加索投桃報李，還他一個遞手傳球，科比上籃——這就是他全場所有得分了。

但雷霆不笨，已經發現了科比的意圖：今晚他只想傳球，還只想傳給加索，於是抄截來了。連續兩個失誤後，科比半場7助攻5失誤。

於是下半場，科比換了方式：他突破分球給米克斯，一記三分球；他快攻中找到衛斯理・強森，助攻一個上籃；他助攻喬丹・希爾一個上籃，再一妙傳給亨利一個扣籃。但他和加索的半場攻防二人轉連線基本被掐斷了，下半場的助攻大多來自守轉攻。雷霆也利用了他的失誤，大舉反擊，於是第四節，科比沒再打。

這場比賽是他多年以來，最爲詭異的一場，甚至怪過對暴龍一戰：在他所有不是中途受傷或其他原因離開比賽的情況下，投籃少於6次，那還是上個世紀的事；13次助攻則離他職業生涯最高的單場15次助攻相去毫釐，實際上，他得15次助攻那晚是11年前，對陣當時在巫師的喬丹，花了43分鐘才打出來的。比數據更怪的是他的表現：他傳球分享，無私的彷彿基德和盧比歐。復出以來的三場，他換了三種不同心態。

12月14日，湖人客場擊敗山貓，科比32分鐘15投8中三分5投2中3罰3中21分7籃板8助攻7失誤。

這場比賽，科比像把之前的三場比賽模式，都切換了一遍。

開場，他照例和加索走二人轉換：找機會射進了跳投，也助攻了加索的擋拆內切。第二節，他還是孜孜不倦地尋找加索，中間也照顧了衛斯理・強森；妙在他除了跟加索玩二人轉換，也能融入其他隊友的傳球路線了，比如，他跟強森就有幾次漂亮的跑傳配合。

第三節，科比再次進入傳球模式，於是山貓也看明白了。韓德森和泰勒預判準確，連續斷掉科比的傳球，於是科比跟加索不玩內切了，改玩擋拆外切，自己也時不時進入內線去背框單挑。第四節最後半節，科比挽救了比賽：雖然缺乏殺氣，但他一記跳投、助攻尼克・楊三分球、一記上籃、一記假動作製造罰球後得手，解決了比賽——尤其是那記右翼突破上籃和那兩記罰球，是爲湖人鎖定勝局之戰。

但是，這場比賽依然有其奇妙的所在。四場比賽，科比換了四種不同形態。第一場鏽跡斑斑，於是竭力傳球給隊友，但時常猶豫不決，就像一個老司機剛開著新車進一個新城市，對交通規則、車況都沒把握，略踩油門，立刻煞車，走走停停，左顧右盼。第二場，他進入了背框刷分模式，全場都在中速行駛。第三場，他改打控球後衛，於是一反常態，瘋狂傳球，有機會就傳，沒機會製造機會也要傳，好比司機開始飆車，都不顧紅綠燈的樣子。而第四場，他像是把前四場的元素，來了個大打包：他依然不斷試圖傳球給加索；他依然會進入第三場的擋拆模式；他會積極地移動，去把握防守籃板；他經常在「背框要位進入單打得分模式」和「擋拆啓動組織進攻模式」之間猶豫不決；只有到比賽最後時刻，他像是終於把這一切理清了。比賽末尾，他的右翼突破不算快，但步伐、時機和空間感絕妙無比；最後時刻，假動作騙犯規也是他的老絕招了。

但他前四場眞正的元素是什麼呢？搖擺。他在各類打法間搖擺，有時背打得分，有時組織，但大多數時候是在猶豫。

但問題在於：洛杉磯湖人，已經不復從前了。吉姆・巴斯在2013-2014賽季中與科比續了兩年4800萬美元的巨大合約，但並未給科比添什麼幫手。這意思似乎一目了然：

湖人知道洛杉磯人民的威力，也知道科比的價値。只要科比還能打球，巴斯家族絕對不會公開擺出「我們不管科比，直接重建了」的架勢，或是出現「湖人已經不是科比的球隊了」之類的言論。吉姆・巴斯簽約科比，也算是爲自己贏得了球迷的贊同。

但是，又打了兩場比賽後，科比重新退下了。他需要更多時間康復。2013年12月17日，科比在曼菲斯打完了一場比賽後，再次停下了腳步。2013-2014賽季，科比出賽了6場。湖人隊史第二差的27勝55負。

又是一個夏天過去了。2014-2015賽季開始，科比如期出現。36歲的他在2014年10月28日對陣火箭拿下19分。一天後，在鳳凰城，科比31分。又5天後，對陣太陽，科比37投14中，39分。

可是，湖人開季至此，五連敗。

2014-2015賽季打完13場後，科比場均得分26.7聯盟第一。以及，每晚出手24次。即便在他輝煌的職業生涯，這也是他的第二高紀錄了。此前，只有2005-2006賽季，每晚出手27次的他，比此時兇猛。衆所周知，那就是他場均35.4分、單場81分的末日狂奔賽季，八年前的故事了。

34歲跟腱斷裂，受傷一年之後複出，還能有這樣冠絕聯盟的體力——投籃是個要體力的運動，尤其科比的投籃幾乎沒有舒適的定點空位投籃——這本身都算個小奇蹟了。

事實上，這並不像是教練的決定。開季一星期，拜倫·史考特教練就說了：「我得提醒科比，不要常去接球，就讓那些人自己打，因爲有時你得讓他們自己犯錯。他有時太多嘗試讓隊友走出窘境了，這是他的習慣，他得改，雖然很難，他是那種『不行的話我來自己幹』的人，因爲他是個天生鬥士……。」

他的意思是：「科比，你不要經常去接球，你要讓他們自己打啊！」

那麼，支撐科比的動力是什麼？ESPN提醒大家說，科比的總得分，快要超過喬丹了。

科比很忙。他一邊每晚投籃24次，一邊陳述著他的想法——他認爲頂尖巨星就是不該給薪水打折（因爲全世界都在談論他在湖人拿的超高額合約）；他還掛念著ESPN給他的排名；他說他不會離開湖人，不會去紐約尼克。

事實是，他自己也知道，自己的職業生涯來日無多；他終生都想爲冠軍而戰，但2014-2015賽季的湖人，離冠軍的距離著實不近。他和湖人像一對表面相敬如賓，但彼此心知肚明的老夫妻。

只是，科比沒得選擇了：這不是2004或2007年，他可以威脅要走了。他已經成爲湖人的一部分。所以他只能承擔下這一切。

但恰好是這一切的逆境，成爲了他的動力，成爲了他每晚奮鬥的動力。比起那些爲了冠軍，必須強制壓抑自己強烈個性的歲月，現在的科比，更像是回到了自己。似乎是知道時日無多，所以，他多少有些日暮途窮，故倒行而逆施。周折了一輩子，科比不忍耐了，就在最能激發他熱血的逆境裡，一路砍擊著巨人般的風車。

就像一個把世界當作敵人的騎士一樣。

2014年12月14日，對陣灰狼的比賽，科比的總得分超過喬丹的32292分，達到NBA第三。一週後，科比打了自己本季第27場比賽，神奇地場均35.4分鐘，投籃22.4次，得到26.4分。你不知道他哪裡來的體力。但這時，湖人主帥拜倫・史考特讓他休息了。因爲科比說，他的膝蓋、手指、背和腿都在酸痛。休息一週後，科比復出，但情況並未好轉。

2015年1月21日，科比在對陣紐奧良鵜鶘一戰中雙手扣籃，結果右肩受傷。他用左手罰完兩個球後下場，然後做了手術。他的2014-2015賽季，就此結束了。

湖人在2014-2015賽季，隊史最差的21勝61負。

他倔強掙扎的生涯結尾，既是自己的，也是湖人歷史的最低谷。

53 告別

2015年11月8日，科比・布萊恩在喧囂的麥迪遜廣場花園左腰伸手要位，甜瓜巨大的身軀覆蓋在他之前。盤旋幾遭後，科比選擇去右翼，但甜瓜亦步亦趨。最後，科比都沒沾到球。回防前，科比拍了拍甜瓜的屁股。帶點懊惱，帶點讚美。

在他那裡，這是「守得好」的意思。

洛杉磯湖人依然90比89領先。球場另一邊，科比壓低重心，對位甜瓜。但尼克的傳球找到了加洛維，三分球得手，麥迪遜廣場花園沸騰。甜瓜和科比繼續形影不離地跑到前場。科比在右翼，啓動，繞過掩護接球，在甜瓜趕到之前搶投遠射。出手太快，弧度太平，球砸了籃脖子。

這是他連續第三個球沒能命中，接下來還又失手兩個。全場比賽，他19投6中，18分。湖人以95比99敗北。

比賽剩一分鐘時，科比在左翼，無所事事地，看著克拉克森跳投。然後，他會去爭奪地板球，去跟拉脫維亞的瘦長精靈波爾津吉斯倒成一片。如你所知：科比第一次打全明星那年，波爾津吉斯才一歲半。

這就是科比・布萊恩最後一次花園之旅了。紐約球迷大概記得，就在六年前，他在這裡得了創花園紀錄的61分。

全世界都知道，2015-2016賽季將是科比的最後一個賽季了。

2015-2016賽季七場比賽，37歲的科比場均29分鐘投籃16次得到17分4籃板3助攻，命中率32%，三分球命中率21%。細看的話，眞實命中率44%，每場多達50%的投籃是三分球。

——客觀地說，他也在進行著改變呢。

這是個一切都改變的時代了。科比、麥葛雷迪、艾佛森、卡特、亞瑞納斯等那個「晃過對手空檔投籃」的時代結束了。這是個「一切投籃最好是禁區或者三分球，中距離跳投和背框單打只擔當懲罰性武器」的時代了。現在的豪強，是建立在無數三分火力支持、無數擋拆掩護縱橫的工業時代了。

而科比是冷兵器時代的單騎英雄。

結果是，職業生涯最後一個賽季，科比在盡力打得符合這個時代的潮流。他投更多的三分球，中距離投籃比例由上季的48%減少到36%，他每場背框單打只有兩次，不算多了。他現在的打法，並不比巔峰期更任性，投籃甚至比當年合理得多。

只是，當年的他神英天縱，而在最後一季，他投不進球了。

甚至他的投籃方式，也改變了。

十年之前，場均35分、單場81分的科比，有著一望即知的投籃姿勢：雙腳分開、膝蓋併攏、起跳、繃緊、朝後送球、右肩前左肩後、右臂彎曲、左臂繃直勒住球，到最高點，右手食指送球。招牌的「雙動投籃」（two-motion-shooting）。

——皮爾斯有類似的高出手點，但起跳高度更低，而且會用hop（單足跳躍）來跳步蓄力。

——麥葛雷迪有那傳奇的直撥跳投，火箭般的離地速度和高度，但雙肘不會抬得太誇張。

科比的投籃姿勢，獨一無二。出手未必是最快，但有滯空時間，帶後仰，不易封蓋，是天生用來投高難度投籃的。但這點很累人。他右手突破急停跳投和左手突破急停跳投，動作甚至全然不同——左手突破急停跳投比較順勢，收球即可；右手突破急停跳投時，他通常會從雙腳平行起跳，空中扭轉到右肩靠前（還經常要踢右腿保持平衡）。在2009年，他招牌的是「連續抬肘投籃假動作，然後強行側扭身跳投」。那是他的力量與協調性並作的結果。

然後呢？2011年後，他開始用hop跳步了。那是早年皮爾斯和後來杜蘭特愛用的招式。以前，科比是不會用hop步的。

2015年，科比的三分球愈來愈近於單動投籃（one-motion-shooting）了。他不再滯空、扭身了，抬肘送球，很快，但換個角度講：他確實無法再保證「壓低重心、急停、左腳落地右腳到位就地急起空中扭身調整到右肩靠前出手」的穩定性了。

這種感覺很奇怪。曾經那麼倔強、偏執、殘忍，喜歡和世界爲敵的人，在試圖打得合理。投更多三分球、做更多無球走位、讓年輕人投籃、給年輕人發界外球，這不太像他。他是應該用繁複華麗的動作，完成高難度投籃，熄滅全場爭議，然後抿嘴齜牙的黑曼巴蛇才是。本來我們以爲，他在最後一年，會老夫聊發少年狂，但似乎，科比比我們想像中安靜得多。近兩年，他的無球選位、分球和防守，都在盡力變化，但他骨子裡，還是個古典的中距離球員。那個適合他的時代已經過去了，但他還在繼續打NBA。身爲每天沉浸在籃球裡的籃球狂魔，他一定比我們更明白，適合他的時代已經過去了。

而他最後要做的，就是保持尊嚴走到最後一刻。

「如果這是我們最後一次交手，我會懷念他。」甜瓜如是說。以往，科比是不需要憐憫與懷念的，他喜愛對手畏懼他。實際上，就像被甜瓜守住後，他拍了拍甜瓜屁股那樣的動作，老去的尊嚴，依然在的。他想要保持尊嚴，以一個傳奇的姿態走到最後一刻。

2015年11月29日，科比宣布了：他會在賽季末退役。

以及一首詩──《致親愛的籃球》，中間有這樣的句子：

自從那一刻
我開始捲起父親的長筒襪
在西部大論壇球場
射出想像中的
制勝投籃
我就確知了一件事
我愛上你了
如此深摯的愛，以至於我爲你付出所有
從我的身心到我的靈魂

六歲的少年
深愛著你
我從未看到過這隧道的盡頭
我只看到自己一路飛奔
我在每個球場奔跑不休
追逐著每個球
你要我拼命奔逐
我給你我的心
因爲我明白，你將回報我更多

我挺過了汗水與傷痛
並非因爲挑戰在召喚我
而是你在召喚我
我爲你盡一切努力
因爲是你我才會如此
而擁有了你，我的生命才如此鮮活

你給了一個六歲少年，關於湖人的夢想
至今我依然沉醉其中
但我不能再爲你癡迷下去了
這最後的賽季，是我僅剩能獻給你的
我的心能忍受打擊
我的靈魂能被撕裂
但我的身體卻明白，說再見的時候到了

好吧
我準備讓你走了
只想讓你知道
剩下那些彼此還能相處的時刻
不論好的壞的
都是我們相處的一部分
是我們共有的

我們都明白
接下來的旅途，無論如何
我都仍將是那個捲著長筒襪
瞄準角落的垃圾桶
假裝比賽還有5秒鐘
手裡拿著籃球的孩子
5秒、4秒、3秒、2秒、1秒……

永遠愛你的
科比

即：37歲的科比・布萊恩，終於承認他本賽季結束後，便要退役了。經歷過那傷病的兩年後，這一切並不令人意外。

很多年以前——1953-1954賽季，32歲的喬治・法爾克斯在費城勇士混替補，61場比賽，投籃命中率27%。他的工作包括，每場平均投4個籃，投進其中1個，勸架，無聊地擺弄自己的鞋子和腿，給球迷簽名（他在板凳上的時間太多了）。

1958-1959賽季，29歲的內爾・強斯頓在費城勇士發呆。以往他在禁區裡隨心所欲的技巧，如今只能給大量湧入NBA的高大黑人們劈哩啪啦送火鍋。還好他有一雙大手和籃板嗅覺，還能當個藍領混口飯吃。每場打一節，6分5籃板。剩下的時間，他爲前搭檔保羅・阿里金搖旗吶喊，然後不厭其煩地回答媒體提問：「不，被比爾・拉索蓋掉並沒有挫傷我的信心……。」

1983-1984賽季，38歲的埃爾文・海耶斯身披火箭44號，聽著觀眾懷念摩西・馬龍的名字，準備著替換拉爾夫・桑普森。每次站起時，假裝沒注意到觀眾席稀稀落落的噓聲。從進NBA的那一天起，他就不招人喜歡。隊友討厭他，因爲他是不傳球的黑洞；球隊討厭他，因爲伺候他就像「受酷刑一樣」讓人想一死了之。休士頓人尤其討厭他，因爲他背叛過這座城市。但他還是堅挺地打了81場比賽，場均老老實實得到5分。

同一季，35歲的阿奇巴爾德在密爾瓦基打了46場比賽。6年之前他29歲時，全聯盟都把他當成人渣、混球和毒販子，嚴禁他進球隊，生怕他一進更衣室就給每人發支大麻。他在塞爾提克做著比別人多一倍的訓練，死撐了下來，直到1983年被塞爾提克送出門外。在密爾瓦基，他名義上是先發，可是每到關鍵時刻，蒙克利夫和布里奇曼就會接管後場，留他在板凳上眼巴巴地數綿羊：一個場均7.4分的老頭子，先發地位更像是照顧和諷刺。

1985-1986賽季，34歲的鮑勃・麥卡杜成爲費城的第六人。從20世紀80年代開始，他就已經忘了先發的滋味了——自從離開底特律六年，他一共只打過一場先發。這個老奸巨猾的第六人依然有一手奶油蛋糕一樣柔滑的跳投。每場21分鐘時間，他還可以得10分。但是比起同隊的巴克利，他就像台一動就會發出響聲的老機器了。

同一季，33歲的喬治・葛文離開了效力八年的聖安東尼奧，在芝加哥過了一年。走時沒有鮮花鋪地美女辣舞，只有菲茨西蒙斯教練的怒吼「他非走不可」。他去芝加哥是爲了代替腳骨折的二年級巨星麥可・喬丹。他老人家每場還能撇著那對細長眼角，25分鐘內得16分。只是，喬丹季末復出後，他老人家只好去蹲了替補。整個季後賽三戰，他一共打了11分鐘。下一年春天，他已遠在羅馬，開始自己打球、吸毒、戒毒、混業餘聯賽的哀傷輪迴。

1998年夏天，多明尼克・威金斯躊躇滿志。他35歲離開NBA，縱橫歐洲，37歲歸來，成爲馬刺的救世主，場均18分。39歲，他自信依然可以支撐起一支球隊，天地寬廣任翱翔。可是在奧蘭多，他一共只有兩場先發機會。27場比賽，他得了135分。唯一的欣慰：他拿了100萬美元。比起歐洲球會來，這畢竟是筆不小的收入。

在喬治・麥肯出現前，喬治・法爾克斯就是籃球世界的首席攻擊手。他的跳投使他成爲了NBA頭兩屆得分王。在鮑勃・佩蒂、張伯倫等人出現之前，內爾・強斯頓是20世紀50年代前半期的進攻機器。雖然世界歸麥肯統治，但1952-1955年三屆得分王卻歸強斯頓名下。那個38歲在火箭混事的44號埃爾文・海耶斯，在自己的新秀賽季就拿下了得分王。那個在密爾瓦基成爲聯盟最慘先發控衛的精靈阿奇巴爾德，曾經在1973年成爲NBA史上空前絕後的一位同年包攬得分王＋助攻王的人物。鮑勃・麥卡杜，那個20世紀80年代之後只先發過一場的費城第六人，在自己的二年級成爲得分王，三年級成爲例行賽MVP，四年級達成得分王三連霸時年不過24歲。那個被馬刺掃地出門用來頂替喬丹的老頭兒喬治・葛文，曾擁有NBA單節33分的歷史紀錄（2015年才被克雷・湯普森破掉），和僅次於喬丹與張伯倫的4次得分王頭銜。那個在奧蘭多騙錢的39歲老頭子威金斯，是1985-1986賽季的得分王，是文斯・卡特出現之前，籃球史上毫無爭議的暴力美學的扣籃第一人。

比起他們來，科比其實只掙扎了三年。2012-2013賽季跟腱斷裂前，他還是個有尊嚴的明星球員。只是，三年也夠長了。親眼看著NBA史上最好的得分手之一，科比・布萊恩，曾經那些隨心所欲都能得手的投籃，如今卻掙扎著不肯往籃框去，很容易讓人覺得：他確實老了。

科比到底經歷過多少身分呢？1978年，他是喬・布萊恩的第三個孩子。他在費城出生，在南加州陽光下成長到3歲。那時他不知道，多年後的自己，會成爲南加州的寵兒。

1992年，他在法國目睹了父親的退役。他是個口音裡帶義大利腔的美國男孩。他對義大利的記憶是一個8號球員丹東尼，以及周圍的歐洲孩子對沉默的他流露出的好奇。

1994年，他是勞爾梅里恩高中的明星高中生。校隊教練葛列格・道納跟他玩了次一對一，輸了。暑假裡他每天騎一小時自行車去拉薩利大學球館，練一整天。

1996年夏天，他是賓夕法尼亞州冠軍隊的王牌，是高中2883分紀錄的擁有者，是NBA選秀會上第13順位新秀，是洛杉磯湖人的一員。傑瑞・衛斯特從黃蜂要來了他，不知道這個孩子會代替自己，成爲湖人隊史得分最多的人。

1997年，他是全明星週末的灌籃王，是一個天才高中生，笑容甜美如加州陽光，讓鯊魚都忍不住嚷叫「你這個愛出風頭的小傢伙」。他是一個能跑能跳的高中生，但是戴爾・哈里斯總是皺眉抱怨：「他還沒適應防守。」

1998年，他是湖人的王牌第六人，卻進了全明星先發。他會在例行賽和喬丹對戰時被喬丹轟下36分，但也能在喬丹眼皮底下攻到33分；他敢拒絕艾迪·瓊斯的協防，他敢在全明星賽上要卡爾·馬龍讓開，獨自去尋找和喬丹單挑的機會。

1999年，他是湖人的第二得分手，他已經開始盛氣淩人地接管比賽，開始和鯊魚在訓練時對壘。那也是第一次，他讓世界看到他性格中好勝的戾氣。

2000年夏天，他變成了賴瑞·布朗所謂「年輕一代的榜樣」，以及「如今他不再單是個花式扣籃手了，他是個扎實的NBA球員」。他在21歲時就成爲NBA最好的後衛防守者之一。他開始透露自己的野心，「如果鯊魚跑來告訴我：『科比，我不想一個人每晚獨撐比賽，你會幫我嗎？』我會說，我準備好了。」他眞的準備好了。2000年總決賽第四場，他帶傷打了一場屬於自己的傳奇。

2001年，他是NBA最桀驁的存在。他花了一整個夏天進行每天2000個跳投的訓練。他急不可耐地想展示這一切。他企圖挑戰剛坐上寶座的、NBA史上屈指可數的霸王。他是爭議製造者，是西區最兇惡的得分手，是西區攻防兩端最貪婪的球員。然後，他在沙加緬度的48分16籃板證明了，他已經不是鯊魚的小弟弟，而是西區最殘忍的殺手之一。他正式站到了鯊魚的旁邊，雖然還矮那麼一點點。

2003年，他是一個毀譽參半的人。他23歲時就擁有了三枚冠軍戒指，聯盟最好的球員之一，最像喬丹的人。他花費

2002年整個夏天的時間用來增加7公斤肌肉和練習背框單打，然後用這一切繼續挑戰發胖的、變慢的鯊魚。可是場均30分的他迎來了湖人王朝的流逝，2003年夏在鷹郡他遭遇了職業生涯的轉折。一夜之間，他從天之驕子，變成了性侵嫌疑犯、不忠者，一個給老婆送上鑽石戒指挽救婚姻的人。2004年，他擁有了湖人，但幾乎失去了一切。鯊魚和禪師離去時將他塑造成了一個自私、貪婪、狹隘、衝動的青年。

如果到此爲止，這就是一個步步登天的少年，最後墮入魔道、一無所有的故事。

2006年，他是黑曼巴蛇。海報上他的背後長有墮落天使的翅膀。他不言不笑緊抿嘴唇目露毒蛇般的凶光，他身後是三節62分、單場81分、場均35.4分的全聯盟血淋淋戰績，以及查爾斯・巴克利的叨念：「單場81分卻只有2次助攻？」他是史上兩位僅有的單場得滿80分的人，當然另一個人已經去見了上帝。他是這個星球上最後的、掙扎的天煞孤星。2007年他成爲了黑天使。他宣布要求交易，因爲彷彿命運在暗示他：他可以在個人的世界爲所欲爲——連續50分、得分王、年度防守第一陣容、81分，但是總冠軍遠在他掌握之外。

如果到此爲止，2004-2007年的他在重複那些偉大而孤單得分王的行徑——葛文、伯納德・金、麥卡杜，甚至麥葛雷迪。也許他更銳利，但也更淒絕。但是……

2007年秋，他還是個等待被交易的半流放者；2008年春，他卻成爲了例行賽MVP，隨後是夏天，他敗給了同樣一年間神速崛起的王朝宿敵塞爾提克，包括總決賽第四場被24分逆轉，以及最後一場39分慘敗。自我放逐者——MVP——慘敗者，一年之間。

然後呢？

2008年秋而立之年，他成爲奧運冠軍。一年之後，他站在了世界之巔。那是他的第四個總冠軍，第一個總決賽MVP，也是離開鯊魚後的第一個總冠軍——一個眞正屬於科比的總冠軍。30歲那年，他終於站在了鯊魚2000年、鄧肯1999年、大夢1994年、喬丹1991年所站的地方。他從對冠軍鞭長莫及的陰影中逃獄而出。

2010年，他成了聯盟歷史上最可怕的殺手之一——例行賽的六記絕殺爲證。他舉起了自己離開鯊魚後的第二座總冠軍。他的2009-2010年蟬聯冠軍，是1994-1995年「大夢」式的偉業。

而他開始有些老了。

2010年，他已不復有2000年那華麗的體前變向、大步突破，或是2005年的強行急停三分。2009年春天，他採用最多的是繞加索的掩護跳投，或是原地試探步後的跳投。2010年他開始無限依賴他的背框單打。32歲時，他像1995-1998年的喬丹，靠精純至極的技巧、手感、記憶、心臟打球。他說他懷念20世紀80年代——老派的、硬朗的球風。

科比·布萊恩經歷過多少角色？孤僻的天才少年，灌籃王，得分王；年度防守陣容，低谷，非議，負面新聞，振作，奮起，81分，例行賽MVP，總決賽MVP；哈夫利切克式的常青樹；賴瑞·柏德式的自我技術完美化傾向；衛斯特式的關鍵先生；桀驁不馴的青年；好勝欲狂的領袖；青年的飛翔；中年的老辣；最年輕全明星；最耐久的湖人；8號和24號。

一言難盡。

然後是2011年被小牛橫掃，禪師的離去，晚年的拼鬥。2013年，科比阿基里斯腱斷裂。復出，受傷，復出，受傷，復出，受傷。有困難就克服困難，沒有困難就想辦法製造困難。這一切的逆境，成為了他每晚奮鬥的動力。他一直不接受「我就這麼泰然自若地老去，當個配角算了」的劇情。如果科比早三年退役，他會走得更體面、更有尊嚴嗎？也許會，那樣我們就不必看到他如今的掙扎了。但那樣做，就不是科比了。我們只能接受一個人的全部，不可能只看他的片面。比如，科比投得進高難度的球，與此同時，他也會因此而顯得投籃選擇不合理。科比是NBA史上最樂於挑戰難度的殺手，與此同時，他也勢必不會是一個完美的隊友——至少對鯊魚而言。

同樣，他的輝煌和落寞，都是偏執得來的。

稍微了解科比過去的人，都知道禪師說過的那個故事：在高中時，科比並不介意讓勞爾梅里恩高中在前三節比分落後，然後，他在第四節獨挽狂瀾。這是他一生愛好的縮影。2000年總決賽第四場，鯊魚下場，剛傷癒復出的科比接管了比賽，幹掉了溜馬。2000-2001賽季，他開始和鯊魚搶出手。2002-2003賽季，他取代鯊魚成為湖人首席攻擊手。2003-2004賽季，在去鷹郡出庭之後，他還趕回來打比賽，完成了絕殺。鯊魚東奔邁阿密後，科比在2005-2006賽季場均35分，是1987年喬丹場均37分以來的單季紀錄。2007年春天湖人連敗時，科比連續

4場打出50分，包括兩場60分。2010年，他只有7根手指可以用，然後例行賽完成六次絕殺，季後賽對太陽之戰前他抽了膝蓋積水，然後完全統治了鳳凰城。

2013年阿基里斯腱斷裂後，他本來可以就此退役了。但他回來了。在已經頹靡的湖人，打著日暮途窮、不合時代潮流的籃球。

他一直獨力奮戰，你隨時都覺得他負載著許多。他複雜的技術動作，他兇狠的比賽態度，他總是背負著許多。

2016年2月，科比打了他最後一場全明星。3月，他最後一次對陣克里夫蘭騎士，得到26分。賽後，勒布朗・詹姆斯說：

「我們熱愛聚光燈，我們熱愛大舞臺，我希望我每晚都可以跟他對決。」

但科比知道自己老了。

就在他宣布退役的那天，他說：

「我知道我打得跟狗屎一樣。但我在努力讓自己打得不那麼糟糕。我真的盡我所能了。我覺得還挺好的。」

——以他這樣的完美主義者，看到自己這樣的比賽，心情會怎樣呢？

然後，時光終於走向結尾。2016年4月14日，科比・布萊恩迎來了他職業生涯最後一場比賽。

尾　聲

2016年4月14日，史坦波中心。洛杉磯湖人vs猶他爵士。

科比・布萊恩最後一場NBA比賽。

科比左翼三分線第一次持球時，全場開始歡呼。

科比右翼切出，接球，出手，全場再次歡呼，但球砸前框不中。

科比右翼面對雙人翼蔽，墊步翻身突破，擊地傳給希伯特。

他剛打NBA那個時代，這種一個半人對位，算非法防守。弧頂接球，交叉步拉球突破，跳步上籃，滑框。後場持球，晃動後右手運球跨步突破，被打掉。借掩護運球到罰球弧頂，面對海沃德，起手晃動，未遂，投籃，不中。前5投，0中。科比在防守端，左手完成職業生涯最後一次封阻。反擊運到籃下，投籃假動作晃起海沃德，一個高弧度後仰投籃，本場第一球。

6比6。左手運球in-and-out，到罰球線前一步後仰跳投，第二球。右翼三分線外接球，試探步後跨步突破籃下，招牌的跳步翻身展腹上籃，完成三分打。5投0中之後3投3中，史坦波中心在喊MVP。

這時候，有點科比巔峰期的味道了：他一旦手熱起來，是無可阻擋的。翼側切向右側底線，接球，腳踩三分線投籃。再

次反擊中右翼三分線外接球，起手三分。16比14，點燃全場後任性地來了

一個長距離三分球。中場接球，傳到右翼，自己切入去到右側要位，下腰後強行投籃，要到罰球。左側三分線外接球強投三分不中。弧頂接球，空中屈腿發力三分球不中。第一節結束，13投5中，15分。第二節打到6分半，科比從板凳上起身時，全場歡呼。左翼底角持球，試探步後起手三分打前框不中。比賽間隙，去和鯊魚擊掌。右翼試探步後，重心變化底線突破，一個十年前科比可以扣籃的動作，改成了雙手放籃：15投6中，第17分。左翼要位，突破到底線，投籃假動作後，要到罰球。左翼三分線外接球，投籃假動作晃飛對手後，三分線外起手命中，第21分。於是立刻任性地，23英尺外一個遠射，沒中。之後是一個弧頂大幅度拉球，突破，小角度拋籃，不中。右手運球突破翻身後仰，砸前框。這時看得出來，體力已經有些流失了。

半場結束，科比20投7中，22分。

下半場，科比拉球突破，左手上籃；右翼突破向中路，後仰；弧頂大跨步突破，放籃。稍微喘過了一口氣，便連得6分。於是暫停。一個三分不中後，是左腰拉球到中路，後仰跳投不中。至此，26投10中。然後是第27次投籃：一個右翼麵包球。接著一個左翼三分壓秒搶投，還是麵包。然後，手感又回來了。左翼突破後滯空拋籃，第30分。華麗的連續翻身步伐，底線後仰跳投，30投12中，第32分。底線試探步後三分球，31投13中，第35分。右翼試探步後三分不中，接著是左翼突破

後左手上籃，33投14中，37分。第四節了，科比還在場上。全場比賽，他只有第二節初休息了一會兒。畢竟，他的職業生涯，打一分鐘少一分鐘了。第四節初，是一波低谷：左底角接球投籃，不中。拉球突破後急停跳投，不中。反擊中右腰靠住，翻身中路，起手投籃時被蓋。到此時，37投14中。

從這時候開始，比賽眞正進入了科比節奏。所謂科比節奏，即是說，進入NBA歷史上幾乎絕無僅有的「我知道這不是投籃好機會，但我就是手起刀落投得中」。追身三分得手，第40分。全場開始喊科比。一如過去的十九年一樣。大概是這歌聲，振奮了他，激發了他最後一點熱血。弧頂急停三分，39投16中43分。右翼急停出手敲籃框後沿後，再補上兩次投籃。得到第45分。之後，進入黑曼巴狀態。弧頂變向後中投，第43投，第17中，45分。左翼投籃打板不中、反擊上籃滑框不中後，是一個翻身突破籃下：46投18中，個人第47分。十年前，他得81分那場，是46投28中。兩個罰球得到49分後，一條龍突破，拋射打板，47投19中，第51分。

十四年前，面對皮爾斯，在波士頓花園廣場，他47投17中，是個人投籃最多。從此開始，都是歷史了。分數逼近後，科比嗅到了血腥味。運球突破穿越兩人，急停中投，53分。左翼急停強投，56分。湖人95比96落後。需要他投關鍵球的時候，到了。

十九年前，西區準決賽第五場，也是洛杉磯湖人vs猶他爵士。比賽還剩1分46秒時，鯊魚對郵差犯規，犯滿退場，湖人領先，然而軍中無大將，全隊都緊張得不敢投籃。於是，雙方

89平，科比在亂軍之中撿到球，終止了爵士的進攻。還剩11秒。比賽最後時刻雙方打平。哈里斯教練決定：

「科比，你投這個球！」

18歲的新人科比・布萊恩，運球過半場，面對爵士的拜倫・拉索，原地運球，右手持球順步突破，加速，急停，晃開了拉索，但他重心收的幅度太大，起跳投籃時已經把握不住，球出手，太低了。投了個麵包。48分鐘比賽結束，雙方進入延長。哈里斯教練抿了抿嘴，拍了拍手。

延長賽一開始，科比左翼三分，又是麵包球。三分鐘後，科比右翼華麗地大幅變向，突破籃下，拋射打板得分，湖人93比94落後1分。比賽剩40秒，湖人93比96，科比再次三分球麵包。又一次三分不中後，爵士98比93取勝，就此4比1淘汰湖人。這是第一次，科比在鯊魚倒下後企圖接管比賽，當一回英雄，未遂。雖是如此，哈里斯教練給了科比足夠的信任，鯊魚也對科比的勇氣很是稱許：「那陣子，科比是唯一有膽子站出來投籃的傢伙！」

十九年過去了。郵差和鯊魚都與他恩怨流離過了。當時的故人全部消失了。他從一個高中生，變成了一個NBA最老的傳說。科比運球到前場，高位掩護，進三分線後一步，投中，50投22中，第58分，湖人97比96反超。兩個罰球，60分。職業生涯最後一場比賽。三十年來NBA單場最多的50次投籃，得手22次，職業生涯第六場60分。最後下場時，科比用右手捶打左胸心口。十年前對小牛三節62分時，也是這個動作。就這樣結束了。以猶他爵士爲結束，彷彿一個輪迴。

也許他早就已經走了。只是這一晚，他又回來了一次。

這一天是2016年4月14日。整整三年零一天前，他跟腱斷裂，倒下。然後是至今的三年。

我們都知道：如果不是這樣的執拗性格，也許他早就在巔峰期退役了，但同樣，如果不是這種執拗性格，他根本無法在NBA鏖戰這麼久，將自己的技術超拔到如此精純。

他此時的處境，他的光榮，他的低谷，他的輝煌與幽暗，甚至他的苦境，都是自己找來的。求仁得仁，如此而已。

他回來了。這三年間，他受傷，復出，受傷，復出，不斷失手他曾經投得進的球。終於一點點讓我們意識到：「科比的確回不來了。」

這跟腱斷裂的三年，這多出來的三年，是他跟自己的告別，是他跟籃球的漫長告別。

畢竟迄今為止，他的人生有超過一半的時間在NBA度過。要離開NBA了，他自身承受的痛苦，遠遠勝過旁觀的任何人。他總得一次，再一次，再一次確認，自己確實不行了，才肯罷休。

他每失手一個球，便是一次告別，曾經縱橫無敵的科比形象便死去一點點。

一如他自己所說的：

「我的心能忍受打擊，我的靈魂能被撕裂，但我的身體卻明白，說再見的時候到了。」

就在4月13日，科比退役前一天，陪伴了喬丹與科比的訓練師蒂姆・格拉弗說，科比已經走了（already gone）。

的確，那個惡狠狠咬牙切齒的科比，那個殺人如麻的科比，那個逆天而行的科比，在2013年那次跟腱斷裂後，就多少消失了。2013到2016這三年，他與傷病做鬥爭，很頑強，很堅韌，但那不是眞正的科比。

眞正的科比，是2006年對暴龍81分的科比，是對小牛三節62分的科比，是2007年連續4場50分的科比，是2001年對國王48分的科比，是2009年總決賽隨意屠戮魔術的科比，是黑曼巴蛇，是對手球迷都會懾服的傢伙，是充滿以下特質的科比：熱愛籃球、有野心和強迫症、高傲自信、自私，並時常自我問責。在他的最後一場比賽，我們最後一次瞥見了科比的眞面目。在最後，他選擇老夫聊發少年狂。

2004年，禪師曾如是說科比：有時他將自己提升到球隊利益之上，但他也知道有時得犧牲一點自我……他知道自己在對抗籃球的基本規律，他知道……我得相信，事實是，他知道這一切。他想完成偉大紀錄和偉大數據，然後到要爭冠時，決定來打一點合理的籃球。

某些時候，他獨力壓倒了現實，某些時候，他被時間沉埋。這就是執拗，是青春。他其實懂得一切。但是，他不相信憑自己的努力，對付不了時間和現實。他明白有些事情無可改變，但他總試圖去挑戰這一切。或者說，他在挑戰自己，看自己能夠在不可逆轉的一切之前，堅持到什麼地步。

所以對許多人來說，就是如此。只要科比不退役，那麼，好像青春就還沒有結束。他這三年，是爲自己，也算是爲他的許多球迷，續了三年青春。也許這三年，許多人並沒怎麼看他打球，但他還在，就似乎有點什麼想念，沒有結束。

科比是NBA歷史上，最極端的存在。他是美國黑人，卻又成長在義大利。他技術如此早熟粹鍊，心志卻又桀驁到底。他當過天使，也當過惡魔，很得意地自詡黑曼巴蛇。他的技巧華麗輕盈，作風卻狠辣兇惡。他的人生有過大幸和大不幸。他有過最強的搭檔，又經歷過眾叛親離。他經歷過最慘痛的失敗，又經歷過最輝煌的勝利。他是最年輕的巨星，卻又是最老的湖人。他的人生一如他的風格，到最後，他用一場最科比式的比賽，當做最美好的告別贈禮。他老了，不如以前快了，不如以前準了，但還能榨出最後的激情，打42分鐘，投50個籃，得60分，還能逆轉比賽。

也許在另一個平行時空，科比．布萊恩已經在2013年那次重傷後，就退役了。是他的執拗，他對籃球那近於扭曲的愛，以及球迷對他的感情，扭曲了現實。就像是一個早已結束，但又被憑空延長了三年的夢，最後還有這麼一個，彷彿夢回十年前的結局。

「我還能說什麼呢？」科比說，「曼巴走了。」

的確不用了。最後這場60分取勝，不算是最完美的結尾，他自己說最完美的結尾是一個冠軍——但一定是最科比的結尾。

如果不是這樣的執拗性格，也許他早就在巔峰期退役了；但同樣，如果不是這種執拗性格，他根本無法在NBA鏖戰這麼久，將個人技術提升到如此精純的地步。

所以他現在的處境，他的光榮，他的低谷，他的輝煌與幽暗，甚至他的苦境，都是自己找來的。求仁得仁，如此而已。

直到最後，在被時光、命運、傷痛摧折到最後，他還是倔強又偏執地，做了最後一次璀璨奪目的演出，最後一個美麗的幻覺：

他已經走了，然而，這一夜，彷彿時光始終沒有走，他還一直像當年的黑曼巴一樣。

「What can I say? Mamba out.」

博雅文庫 175

唯我獨尊—科比布萊恩

作　　者　張佳瑋
發 行 人　楊榮川
總 經 理　楊士清
總 編 輯　楊秀麗
副總編輯　王正華
責任編輯　金明芬　張維文
封面設計　姚孝慈
出 版 者　五南圖書出版股份有限公司
地　　址　106 台北市大安區和平東路二段 339 號 4 樓
電　　話　(02)2705-5066
傳　　真　(02)2706-6100
劃撥帳號　01068953
戶　　名　五南圖書出版股份有限公司
網　　址　https://www.wunan.com.tw
電子郵件　wunan@wunan.com.tw
法律顧問　林勝安律師
出版日期　2016 年 11 月初版一刷
　　　　　2017 年 10 月二版一刷（共六刷）
　　　　　2024 年 1 月三版一刷
定　　價　新臺幣 450 元

本書由金城出版社授權五南圖書出版股份有限公司在台灣地區獨家出版、發行繁體中文版。

國家圖書館出版品預行編目資料

唯我獨尊：科比布萊恩／張佳瑋著 -- 三版 . --
臺北市：五南圖書出版股份有限公司 , 2024.01
面；　公分 . --（博雅文庫；175）
ISBN 978-626-366-887-4（平裝）

1.CST: 布萊恩 (Bryant, Kobe, 1978-2020)
2.CST: 運動員　3.CST: 職業籃球　4.CST: 傳記
5.CST: 美國

785.28　　112021357